개정판

교회 분쟁의 이해와 해결

교회 분쟁의 이해와 해결

발행 2019년 10월 30일

지은이 안은찬
발행인 윤상문
디자인 표소영, 박진경
발행처 킹덤북스
등록 제2009-29호(2009년 10월 19일)
주소 경기도 용인시 기흥구 동백동 622-2
문의 전화 031-275-0196 팩스 031-275-0296

ISBN 979-11-5886-158-2 (03230)

Copyright ⓒ 2019 안은찬
이 책은 저작권법에 따라 보호받는 저작물이므로 무단 전재와 복제를 금지하며,
이 책의 내용의 전부 또는 일부를 이용하려면 반드시 저작권자와 킹덤북스의
서면 동의를 받아야 합니다.

※ 잘못된 책은 구입하신 곳에서 교환하여 드립니다.
※ 책 가격은 표지 뒷면에 있습니다.

킹덤북스 Kingdom Books
킹덤북스(Kingdom Books)는 문서 사역을 통해 하나님의 나라를 확장하고, 한국 교회와 세계 교회를 섬기고자 설립된 출판사입니다.

개정판

교회의 갈등으로 인해
고통받는 성도들을 위한
삶의 지혜서

교회 분쟁의 이해와 해결

안은찬 지음

킹덤북스
Kingdom Books

추천사

본서는 성숙이 요청되는 한국 교회에 매우 시의적절한 교회 갈등과 분쟁의 이해와 관리를 위한 전문 도서입니다. 한국 교회가 보다 예수님을 분명하게 드러내도록 이 귀한 책을 세상에 나오게 하신 하나님께 영광을 돌리며 감사드립니다.

저는 한국에서는 비교적 일찍이 교회 갈등과 분쟁에 대한 해법을 고민하며 후학들을 가르쳐왔습니다. 『목사와 갈등』(2001년)과 이의 개정판인 『갈등을 넘는 목회』(2007년)는 그 열매입니다. 안은찬 교수님이 이 분야에서 보다 학문적으로, 그리고 실천적으로 심화시킨 본서를 출판하게 되어 매우 기쁩니다.

저는 안은찬 교수님을 그의 박사 학위(Ph.D.) 논문심사 때 처음으로 만났습니다. 그 후 안 교수님은 총신대학교 신학대학원에서 목회신학과 교회 정치 및 교회법을 가르치며 후학을 양성해 왔습니다. 특히 교수님은 교회 갈등과 분쟁을 연구하고 상담하며 「교회 갈등론」 과목을 개설하고 목회자 후보생들을 가르쳐 왔습니다. 교수님은 실천신학자로서 목회 경험과 현장의 지혜를 담아 목회지망생들에게 신학과 현장을 접목하는 데 애를 써왔습니다. 이러한 경험과 노력의 결과로서 본서는 모습을 드러냈습니다. 교회 안팎에서 갈등과 분쟁을 겪고 있는 수많은 교회와 목회자, 그리고 일반 신자들에게 하나님의 지혜를 가르쳐주며 위기를 기회로 바꿀 수 있는 길을 보여줄 수 있기에 저는 본서를 추천합니다.

한국 교회는 "서로 사랑하라"는 주님의 계명에 순종하는 것이 무엇보다 중요하다고 생각합니다. 교회 갈등과 분쟁은 문제가 발생한 후의 해결보다도 예방이 더욱 중요합니다. 교회 분쟁에 대한 해부학과 같은 본서가 그 예방에 좋은 안내서가 될 것입니다. 본서는 우선 분쟁을 회피할 수 없는 목회자들에게 꼭 필요합니다. 나아가 목회자 후보생, 그리고 신자들이 섭렵하여 갈등이라는 위기를 예방하거나 기회로 바꾸는 데 도움이 되는 책입니다. 이와 더불어 교회 분쟁을 다루는 법조계 종사자들도 필독해야 할 책이라고 생각합니다. 법조인들이 교회의 분쟁에 효과적으로 관여하기 위해서는 국가법뿐만 아니라, 성경과 신학, 그리고 교회 정치 및 교회법을 알아야 하기 때문입니다. 아무쪼록 본서를 통하여 한국 교회가 더욱 성숙해지며 세상의 소금과 빛의 역할을 수행하는 계기가 되리라 확신합니다.

2019년 10월 2일
서울성경신학대학원대학교
총장 현 유 광

저자 서문

　스스로 선택한 것이지만 신학대학원에서 교회 싸움에 대한 강의는 처음부터 피하고 싶었다. 하지만 교회가 싸우는 모습을 목회자 후보생들에게 잘 가르쳐야 된다고 생각한 것은 하나님의 강권적인 섭리였다. 필자는 2005년 처음 총신대학교 신학대학원에서 「목회 갈등 유형과 해결」, 「교회 갈등론」 등의 과목으로 강의해왔다. 이것은 이상하리만치 나의 본의가 아니었다. 하지만 2013년 교수로 임용된 이후 관심은 「교회 정치」, 「목회신학」, 「실천신학개론」 등에 집중됨으로 교회 분쟁에 대한 관심은 상대적으로 관심에서 멀어지게 되었다. 그런데 갑자기 다시 교회 분쟁에 새로운 눈을 뜨게 된 것은 2017년 이후 '총신대학교 분규'이다. 이 분쟁을 통하여 지교회 분쟁의 수준을 뛰어넘는 그야말로 몸으로 직접 체험하지 않고는 알 수 없는 것들이 많다는 것을 알게 되었다. 이 분쟁의 와중에서 필자는 본서를 세상에 내어 놓아야만 했다.

　그동안 필자는 어린 시절부터 교회가 항상 싸우는 모습을 보고 자랐다. 결과적으로 심지가 굳게 되어 이 분야를 감당하게 된 것 같다. 그래도 그동안 열청했던 원우들, 졸업생들, 전국 교회의 수많은 목회자들과 장로님들, 그리고 교인들의 치열한 고민들이 이 책을 쓰는 데 도움이 되었다. 오늘 이 작은 책자로 나오게 되어 행복하다. 이 책이 세상에 출간되어 상처받은 영혼들이 치유되고 회복될 수 있도록 도움을 주신 킹덤북스(Kingdom Books) 대표 윤상문 목사님께 감사의 말씀을 드린다. 특히 이 글을 탈고할 수 있도록 도움을 주신 모든 분들에게 이 자리를 빌어 감사의 말씀을 드린다. 이 책이 갈등하고 분쟁하는 교회와 당사자들에게 조금이라도 도움이 되어 주님의 교회가 든든히 서갔으면 좋겠다.

2018년 12월 5일
강원도 숲속 서재에서
안은찬

개정판 서문

본서 개정판을 내면서 2017년 부산국제영화제 개막작이었던 영화 《유리정원》에서 문근영 배우(재연 역)의 대사가 계속 들려왔다. 나무들은 가지를 뻗을 때, 서로 상처를 안 주려고 다른 방향으로 뻗지만 사람들은 서로를 죽이려고 한다는 대사였다. 개정판 원고를 다듬으면서 나 역시 왜 인간은 나무보다 열등한가라는 원초적인 질문을 하게 되었다. 그 질문에 대한 답은 성경에 나와 있다. 그 답이 인간의 타락과 죄성이지만 분쟁의 현장에서는 가슴이 타들어가도록 인정하기가 싫어진다.

필자는 개정판을 내면서 보다 구체적인 사례와 법을 적용하는 데 초점을 두고자 하였다. 우선 본서가 국가법과 교회법, 그리고 성경과 신학, 그리고 실천신학의 모든 과목과 연관된 분야이므로 19장과 20장을 추가하여 교회 갈등과 분쟁에 대한 사례 분석을 소개하고, 교회 분쟁에 대한 법률 상식을 추가하였다. 사례 분석은 그동안 필자가 교회 갈등과 분쟁에 대하여 직·간접적으로 경험한 사례를 참고하였다. 이는 오직 학술적인 목적으로 소개하는 것이다. 무엇보다 장로나 집사, 일반 교인들이 보다 쉽게 이해할 수 있도록 초판 전체를 수정 추가하였다.

위의 「유리정원」에서 주인공은 순수의 화신인 나무가 되었다. 하지만 나는 나무가 될 수 없다. 개정판 원고를 마감하면서 필자는 우리 주 예수 그리스도의 복음의 위대한 능력을 믿기에 인간에 대한 희망을 버리지 않는다. 수많은 교회들과 그 안의 교역자들과 일반 신자들이 아직도 자신을 희생하며 그리스도를 본받기를 몸부림치며 십자가를 지고 가기 때문에 교회 갈등과 분쟁은 조국 교회의 면역 체계를 강하게 할 것이다. 이것이 내가 나무가 될 수 없는 이유이며 조국 교회의 소망이다.

2019년 9월 10일
강원도 숲속 서재에서
안은찬

목 차

추천사 4
저자 서문 6
개정판 서문 8

제1장 교회 갈등과 분쟁의 의의 13
제2장 교회 갈등론의 의의 18
제3장 교회 갈등의 개념 30
제4장 교회 갈등의 신학 43
제5장 성경에 나타난 교회 갈등 53
제6장 교회 갈등의 원인 70
제7장 교회 갈등의 유형 101
제8장 교회 갈등의 구조 124
제9장 교회 갈등의 수준과 발전 단계 127
제10장 앤태거니스트, 그들은 누구인가? ... 140

무엇보다도 뜨겁게 서로 사랑할지니
사랑은 허다한 죄를 덮느니라
벧전 4 : 8

제11장	목사 킬러, 그들은 누구인가?	148
제12장	교회 분쟁에서의 국가법과 교회법	152
제13장	교회 정관의 이해	163
제14장	교회 정관의 제·개정 실무 가이드	196
제15장	교회 갈등의 해결	201
제16장	교회 싸움으로 인한 상처의 치유	225
제17장	교회 갈등의 예방과 관리	232
제18장	변화 담당자로서 목회자의 정체성과 역할	244
제19장	교회 분쟁에 대한 사례 분석	278
제20장	교회 분쟁에 대한 법률 상식	314

| 맺음말 | 334 |

교회 갈등과 분쟁의 의의

목회 사역에는 본질적으로 전쟁을 내포하고 있다.

1. 교회 갈등과 분쟁의 의미

교회가 싸우면 사람들은 이해하기보다는 비난부터 한다. 세상의 다른 기관들은 다 싸워도 교회는 싸우지 않아야 한다고 믿는다. 특히 교인들은 자신의 교회에 싸움이 일어나면 분쟁 당사자가 되든가 아니면 교회를 떠날 마음부터 먹는다. 일반적으로 그동안 교회가 설립되어 이제까지 공헌한 바가 큰 교인들은 떠나지 않고 분쟁 파트너 그룹을 몰아내야 한다고 믿는다. 하지만 많은 교인들은 교회 갈등과 분쟁의 의미를 모르는 채 너무나 쉽게 교회 분쟁에 대해 속단을 한다. 그리고 쉽게 교회를 옮긴다. 마치 현대 부부가 싸움 한 번으로 이혼을 하듯이 그 교회를 떠난다. 그러나 교회 갈등과 분쟁은 매우 전문적인 영역이다. 목회 신학적으로 교인이 교회를 떠난다는 것은 목양 관계를 해제하는 것이며 이혼하는 것과 같다. 역으로 목회자의 경우도 마찬가지이다. 그러므로 교회 갈등과 분쟁이 일어나면 교회 갈등과 분쟁의 의미를 알려고 노력하여야 한다.

일반적으로 목회신학에서 '목회'(ministry)란 전통적으로 "영혼의 돌봄"(cura animarum; Seelsorge)을 지칭한다. 이 말은 처음에는 신체적 질병에 대한 치료의 대응 개념으로 쓰였으나 오늘날 목회 개념은 인간의 전인 구원 사역을 통틀어 사용하고 있다. 이러한 목회의 개념은 역사적으로 다양하게 이해되어져 왔다. 특히 세계 대전 이후 '목회'의 개념은 "복음의 대화"[1]로 규정되면서 목회적 상담의 기능이 강조되기 시작했다. 70년대 이후 성경과 전통을 재강조하는 경향으로 돌아왔으며 그 후 목회신학은 오덴(Thomas C. Oden)의 성직 중심의 목회신학에 머물렀던 것이 사실이다.

현대 교회의 목회 개념은 서구 신학의 개념처럼 개인적 영역의 목사의 돌봄 사역만이 아니라 교회라는 함선의 선장이 가지는 일의 영역처럼 목사가 위임 맡은 교회의 총체적인 사역이다. 따라서 목회학은 목사의 성직 패러다임을 너머 하나님의 전 사역의 신학을 아우르는 실천적 비전을 본질적으로 내포한다. 이러한 실천적 비전 속에는 하나님의 주권이 모든 영역에서 이루어지도록 하는 변화의 비전이 담겨 있다. 따라서 목회자뿐만 아니라 평범한 일반 교인이라 할지라도 자신의 교회에 싸움이 일어나면 기도해야 할 책임이 있으며 교회 분쟁이 일어나는 자신의 교회를 향하신 주님의 뜻이 무엇인지 헤아려야 한다.

---

[1] Carroll A. Wise, *The Meaning of Pastoral Care*, 이기춘 역, 『목회학개론』(서울: 대한기독교서회, 2002), 22.

2. 목회의 전투적 본질

목회 사역은 목회자의 사역이기도 하지만 모든 교인들의 사역이기도 하다. 왜냐하면 교회의 주인이신 그리스도는 영혼을 구원하는 사역을 평신도들의 일반 사역(general ministry)과 안수를 받은 목회 전문 사역(ordinational ministry)을 통하여 이루시기 때문이다.

이러한 목회 사역에는 본질적으로 전쟁을 내포하고 있다. 죄의 권세로부터 승리한 예수 그리스도의 사역은 그의 제자들 특히 목회자들의 목회 사역을 통해 구체화된다. 이 구원 사역의 실천 과정에는 반드시 영적 전쟁은 물론 인간적인 육적인 갈등과 싸움이 수반된다. 하나님 자신의 거룩한 구원 사역에도 '여호와의 전쟁'이 있었으며, 예수 그리스도의 사역에도 수많은 적대자들이 있었다. 마찬가지로 오늘날에도 그의 종들의 사역에는 어두움의 권세들과의 싸움이 존재하며, 인간적인 관계 갈등과 싸움이 일어난다. 이것이 목회의 전투적 본질이다. 목회에는 반드시 싸움이 있다. 선의이든 악의이든 의식하든 무의식적이든 사역자는 전쟁 속에 있다. 그러므로 사역자들은 복음 안에서 누리는 목회의 영광과 아울러 눈에 보이지 않는 어두움이 존재함을 철저히 인식하여야 한다. 그리고 어두움이 자기 자신으로부터 나올 수 있음도 간과하지 말아야 한다.

3. 목회와 교회 갈등의 의의

목회란 목회자가 예수 그리스도의 복음을 통한 구원의 사역을 이 세상 속에 실현하는 것이다. 이러한 목회가 실현되는 곳에는 반드시 갈등이 일어난다. 이것은 우리 몸이 건강한 상태이더라도 끊임없이 갈등이 일어나는 것과 마찬가지이다. 목회의 현장인 교회 안에서 '갈등'은 이제 '설교', '교육', '리더십' 등이 전통적인 교회 현상으로 존재하는 것처럼 우리 곁에 있음을 인식할 필요가 있다. 이러한 목회적 상황에서 갈등의 예방과 해결은 교회의 사회적 지위와 관련하여 매우 중요하다. 거시적 복음 전파 전략과 관련하여 사탄은 이제 교회 갈등을 하나님 나라를 공격하는 수단으로 사용하기도 한다. 또 갈등은 교회를 보다 성숙하게 하는 하나님의 선한 도구가 되기도 한다. 또 교회의 갈등은 세상의 분쟁과 갈등의 예표론적 의미를 갖고 있다. 그러므로 목회에서 갈등은 중요한 의미를 가지고 있다.

우리 세계의 화두는 '갈등'이다. 국제기구인 유엔(UN)은 공식적으로 2005년 7월 18-20일 세계의 무력 분쟁을 예방하기 위한 국제 회의를 개최한 바 있다. 미국 뉴욕 유엔본부에서 '2005 갈등·분쟁 예방 국제 회의'(Global Partnership for Prevention of Armed Conflict, GPPAC)가 열렸다. 지금 세계는 테러는 물론 갈등 및 분쟁이 계속되고 있으며, 화해가 절실히 요구되고 있는 실정이다.

특히 한국은 남북 갈등, 동서 갈등, 세대 갈등, 문화 가치 갈등 등이 상존하고 있어 세계적 이목이 집중되고 있는 나라이다. 한국은 순간의 분노와 충동을 참지 못해 저지르는 '분노 범죄'로 몸살을 앓고 있다. 사회 전체가 분노와 충동 범죄로 들끓는 이른바 앵거 소사이어티(Anger Society)이다.[2]

---

2 대검찰청 자료에 따르면 우발적 범죄와 현실 불만 범죄 등 분노에 의한 범죄는 지난 2006년부터 매년 20~30%씩 빠른 속도로 증가해 지난해에만 15만9800여 건이 발생했다. 서울대 조흥식 교수 분석에 따르면 분노 범죄로 인해 야기되는 사회적 비용은 해마다 1조원에 달하는 것으로 추정됐다. Cf. 매일경제신문, 2010년 2월 11일자, 1면.

이러한 흐름 속에서 한국 교회는 중요한 위치를 점하고 있다. 신학적으로 교회의 갈등과 분쟁은 사회의 갈등과 분쟁의 원인이자 결과이다. 교회가 평안하면 사회가 평안하고 국가가 평안하다. 또 마찬가지로 사회와 국가가 평안하면 교회가 평안하다. 그런 측면에서 한국 교회의 갈등과 분쟁은 국가적 의미와 세계사적 의미를 갖고 있다. 교회가 갈등을 원만하게 해결하고 평안을 이끌어 내거나 진리를 위한 강력한 대응의 모습이 사회와 국가에 영향을 미치게 된다.

교회 갈등은 바로 이러한 신학적 의미와 더불어 현실적으로 목회적 차원에서도 의미를 가지고 있다. 현장 목회에서 목회자들이 필연적으로 겪게 되는 갈등을 어떻게 지혜롭게 대처하느냐에 따라 목회가 크게 영향을 받는다. 교회 갈등은 선택 사항이 아니라 모든 교회가 겪게 되는 필연적 현상이다. 따라서 이것을 대비해 준비하는 목회자는 교회에 일어나는 갈등을 슬기롭게 대처함으로 목회를 성공적으로 이끌어갈 것이다. 또 교인들도 자신의 교회가 처한 위치와 문제를 파악함으로 갈등 해결의 실마리를 찾을 수 있다. 따라서 교회 갈등은 단순한 목회 처세술로 대응하는 것이 아니라 인간의 본질로부터 나오는 갈등을 교회라는 장에서 적절히 이해하고 대응하는 실천신학적 의미를 가지고 있다.

교회 갈등론의 의의

교회 갈등론은 목회적 차원과 개인의 신앙을 세우는 데
매우 필요한 실천적 과목이다.

1. 교회 갈등론의 필요성

교회에서 갈등은 피할 수 없다. 갈등이 없는 곳은 무덤뿐이다(묘비명 - R.I.P; Rest in Peace). 교회는 시작부터 끈끈한 공동체의 결속과 부글부글 끓는 갈등이 공존하면서 출발했다(행 2:44-47). 그러나 상황은 교회 바깥의 적에 의해서가 아니라 내부에서 변화가 왔다. 교회가 과부들을 구제하는 방식에서 불평이 제기되었고, 후에는 새로운 입교자들에 대한 기대감 때문에 교회의 삶의 방식은 나뉘어졌다. 바울과 바나바는 인사 문제로 결국 갈라섰다. 과정, 전제 조건, 인사 등 모든 영역에서 교회의 통일성을 해치는 도전을 받고 있다.

목사는 교회에서 가장 많은 갈등의 영향을 받고 있다. 그 이유는 목사는 변화 담당자로서의 목사(The Minister as an Agent of Change)이기 때문이다. 복음이 세상 속에서 삶을 변화시키는 능력이 있다면 목회의 본질은 삶을 변화시키는 것이다. 따라서 목사는 필연적으로 변화 담당자일 수밖에 없다. 그러나 목사의 이러한 본질은 필연적으로 갈등을 수반하게 된다. 또 목사는 사역에 있어서 관계적으로 우선권을 가지고 있고, 또 목사는 관계적으로 사람들과 함께 해야 한다는 이유 때문이다. 그래서 목사는 그러한 관계들이 긴장되어질 때 실패감을 강하게 느낀다. 정치가는 51%의 지지자로부터 만족을 느끼지만 목사는 단 한 명의 비판으로부터 괴로움을 당한다.[3]

평신도가 예수를 믿고 교회 생활에 깊숙이 개입할수록 그들이 겪는 문제는 신앙의 본질보다는 오히려 신앙의 외부적 조건들에 깊이 연관되기 마련이다. 그러나 보다 깊은 관계성들이 그들에게 부정적으로 작용하게 될 때 갈등을 필연적으로 경험하게 된다. 하지만 교회 안에서 그러한 갈등을 지혜롭게 해결하거나 이해하는 방법과 전략을 모르기 때문에 마음고생을 하며 때로는 교회를 옮기거나 심하면 교회를 떠나기도 한다.

이러한 관점에서 교회 갈등론은 목회적 차원이나 개인의 신앙을 세우는 데 매우 필요한 실천적 과목이다. 특히 한국인들의 심성이 다른 사람을 이해하는 폭이 좁고 문화적으로 다양한 가치들이 혼재하고 있어 교회 갈등이 더욱 많이 발생하고 있고 그러한 갈등은 해로운 싸움으로 번지기도 한다. 그러므로 교회 갈등론은 목회적 상황에서 하나님의

---

[3] 최근 한국 교회 갈등 상황에 대한 이해는 「목회와 신학」에서 2004년 1월에 실시한 여론조사를 참고하라. 본지는 "교회 안의 갈등"을 주제로 설문조사를 실시했다. 이번 설문은 본지가 주최하여 2004년 1월 26일과 27일 양일간 서울 온누리교회에서 열린 "2004 두란노 목회자 컨퍼런스" 참석자들을 대상으로 했다. 조사 기간은 2004년 1월 26일에서 27일 이틀이었으며, 전국에서 모여든 목회자와 평신도들을 대상으로 설문지 약 350매를 배포하여 약 70%의 회수율을 보이며 집중조사 됐다.

교회를 바르게 세우는 실천적 이론이며, 세계 평화와 남북 화해의 전초적 의미로서 교회의 평화를 학습하는 것이며, 이 과목을 통해 교회가 사회적 공헌을 할 수 있는 실천적 과목이기도 하다.

2. 교회 갈등론의 정의

교회 갈등론이란 예수 그리스도의 복음을 기초로 세워진 유형 교회 내에서 일어나는 갈등과 싸움을 분석하고 이해함으로 문제를 해결할 뿐만 아니라 예방하는 실천신학의 한 분과이다. 이러한 교회 갈등론의 정의는 다음과 같은 측면이 있다.

첫째, 교회 갈등론은 유형 교회 내의 문제를 다룬다. 교회 갈등론은 교회와 교회 사이, 교회와 국가 혹은 사회와의 관계를 직접적으로 다루지 않는다. 교회와 교회 사이의 갈등은 교회 갈등론의 연구 영역이 아니라 교회법과 교회 정치의 영역이다. 그러나 교회 갈등론은 교회 밖으로 문제가 커지기 전에 이미 교회법적이고 교회 정치적 문제를 내포하고 있는 경우도 있다. 또한 표면적으로 교회 자체와 교회 구성원 사이가 갈등을 겪어도 실제적으로는 교회의 대표인 목사와의 갈등이다.

둘째, 교회 갈등론은 갈등과 싸움을 분석하고 이해하는 데 중점을 둔다. 교회 갈등론은 갈등과 싸움의 원인을 찾아내고 현재의 상황을 정확하게 분석함으로 문제를 정확하게 이해하려고 한다. 만약 이것이 정확하지 않거나 없다면 문제 해결의 실마리가 없다.

셋째, 교회 갈등론은 문제를 해결할 뿐만 아니라 예방하는 실천신학의 한 분과이다. 문제의 해결은 하나님의 구원 사역과 하나님 자신의 영광에 초점을 둔다. 그리고 목회 사역의 성공적 수행에 초점을 두는 실천신학의 한 분과이다.

3. 교회 갈등론의 학문적 성격

(1) 교회 갈등론은 실천신학이다.

교회 갈등론은 이론신학과 실천을 연결하는 실천적 이론이다. 이론(theoria)과 실천(praxis)은 직접적으로 연결되지 않는다. 실천신학의 입장에서 보면 이론신학의 이론들이 실천으로 곧바로 적용되거나 복사되듯이 이어지지 않는다. 물론 실천신학자 피렛(Jacob Firet)이 지적했듯이 "실천을 위한 최선의 조력자는 좋은 이론"[4]이다. 실천신학은 교회와 목회의 컨텍스트 속에서 갈등이라는 현상을 연구하여 교회의 실천과 목회의 영역에 적용하는 학문이다. 따라서 교회 갈등론은 교회와 목회의 현장에서 일어나는 갈등 현상을 집중적으로 연구하여 실천에 적용하는 응용신학이다. 교회 갈등론이 실천신학이라는 말은 경영학이나 일반 행정학에서 다루는 조직 갈등론과 같은 학문이 아니라는 말이다. 경영학이나 일반 행정학의 이론들이 교회 갈등 연구에 도움을 줄 수 있으나 반드시 성경의 진리와 권위보다 앞서는 것이 아니다. 교회는 영적인 측면이 있으므로 단순히 일반 학문의 경험론이 그대로 적용되는 것은 아니다.

---

4 Jacob Firet, Het agogisch Moment in het pastoraal Optreden, trans. John Vriend *Dynamics in Pastoring*(Grands Rapids: Eerdmans, 1986), 7. "des beste hulp voor de praktijk is een goede theorie" (Nothing is so practical as a good theory).

(2) 교회 갈등론은 교회 헌법학 및 교회 행정학의 한 분과이다.

갈등(conflict)이라는 현상은 행정(administration)이라는 현상의 하부 영역이다. 본래 세속적 입장에서 행정이라는 현상은 고유의 연구 영역이 아니었다. 정치 현상이 고대 아리스토텔레스 이후 전통적으로 정치학이라는 학문으로 연구되어 오다가 행정 현상은 비교적 최근에 행정학이 분리되어 나왔다. 기독교의 영역에서 정치 현상은 학문적 영역은 아니지만 초대 교회와 속사도 교부 시대부터 관심을 나타냈다. 그 후 개혁자들은 교회 정치를 "하나님의 신적 질서"라는 개념으로 이해하였다. 행정이라는 현상이 정치 현상으로부터 기독교 안에서 학문적으로 언제 분리되어 나왔는가는 분명치 않다. 다만 일반 행정학이 탄생한 미국에서 1952년 처음으로 몇몇 신학교에서 교회 행정학을 가르치면서 실천신학 안에 행정이 본격적으로 연구 대상에 오르게 되었다. 오늘날에는 한국의 모든 신학교에서 교회 행정학은 필수 과목으로 가르치고 있고 그 분과인 교회 갈등론은 몇몇 신학대학원에서 선택 과목으로 가르치고 있다.[5]

(3) 교회 갈등론은 목회학의 한 분과이다.

교회 갈등 현상은 교회 행정학에서 다루어질 수 있지만 또 한편 전통적으로 그것이 목사와 목회의 영역에서는 목회학의 연구 분야이다. 목사는 목회 과정에서 필연적으로 목회적 갈등을 겪게 되는바 목회학은

---

5 우리나라에서는 고려신학대학원에서 1992년부터 "교회 갈등 관리"라는 제목으로 현유광 교수가 강의해왔고, 연세대학교 연합신학대학원 목회 지도자 과정에서도 강의되어 왔다. 총신대학교 신학대학원에서는 2005년부터 필자가 "목회 갈등유형과 해결" "교회 갈등론" 등으로 강의해왔다. 국내 목회세미나로는 한국 NCD에서 2004년 11월17-18일간 새중앙교회에서 "교회 갈등 문제 해결컨퍼런스"를 개최한 바 있다. 이 세미나는 미국 교회 갈등 전문 사역 기관인 메타노이아 미니스트리의 설립자이며 대표인 짐 반 이 페렌(Jim Van Yperen)을 초청하여 이루어졌다.

이러한 갈등을 당연히 다루어야 한다. 다만 교회 행정학에서 다루는 교회 갈등론과 목회학에서 다루는 그것과의 차이점은 범위의 차이다. 교회 행정학은 목사나 목회라는 범위보다도 행정이라는 관점에서 교회 갈등 현상을 관찰하고 목회학은 보다 목사 개인과 목회에 한정하여 갈등 현상을 다루게 된다. 그러나 이 둘은 엄밀한 의미에서 차이가 없고 연구의 성격과 범위가 약간 다를 뿐이다.

(4) 교회 갈등론은 목회 상담학의 한 분과이다.

교회 갈등론은 교회 갈등의 과정 속에서 수많은 상담이 이루어진다. 갈등 초기와 갈등 중간 단계에서 이미 교인들과 목회자들은 상담 형식으로 자신의 멘토들에게 상담하거나 친구 가족 이웃 목회자와 상담이 이루어진다. 또 한국의 경우는 문화적 특성상 목회 상담학이 교회 안에 정착되지 못한 것처럼 교회 갈등 상담이 컨설팅 형식으로 자리 잡지 못했다. 따라서 "목회"와 "상담"을 철저히 분리하는 유럽 전통의 분위기처럼 교회 갈등론을 교회 전문상담(교회 컨설팅) 쪽에서 다루어야 할지 목회자 양성 기관이 목회적 차원에서 신학대학원에서 별도의 과목으로 다루어야 할지 아직 확정되지 않았기 때문에 한국에서는 정착되지 않은 상황이다. 그러나 어떤 형식이든지 교회 갈등론은 목회 상담학의 기능을 가지고 있다. 특히 교회 싸움으로 상처 입은 목회자와 교인들이 교회 안에서 겪고 있는 갈등은 개인 갈등과 또 다른 차원의 목회 심리학적 지식이 필요하기 때문이다.

(5) 교회 갈등론은 수용성이 강한 종합 응용신학이다.

교회 갈등론은 모든 신학 과목과 모든 인문 과목들이 혼합되어 있다.

그리고 교회 갈등론은 그러한 과목들에게 영향을 미치기보다는 수용하여 독특한 응용신학으로 자리매김한다. 우선 신학과목으로 조직신학에서 교회론의 영향을 가장 많이 받고 있다. 갈등 현상이 교회라는 특수한 장(場)에서 이루어지기 때문에 교회론에 대한 이해가 없이는 교회 갈등 현상을 이해할 수 없다. 또 갈등 현상의 주체들은 인간이므로 인간론에 대한 이해가 없이는 불가능하다. 또 갈등은 성경에서 무수히 나타나므로 각 성경 계시의 특성에 따른 성경신학 즉 구약신학과 신약신학의 이해가 없이는 불가능하다. 또 교회 갈등론은 역사신학의 영향을 받고 있다. 보통 교회 갈등론은 교회 안의 갈등 현상을 연구하는 것이지만 그러한 갈등이 교회 밖으로 영향을 미침으로 교회 대 교회 간의 갈등으로 확대되어 교회 분열과 교단 분열로 이어지기도 한다. 그러한 이해는 거시적인 교회사의 이해 없이는 교회 갈등 현상을 이해 할 수 없다. 또 교회는 다양한 문화 속에 있는 선교적 맥락에서 이해해야 하기 때문에 선교신학의 이해 속에서 교회 갈등이 연구되어져야만 한다. 또 갈등 현상은 다양한 실천신학의 제 학문들에게 직접적인 영향을 받고 있다. 목회신학 및 목회학, 설교학, 기독교 교육학, 목회 상담학 및 목회 심리학 등은 교회 갈등 현상을 이해하는 데 필수적인 과목들이다. 기타 일반 학문들이 성경의 원리에 배치되지 않는다면 갈등 연구에 도움을 줄 수 있다. 그러나 그러한 연구 결과들은 성경보다 더 높은 권위를 가질 수 없다. 그러한 학문으로는 심리학, 종교 심리학, 상담학, 가족 치료학, 사회학, 종교 사회학, 문화 인류학, 헌법학, 정치학, 행정학, 경영학 등이 있다.

4. 교회 갈등론의 연구 방법

교회 갈등에 대한 연구 방법은 인문사회과학의 자료를 원용할 수 있다. 갈등을 독립된 주제로 다룬 최초의 사회학자는 조오지 지멜(George Simmel, 1858-1918)이다. 지멜이 교회 갈등 연구에 공헌한 점은 변화를 위하여 일어나는 갈등의 건설적인 측면이다. 높은 단계의 일치(consonance)를 위해 낮은 단계의 불일치(dissonance)가 일어난다는 점을 밝혔다.[6] 교회 갈등에 대한 연구 방법은 실천신학의 연구 방법론 중 경험-분석적 방법론(empirical-analytical current)이 원용될 수 있다. 목회자와 교인들의 신앙과 교회 생활에 대하여 경험 분석적 방법으로 탐구하는 방법이다. 이 방법은 신학적 안목을 결여하기 쉽지만 목회 현장에 대한 진단 도구와 왜곡된 현장을 교정하는 연구 방법이다. 그러나 이러한 방법은 언제나 해석-중재적 방법론(hermeneutical-mediative current)이나 목회신학적 접근 방법(pastoral-theological current)의 도전을 받아야 한다. 최근에는 해석학적 접근법의 하나로 질적 연구 방법이 제시되기도 한다. 수량적 처리가 불가능한 자료를 사회 현상을 다루는 연구 방법론으로 양적 연구 방법(Quantitative Research)에 대응되는 접근법으로 질적 연구 방법(qualitative research)이 제시되고 있다.[7]

경험-분석적 방법론의 단순한 사례는 데이비드 칼(David W. Kale)의 경우를 들 수 있다. 그는 40여 명의 교회 갈등 경험자인 목회자들과의

---

[6] 그 뒤 20세기 후반까지 갈등 연구에 대한 사회학적 역사에 대해서는 다음을 참고하라: Donald E. Bossart, *Creative Conflict in Religious Education and Church Administration* (Birmingham: Religious Education Press, 1980), 26-50.

[7] 실천신학의 다양한 연구 방법에 대해서는 필자의 「신학지남」 논문이나 『실천신학개론』 저서를 참고하라.

면담 결과 갈등의 원인을 세 가지 범주로 묶어 제시했다. 즉 관계 문제(Relationship problem) 범주에는 커뮤니케이션, 인격 갈등, 가족 갈등, 상호 간의 갈등, 경쟁 등이 있으며, 영적인 문제(Spiritual problem)의 범주에는 질투심, 용서의 부족, 육욕, 시기심 등이 있으며, 사명과 방향성의 차이(Difference over misson and direction) 등을 제시하는 방식과 같은 것이다.[8]

때로는 교회 갈등론 연구에 정신분석학이 원용되기도 한다. 예를 들어, 개척교회 경험을 정신분석학으로 적용한 박종서 목사는 그의 저서 『작은 울타리 큰 공간』(청어람, 2013)에서 교인들이 어떤 방식으로 목사를 공격하는지 정신분석학적 측면에서 잘 그려내었다. 그에 의하면 교인들이 목사의 설교를 들으려고 교회에 오는 것이 아니라는 사실을 알게 된 것은 목회 경력이 거의 10년이 넘어서라고 했다. 이 개념은 이미 목회신학자 웨인 오츠(Wayne E. Oates)가 목사들은 "인간 형태를 띤 신에 대한 비실질적 요구"(unreal need for a god in humanform)의 유혹을 끊임없이 받아왔다는 개념을[9] 보다 정신분석학이라는 심리학적 학문을 통해 한국 교회에 현장에서 경험론적으로 보여준 것이다.

또 교회 갈등에 대한 연구는 사회학적 관점에서 연구할 수 있다. 도날드 보사트(Donald E. Bossart)는 에이츠(H. W. Yates)가 처음 제시한 교회 갈등의 사회학적 역학을 원인으로 제시하면서 사회학적 관점에서 갈등의 모습을 다음과 같이 제시하고 있다.[10]

---

8 David W., Kale, *Managing Conflict in the Church* (Cansas: Beacon Hill Press, 2003), 31.
9 Wayne E. Oates, *The Christian Pastor*, 김득룡 역,『기독교목회학』(서울: 생명의 말씀사, 1974), 31.
10 Bossart, *Creative Conflict in Religious Education and Church Administration*, 36-37. H. W. Yates, "A Strategy for Responding to Social Conflict," *Pastoral Psychology* 22 (1971): 31.

1) 갈등은 사회적 과정의 본질적 차원이다.
2) 갈등은 사회 속에 설정된 목적을 성취하는 것과 관련되어 있다.
3) 갈등은 전략과 구조를 통한 착수(initiation)와 규제와 해결 방식에 지배를 받는다.
4) 갈등은 도덕적 가치와 제도적 통제에 종속되어 있다.
5) 갈등은 안정과 변화의 재조정 과정에서 나온다.
6) 그룹과 조직의 집합적 이익이 안정이 필요한지 변화가 필요한지를 결정한다.
7) 안정은 이미 주어진 것(a given)을 고수하려는 사람들에게 지지를 받고, 변화는 미래에 주어질 것(the given)를 지지하는 사람들에게 지지를 받을 것이다.
8) 갈등은 목적의 도덕성이 훼손될 때 일어난다.
9) 갈등은 이익의 관점에서 어떤 구조를 유지하거나 변화시키려는 그룹 사이의 충동이다.
10) 갈등은 무작위적인 힘 혹은 변경할 수 없는 역사적 운명이 아니라 이성적인 계산이다.

하지만 교회 갈등을 연구할 때 기본적으로는 성경과 신학적 측면을 강조하는 '전제에 입각한 간접적 추론 방식'(the indirect method of reasoning by presupposition)[11]을 사용한다. 이에 대한 인정 여부는 과연 전제 없는 인문 과학이 가능한가의 문제이기도 하다. 다만 성경에서 직접적으로 갈등의 원인들을 밝혀내는 해석 신학적 방식도 매우 중요한 방

---

11 Cornelius Van Til, *The Defence of the Faith*, ed. K. Scott Oliphint (Phillipsburg: P & R Pub., 2008), 130.

식이다. 중요한 것은 현대 교회에서 현실적으로 일어나고 있는 갈등의 원인을 보다 정확하게 밝히는 것이다. 그래야만 정확하고 종합적인 갈등과 분쟁의 해결 방안의 기초를 마련할 수 있을 것이다. 물론 교회 갈등의 각 원인들 간의 상호 관계 변수 분석도 중요하다. 교회 갈등에 대한 연구는 그 예방과 해결의 선행 연구이다. 교회 갈등의 원인에 대해서 갈등을 이해하는 입장에 따라 다양하게 제시될 수 있다.

5. 교회 갈등론의 목적

교회 갈등론은 의미와 행동과 자아가 주님의 한 몸 됨(unity)을 구현하고, 교회 사역의 실천적 과정과 결과들이 진리와 타당성과 신실성을 드러내어 하나님 나라를 구현하기 위함이다. 이것은 실천신학적 차원에서 보면 더 분명해진다.

실천신학은 의미의 차원과 행동의 차원과 자아의 차원이 있다. 토마스 오글트리(Thomas W. Ogletree)는 실천신학에서 의미와 행동과 자아의 3차원이 있음을 강조하였다. 그리고 각 차원의 관심사인 진리(truth), 타당성(appropriateness), 신실성(fidelity)의 문제를 다루었다. 의미(meaning)의 차원은 세계 속에서 우리의 존재에 대한 이해를 확정하고 해석하는 것이다. 의미의 차원에서 중심 되는 관심사는 진리이다. 행동(action)의 차원은 의미를 적용하는 것이기는 하지만 의미의 설계도를 단순히 집행하는 기술자가 아니다. 행동자는 하나님의 왕권 대리자로서 창조적인 자연체이다. 행동의 차원에서 중심 되는 관심사는 타당성과 미학적 산출과 기술과 능력이다. 자아의 차원은 궁극적으로 인간의 자아 형성에 관심을 갖는다. 자아(self)의 차원의 중심 관심사는 신실성

이다.[12]

교회 갈등론은 실천신학으로서 세 가지 차원을 모두 가지고 있다. 의미의 차원에서 진리들이 더욱 분명하도록 교회는 갈등을 경험하며, 행동의 차원에서 모든 교회의 사역들이 적절한 타당성을 가지는가 아름다움을 만들어내고 있는가 효과적인 기술과 과정인가, 그리고 그 행동들이 얼마나 능력을 가지고 있는가에 따라 교회는 갈등을 경험한다. 또 의미의 차원에서 교회 구성원들에게 설교와 교육과 상담 등을 통해 얼마나 신실성을 지속적으로 세워주느냐에 따라 교회는 갈등을 경험한다. 그러므로 교회 갈등은 이러한 실천신학의 세 차원을 모두 포함하는 것으로 갈등의 발생과 해결을 통해 의미와 행동과 자아가 주님의 한 몸 됨(unity)을 구현하려는 목적을 가지고 있으며, 교회 갈등론을 통하여 교회 사역의 실천적 과정과 결과들이 진리와 타당성과 신실성을 드러내어 하나님 나라를 구현하도록 돕는 실천신학 과목이다.

---

12 Thomas W. Ogletree, "실천신학의 차원들: 의미, 행동, 자아." Don. S. Browning 편저, 이기춘 역, 『실천신학』(서울: 대한기독교출판사, 1999), 94.

교회 갈등의 개념

교회 갈등이란 지교회 안에서 상호 의존적인 두 주체의 투쟁 과정이다.

1. 교회 갈등의 어원

(1) "갈등"이라는 단어의 이해

'갈등'이란 단어는 칡 또는 덩굴을 뜻하는 갈(葛)자와 등나무를 의미하는 등(藤)자의 합성어이다. 등나무나 칡덩굴의 얽히고설킨 모습을 인간관계에 비유한 단어이다. 영어의 "conflict"는 라틴어 "confligere"의 '함께'(together)라는 의미를 가진 'con' 접두어와 '부딪치다'(to strike)는 라틴어 'fligere'에서 나온 'flict'가 합하여 만들어진 단어이다. '함께 부딪친다'는 용어의 의미 속에서 갈등의 관계성이 잘 드러나 있다.

갈등이라는 단어가 성경에 많이 나오는 것처럼 생각되지만 NIV 경우 세 번이 나온다(합 1:3; 고후 7:5; 갈 5:17). KJV의 경우 두 번 나온다(빌 1:30; 골 2:1). 그러나 대적하는 자와의 싸움(빌 1:30)만이 교회 갈등론에서 말하는 의미의 갈등이다. 하박국 선지자는 하나님의 백성들의 패역으로 인하여 겁탈과 강포가 자기 앞에 있고 변론(strife)과 분쟁(conflict)이 일어났음을 하나님께 하소연하고 있다(합 1:3). 또 바울은 마게도냐에 갔을 때 사방으로 환난을 당하여 밖으로는 다툼(conflict)이요 안으로는 두려움이 있었다고 했다(고후 7:5). 그리고 육체의 소욕과 성령이 서로 대적함(conflict)으로 갈등의 본질적 측면을 언급하였다(갈 5:17). 물론 바울의 경우 영육간의 영적인 갈등을 서술하였지만 이것은 바울 개인의 영에 대한 육신의 개인적 투쟁만이 아니라 바울의 말하는바 성경적 공동체의 상황에서 말하는 것임을 이해해야 한다. 개인의 욕구와의 투쟁을 통하여 작용하는 말씀과 성령이 아니라 하나님께서 완전히 성취하시고자 하는 사역을 통한 사회적이고 영적인 컨텍스트를 가지는 말씀과 성령이다. 그 하나님의 장소는 바로 교회이다.[13]

(2) 갈등과 유사한 단어들

갈등을 서술하기 위해 등장하는 단어들인 "dispute" "quarrel" "strife" "contention" 등이 있다. 히브리어 원형 단어 "רִיב"(리브)는 물리적인 혹은 언어적 전투를 의미하며 두 백성들 간의 싸움과 투쟁을 표현하는 말이다. 가장 대표적인 말은 입다와 암몬과의 대결에서 모압이 암몬보다 훨씬 나은 것은 그들이 이스라엘과 다툰 일이나 싸운 일이 없었다고 주장하는 입다의 주장에서 나온다(삿 11:25). 이 말은 잠언에서 반복적으로 사용되었다(잠 25:9; 3:30; 22:23).

신약 성경에서 싸움에 대한 말은 "에리스"(ἔρις)라는 단어이다. 바울

---

13 Jim Van Yperen, *Making Peace: A Guide to Overcoming Church Conflict* (Chicago: Moody Press, 2002), 94-95.

은 자주 지도자들과 교회에 무익한 논쟁을 하지 말 것을 경고하였다 (딛 3:9). 군사적인 용어로는 "마케스따이"(μάχεσθαι)를 사용하였다(딤후 2:24). 그 외에도 갈등과 유사한 단어들은 눅 13:24, 요 18:36 등에서 'contest' 'struggle'을 의미하는 "아고니조마이"(ἀγωνίζομαι)를 비롯하여 영어의 fight, pressure, tension, trouble, warfare, anger, adversary, battle, challenge, criticism, disgruntled 등이 있다(살 2:2; 빌 2:30; 딤전 6:20; 딤후 4:7).[14]

2. 교회 갈등의 개념과 정의

(1) 갈등에 대한 오해

사람들은 갈등에 대한 많은 오해를 가지고 있다. 케네츠 강젤(Kenneth O. Gangel)에 의하면 사람들은 갈등에 대해 일반적으로 다음과 같이 7가지로 오해하고 있다고 보았다.[15]

1) 갈등은 비정상적(abnormal)이다.
2) 갈등과 불일치(disagreement)는 같은 것이다.
3) 갈등은 병리적(pathological)이다.
4) 갈등은 감소되거나(reduced) 피해야만 한다(avoided).
5) 갈등은 인격(personality)의 문제이다.
6) 갈등은 분노와만(only with anger) 관계되어 있다.

---

14 위의 책, 96.

15 Kenneth O. Gangel & Samuel L. Canine, *Communication and conflict management in churches and Christian organizations* (Nashville, Tenn.: Broadman & Holman Publishers, 1992), 129-31.

7) 갈등은 실패(failure)로 들어가는 것이다.

(2) 갈등을 정의하는 필수적 요소

갈등을 어떻게 정의할 것인가? 공공행정학자들은 일반적으로 갈등은 "행동 주체 간의 대립적 내지 적대적 교호 작용"[16]으로 정의한다. 교회 행정학자들에 의해 다음 몇 가지 방법들이 시도되었다. 첫째, 갈등은 둘이 아니라 한 사람 혹은 다른 사람에 의해 얻을 수 있을 때 둘 혹은 그 이상의 인간 존재가 그 목표를 성취하고자 하는 상황이다.

둘째, 갈등은 둘 혹은 그 이상의 대상들이 같은 공간과 시간을 침략적으로 차지하려는 것이다. 셋째, 갈등은 반대자의 목적이 라이벌을 무력화시키거나 상처를 주거나 제거하기 위해 희소한 지위, 권력, 그리고 자원으로 가치와 주장을 관철시키고자 하는 투쟁이다. 위의 방법들을 종합해보면 갈등을 정의하는 필수적 요소는 다음과 같이 제시할 수 있다. Kenneth O. Gangel은 ① 상호 의존 ② 상호 행동적인 투쟁 ③ 양립하지 않는 목표 ④ 방해의 인식 ⑤ 반대와 협력의 접촉 등을 들고 있다.[17]

이러한 견해를 종합하면 교회 갈등이란 지교회 안에서 상호 의존적인 두 주체가 양립하지 않는 서로 다른 입장과 이해관계 및 목표로 인하여 상대방이 자신들의 목적을 이루지 못한다는 방해를 인식하고 상호 행동적인 긴장과 불화, 언쟁, 충돌, 분쟁 등이 야기되는 투쟁 과정이다.

---

16 오석홍, 『조직이론』(서울: 박영사, 2005), 456.
17 Gangel & Samuel L. Canine, *Communication and conflict management in churches and Christian organizations*, 131-32.

(3) 갈등의 정의와 해석

목사는 세계를 해석하는 해석자(interpreter)이다(Charles Gerkin). 신자들은 물론 목사들은 교회의 갈등과 분쟁을 어떻게 인식하고 해석하느냐에 따라 문제를 해결하는 데 도움이 된다. 갈등을 이해하는 데 도움을 주는 방법은 하트포드(Blaine F. Hartford)에 의해 다음과 같이 제시되었다.[18]

그는 어떤 문제가 바로 그 문제가 아니라 진정한 문제는 개인의 상태와 사람들 사이의 결과라고 보았다. 이것은 양자 사이의 관계를 반영한다. 그러나 개인의 내면적 갈등이 그 기초이다.

갈등은 부정적으로 혹은 적극적으로 이용되어진다. 갈등 관리는 일반적으로 개인과 그룹을 보호하고 방어하고 공격하는 방식으로 서술되어진다. 이러한 관리는 대개 누구에게든지 유익하지 못하다. "이용"이라는 말은 갈등을 다루는 데 있어서 효과성을 반영한다. 그러한 갈등이 모두에게 성장과 유익에 도움이 되고 상호 행동의 힘과 권력을 취한다. 이용은 공격-방어적인 것이 아니라 신뢰와 개방과 배움을 요구한다. 그것은 성장에 있어서 창조적 운동이다.

갈등의 한 유형은 욕구 대상이 희소하거나 모두가 이용할 수 없는 시스템의 다양한 필요와 가치의 유사성으로부터 온다. 이것은 "충돌로 가는"이라는 정의를 반영한다. 갈등의 이해에서 적대감이나 분노를 반드시 동일시할 필요가 없다. 그것이 표출되기 전에는 상호 간의 갈등이나 상호 그룹 간의 갈등에서는 나타나지 않는다. 갈등의 다른 유형은 우리 시스템의 가운데에 욕구와 갈등의 차이로부터 온다. 개인과 그룹 안에

---

18 Donald E. Bossart, *Creative Conflict in Religious Education and Church Administration* (Birmingham: Religious Education Press, 1980), 9-17.

있는 다른 동기와 움직임은 충동을 일으킬 수 있다.[19]

갈등의 정의와 유형론은 머톤 도이치(Morton Deutsch)가 기여하였다. 그는 이 연구 분야에서 커다란 공헌을 하였다. 그는 경쟁(competition)과 갈등 사이를 구분함으로써 갈등의 정의를 분명히 하려고 하였다. 경쟁은 갈등을 생산한다. 그러나 모든 갈등이 경쟁을 반영하는 것은 아니다. 갈등은 목표의 양립 불가능성이 존재하거나 인식할 수 없는 곳에서 일어날 수 있다. 그것은 협력적 혹은 경쟁적 상황에서 일어날 수 있다. 그리고 그러한 상황에 강하게 영향을 받을 수 있다.

갈등의 원천은 상호 인간적 역동성이다. 그래서 갈등의 원천은 상호 인간적 언어이다(Virginia Satir). 우리 언어는 상징적 이미지를 창조한다. 많은 갈등이 상징 위에 있기 때문에 이러한 이미지는 인간 갈등을 이해하는 데 매우 중요하다. 그러나 같은 상징이라도 두 개인 혹은 그룹 사이에 서로 다른 의미를 일으킨다. 이것은 특히 종교적 경험의 영역에서 더욱 그렇다. 이러한 상징은 우리가 사랑과 미움 양쪽을 붙잡고 있는 것처럼 우리의 관심을 붙잡고 있다. 우리는 무의식적으로 상징을 다루는 데 중요한 역할을 한다. 우리는 상징을 공개할 수도 덮을 수도 있다. 우리가 만일 공개된 상징에 배타적 관심을 가진다면 우리는 판단을 그르치고 놀라게 될 것이다. 태도가 감추어지는 곳에서 그것들에게 영향을 받는 사람들은 현존을 알지 못하기 때문에 그것들을 다룰 수 없다. 이것은 가장 어려운 해결점을 만든다.[20]

사람의 단위와 공식적 조직의 단위 사이의 중간 단계가 있다. 그것은

---

19 위의 책, 11 12.
20 위의 책, 14.

그룹이다. 그룹은 사람이 정체성을 가지는 가장 큰 집단의 하부 집단이다. 종교적 갈등은 가끔 조직적 갈등이라기보다는 그룹 갈등이다. 교회 안의 그룹은 개인적인 종교적 판단과 사회적 분별을 통하여 갈등의 내면적 저의(undercurrent)를 유지한다. 그러한 그룹들은 가끔 물리적 혹은 사회적 공간으로 들어와 상호 인간적이거나 상호 그룹 간의 갈등을 만들어 낸다. 개인 안에 있는 양면 가치는 가끔 그룹의 양면 가치의 원인이 된다.[21]

3. 교회 갈등의 특수성

교회의 갈등은 세상의 단체나 기업 등 일반 조직보다도 갈등이 심하다는 것이 일반적 견해이다. 물론 왜 교회가 일반 사회 단체보다 많은 갈등을 겪고 있는지에 대한 종교 사회학적 연구가 필요하다. 강력한 카리스마적 리더십으로 유지되는 교회에도 일견 갈등이 없어 보이지만 오랜 시간을 지나면서 갈등은 표출되기 마련이다. 교회 안에서 갈등이 심한 이유는 교회 갈등의 특수성 때문이다. 그리고 그 특수성은 원인에 있어서 매우 복잡하게 얽혀 있다. 교회 갈등의 보편적 측면은 교회가 특수하고 복합적인 원인으로 일어나는 성질에 기인한다. 하지만 분명한 것은 교회 갈등은 보통 단순히 한 가지 원인으로 일어나지 않는다는 사실이다. 원인의 다양성을 이해하는 것은 갈등과 분쟁을 다루는 데 있어서 결정적이다.[22] 교회 갈등의 특수성은 다음과 같은 요소들이 교회

---

21 위의 책, 15-16.

22 Speed Leas, "The Varieties of Religious Strife", in *Mastering conflict & controversy*, ed., Ron L. Davis (Portland, Or.: Multnomah Press: Christianity Today, 1992), 83-94.

갈등과 분쟁 속에 내재되어 있기 때문이다.

첫째, 교회의 진리성의 추구이다. 교회 분쟁은 단순히 양편의 기득권 싸움이나 욕심으로 몰아쳐서는 안 되는 측면이 있다. 교회는 진리의 전당이다. 때문에 구약신학적으로 천지를 창조하신 하나님께서 진리를 보전하고 증거하고자 하는 측면에서 행동하시는 '여호와의 전쟁' 개념이 교회 갈등과 분쟁 속에 내재되어 있다. 그러므로 교회 갈등의 원인을 파악할 때는 이 점을 간과하지 말아야 한다.

둘째, 교회의 거룩성의 추구이다. 교회는 영적인 차원에서는 물론 실제적 차원에서도 순결과 거룩성을 추구한다. 일반 조직체와는 달리 목사의 술 한 잔 때문에 교회 분쟁이 격발되는 곳이 바로 교회이다. 특히 교회의 지도자인 목회자의 이성 문제 등은 민감하게 교회 갈등과 분쟁과 관련되어 있다.

셋째, 교회 구성원들의 애매한 정체성이다. 현대 교회 안에 구성원이 참 그리스도인인지 아닌지 그 분별 기준이 점점 애매하기 때문이다. 고대 교회에서는 상상할 수 없는 사람들이 교회 문제에 깊이 참여할 수 있는 목회 환경이 법적으로나 사회 분위기 속에서 용인되고 있기 때문이다. 일반 사회에서는 절대적으로 그만한 권리와 지위를 가질 수 없는 사람들이 교회 안에서는 쉽게 교회의 리더십과 권위에 접근할 수 있다는 점이 교회 갈등의 초기부터 일반 조직과는 현저하게 특별하다. 이것은 현대 교회가 자본주의 논리에 휩싸이면서 교회 간의 경쟁 관계가 형성되고 강단의 '값싼 은혜'의 대중 신학과 철학이 만연되고 있기 때문에 그러하기도 하다.

넷째, 교회 구성원들의 다양성이다. 교회는 다른 조직과는 비교할 수 없을 정도로 다양한 사람들로 구성되어 있다. 특수 목회를 지향하는 교회는 좀 다르겠지만 교회는 보편성을 본질로 하기 때문에 다양한 사람들이 등록을 원하면 들어올 수 있기 때문에 직업은 물론 성격과 학력 수준과 재산의 수준에서 교회 구성원은 실로 다양하다. 이러한 구성의 다양성은 교회 분쟁의 특수성을 보여준다.

다섯째, 교회의 비강제성과 외면적 법규의 미비이다. 교회는 다른 조직과는 달리 비강제적이다. 이단 종파를 의식하면서 교회의 모든 결정을 좌지우지하는 제왕 목회자가 있을 수 있다. 그러나 교회는 일반적으로 비강제적이다. 그렇기 때문에 자율성이라는 가치를 항상 고려하면서 모든 결정을 하고 있다. 이런 이유로 중국 황제의 정치 리더십으로 말하면 법가(法家)의 정치 리더십으로 교회를 이끌어가지 않는 경향이 있다. 교회는 구성원들의 자원봉사가 가장 강력한 힘이다. 그리스도의 은혜와 사랑의 법으로 교회가 유지되고 말씀으로 통치하고 지배하는 세계가 교회이다. 당연히 외면적 법규의 미비 현상이 발생한다. 최근 한국 교회의 교회 정관 운동들은 필연적인 측면이 있다고 하더라도 말씀과 은혜, 그리고 상식으로 운영되어야 할 교회 정치가 교회 안의 모든 문제를 인간이 만든 법으로만 다스리려고만 한다면 법률만능주의가 되어버려 교회의 자율적 본질이 크게 훼손될 우려가 있다.

여섯째, 교회의 자율적 성격 때문에 구성원들의 명확한 역할과 기능이 부재한 경우가 허다하다. 그것은 법적으로 유능한 목회자나 교인 가운데 석박사로 구성된 교회의 경우도 마찬가지이다. 그들이 무식해서가 아니다. 교회 헌법, 교회 정관이나 교회 규칙 제정 등이 미비하고 법 체계상 상호 모순되는 경우도 허다하다. 이것이 분쟁이 심화되었을 때 어느 한 쪽이 치명상을 입는 계기가 되기도 한다. 교회는 평화와 갈등의 시기가 역동적으로 변화되는데 이에 따른 대처가 미비하기 때문에 일반 분쟁보다 구성원들의 명확한 역할과 기능이 분명하지 않다.

　마지막으로 교회 갈등의 특수성은 교회 조직의 원심력(遠心力)과 구심력(求心力)의 불균형에서 나타난다. 원심력은 교회의 중심으로부터 밖으로 나가려는 힘인 반면, 구심력은 교회의 중심으로 모아지려는 힘이다. 교회는 다른 조직에 비해 원심력과 구심력이 매우 비탄력적이다. 이러한 조직의 쏠림 현상은 교회 분쟁에서 특별하다. 가족적인 분위기의 작은 교회의 구심력은 쉽게 원심력을 갖지 못한다.

4. 교회는 왜 그렇게 싸우는가?

　할버스타트(Halverstadt)는 교회 사람들이 왜 그렇게 추잡한 싸움을 하게 되는가에 대해 파트너의 감정과 행동을 형성하는 어떤 힘(파워)이 존재한다고 보았다. 그는 교회 갈등에는 당파의 핵심 정체성(core identities)이 위험한 상태로 존재한다는 것이다. 그 당파 핵심 정체성은 거의 신학적 요인과 결부되어 있다.

　세상 사람들은 신을 믿는 사람들인 교회 사람들이 이렇게 파괴적으로 싸우는가에 대해 이해를 잘 하지 못하고 있다. 예수 그리스도를 믿어 더 깨끗하게 살아야 할 사람들이 예수님이 말씀하신 대로 살지 않고 더 추잡하게 느껴질 때가 있기 때문이다. 예수님이 의인보다 죄인을 부르셨기 때문인가? 그래서 교인들은 비기독교인들보다 더 죄인들이기 때문인가? 교회 직원들은 무슨 이권이 있기 때문에 세속적인 회사원보다 더 파괴적으로 싸우는가? 공정하게 싸울 것으로 예상되는 교회 사람들이 왜 그렇게 가끔 추잡한 싸움을 하게 되는가? 할버스타트가 지적한 대로 명백히 교회 갈등과 분쟁에서 파트너의 감정과 행동을 형성하는 어떤 힘이 존재하는 것은 사실이다. 그는 교회 분쟁에 있어서 공정하게 싸울 것으로 예상되는 교회 사람들이 가끔 추잡한 싸움을 하게 되는가에 대해 잘 설명해 주고 있다. 필자가 여기에 부언 설명하면 다음과 같다.

첫째, 교회 갈등에는 당파의 핵심 정체성(core identities)이 위험한 상태로 존재하기 때문이다. 물론 당파의 핵심 정체성이 모두가 반드시 신학적이지는 않지만 할버스타트가 말하는 정체성에는 분명히 신학적인 이유가 포함된다. 교회 싸움의 파트너들은 상대방을 비난하면서 자신들의 심리적 정체성에 집중하고 있기 때문에 자신들의 헌신이나 봉사에 대해 신앙적으로 화약고와 같이 조금만 그 정체성에 손상을 입혀도 격화되어 폭발하기 쉽다. 교회 분쟁에서는 각 파트너 양측이 자신들이 판단하는 어떤 신학적 혹은 정치 철학적 노선 위에 있다. 그러한 이유 때문에 각 당파에 속한 사람들은 너무나 쉽게 개인적인 차별성으로 빠져들게 되어 다른 사람을 개인적으로 공격하기 시작한다. 그리스도인들이 신앙과 헌신에 있어서 다른 사람들이 자신들과는 다른 색깔을 보이게 될 때 다른 사람의 영성과 인격에 대해 의문을 갖거나 비난하게 된다. 교회 사람들은 자신들의 세계관이나 신학적 정체성이 의심받거나 비난받는다고 느껴지게 될 때 감정적으로 격렬해진다. 그래서 서로에 대해 사용하는 언어를 비롯하여 교회의 모든 사건과 행동을 자신들을 보호하는 데 사용하려고 한다.[23]

둘째, 예수 그리스도의 복음 자체 안에는 교회 분쟁의 원천적인 요소가 있기 때문이다. 예수 그리스도는 "내가 불을 땅에 던지러 왔노니"

---

23 Halverstadt, *Managing Church Conflict*, 2.

"내가 세상에 화평을 주려고 온 줄로 아느냐 내가 너희에게 이르노니 아니라 도리어 분쟁하게 하려 함이로라."(눅 12:49, 51)라고 말씀하셨다. 예수 그리스도는 개인과 사회의 통전적인 구원과 변화의 직무 때문에 이 땅 위에 강림하셨다. 어떤 의미에서 이 세상에 불을 던지러 오신 것이다. 교회 갈등은 가끔 하나님과 원수가 되는 죄악된 현상 유지에 도전하고 변화시키고자 하는 기독교적인 본성 때문에 일어난다. 나쁜 의미에서 종교적 안전과 예수 그리스도의 순수한 영적인 도전 사이에 존재하는 내부적인 갈등이 교인들 사이의 감정적 갈등을 일으키는 원인으로 존재한다.[24]

마지막으로 교회 갈등과 분쟁은 일정한 구조와 과정이 허용되기 때문이다. 심지어 무제한적인 권력의 사용을 유혹하는 제도 안에서 자발적으로 일어나기가 쉽다. 개인적 양심과 비전이라는 이름으로 교인들은 제도적 채널을 통하지 않고 사역을 감당하려고 한다. 제도적 채널을 통하지 않은 사역은 잘못된 권위를 통해 비밀스럽게 사역을 감당하지만 그러한 권위와 인위적 조작은 안전을 보장해 주지 않는다. 비밀이 새어나가고 사역이 논쟁에 휘말리게 되면, 다른 사람들은 지치고 배신감을 느끼게 된다. 스태프들을 위한 애매한 직무 분석(job description)과 규정되지 않은 역할 기대(role expectation)는 다른 사람의 소명에 대해 갈등을 일으키는 억측을 일으킴으로 상대에게 상처를 입히기 쉽다. 더구나 사례를 받는 사역자와 자발적 봉사자 사이의 경제적 의존성이 불균형하게 될 때 교회 갈등으로 혼란스러워진다. 교회 헌금 수입에 의존하는 사람은 다른 곳에서 살림을 꾸려나가는 사람들보다 교회 안에서

---

24 Ibid.

이기고 지는 면에 더 강하다. 이러한 재정적 의존성의 불균형이 그들 사이에 조작적으로 권력을 사용하려고 한다. 교회 시스템들은 스태프와 자발적 봉사자 사이의 갈등에 있어서 권력 남용에 쉽게 상처받기 쉽다.[25]

할버스타트가 지적한 바와 같이 교회 분쟁은 세상 사람들이 이해할 수 없는 싸움으로 변질되는 경우가 있다. 크리스천다운 교회 싸움이 되게 하기 위해서는 건설적 과정이 살아있어야 한다. 교인들이 크리스천다운 갈등의 과정에서 다른 동료 그리스도인과 서로 다투는 것은 추잡한 싸움을 하는 경우와는 근본적인 차원이 있다. 교회 분쟁은 거룩한 자질과 은사를 활용하고 도출해 내기 위한 상호 작용의 한 방법으로 이해해야 한다.[26]

---

25 Halverstadt, *Managing Church Conflict*, 3.
26 Ibid.

교회 갈등의 신학

교회 갈등은 영적인 충돌이지만 또 다른 차원의 기회이다.

1. 교회 갈등의 신학적 근원으로서 관계 신학

윌리엄 힐(William C. Hill)에 의하면 요한계시록을 제외한 신약 성경 중 인간관계에 대한 갈등 사건을 서술하고 있는 부분은 약 25%나 된다. 약 15% 정도가 갈등에 대한 가르침과 연관되어 있다고 보았다. 이것은 성경이 요한계시록을 제외한 약 40%가 인간관계의 갈등을 다루고 있음을 보여주는 것이며 성경의 중요한 주제가 관계 즉 하나님과 사람과의 관계, 사람과 사람의 관계, 사람과 만물과의 관계임을 말해주는 것이다.[27]

교회 갈등의 신학적 근원으로서의 관계 신학은 삼위일체론에 근원

---

27 William C. Hill, *The Theme of Interpersonal Conflict Traced Through the New Testament* (Wheaton, IL: Wheaton College, 1978), 2. 재인용, 현유광, 『목사와 갈등』(서울: 본문과현장사이, 2001), 25.

을 두고 있다. 교회 갈등의 대칭적 원형은 성부 성자 성령 삼위일체 하나님 본체이시다. 그분 안에서만 완전한 관계를 볼 수 있다. 그러나 그 관계는 신비이므로 누구도 완전히 볼 수 없다. 그런고로 하나님은 인간을 창조하실 때 두 가지 유비(analogy)를 통해 자신을 계시하셨다. 그것은 존재 유비(analogia entis)와 관계 유비(analogia relationis)이다. 존재 유비는 아담의 형상 안에 하나님의 신적 속성으로 나타나고, 관계 유비는 인간의 존재 양식 속에 나타났다 - 존재 유비를 인정하지 않는 칼 바르트(Karl Barth)의 형상관은 바르지 못하다. 아담은 홀로 창조된 것이 아니라 남자와 여자라는 관계 속에서 창조되었다. 특히 아담은 남자로서 여자 하와와 가정이라는 신적 기관을 통해 삶을 영위하도록 창조되었다. 따라서 인간은 근본적으로 신적 관계성이 인간의 존재 양식 속에 담겨져 있다. 이러한 신적 관계성과 존재적 형상은 아담의 타락으로 말미암아 깨어지게 되었다.

아담의 존재적 형상은 타락으로 점점 확대되어 사회적 실재 속에 나타나기 시작했다. 이러한 인간의 존재론적 타락 현상은 모든 사회적 갈등과 분쟁의 원인이 되며 신적 관계성의 타락과 함께 증폭되어 인간은 비참한 상태에 빠졌다. 타락의 영향을 관계성의 변화로만 이해하는 바르트의 견해는 정당하지 못하다. 그러나 하나님은 독생자 아들이자 새로운 아담인 예수 그리스도를 보내시어 그를 믿는 택함을 받은 사람들에게 이 관계뿐만 아니라 타락한 존재 형상을 새로운 구속적 존재로 회복하시어 미래의 소망의 공동체로 교회 안에 그들을 두셨다. 예수 그리스도 안에서의 회복은 아담과 동질 수준의 회복이 아니라 더 높은 부활 생명체로서 복음의 능력을 드러내는 성령 공동체로의 회복이다. 그러나 이러한 회복은 단선적이고 일회성으로 모든 사람들에게 동시에 효력이 나타나는 것이 아니므로 교회는 끊임없는 육의 본성과 성령의 본성이 혼재되면서 갈등이 계속적으로 유발된다.

중세 신학이 신적 속성의 회복에서 존재 유비적 회복만을 강조해온 것이 사실이다. 칼 바르트(Karl Barth)는 이러한 견해에 반발하여 관계 유비만을 강조하였다. 그러나 이 양자를 양극화할 필요가 없다. 하나님의 형상은 인간 자체로서 전체를 의미하기 때문이다. 그러나 일부 보수주의자들이 존재 유비만을 강조하여 온 것도 사실이다. 이것은 본래 개혁신학이 그렇지 않음에도 불구하고 보수주의를 자처하며 개혁신학을 따르는 자들이 관계 유비의 사회적 확장성을 염려하여 고의적으로 이 측면의 회복에 소홀히 한 점이 인정된다. 그러나 개혁신학은 그 본질상 관계를 강조하는 신학적 교리를 가지고 있다. 이것은 오늘날 주류 기독교인 복음주의가 사회적 책임을 강조하고 선언함으로 교회가 사회적 책임을 가지는 것과는 달리 개혁주의 신학에서의 관계 신학은 이미 교회가 근원적으로 사회적 책임을 안고 출발함을 시사해 준다.

이러한 관계 신학은 존재론적 형상의 변화인 개인의 성화와 교회의 사회적 책임의 연결 고리로서 교회의 각종 갈등과 분쟁과 모순 등을 해결하는 신학적 단초가 되며 교회의 그런 모습이 더 나아가 하나님의 나라를 완성하는 광범위한 규범적 기초가 된다. 관계 신학의 유형론적 모습은 성찬에서 그 본질이 함축되어 있다. 성찬은 그 이름 자체대로 "신비"(sakramentum)이며 그 신비는 삼위일체적 신비를 함축하고 있다. 그러므로 성찬은 그리스도의 신비로서 교회론의 유비적 결론이며 성령 공동체가 주님의 몸과 연합하는 교회 갈등론의 마침표이다. 교회 갈등론은 이러한 존재와 관계에 있어서 완성과 미완성의 패러독스적 양식으로 존재하는 지점에 있고 교회 갈등론은 이 양자를 통합하여 완전한 주님의 몸인 교회를 세우는 목표를 향해 가는 실천신학의 한 분과이다.

2. 정체성과 위기와 갈등의 실천신학적 의미

교회 갈등이 크리스천다운 면으로 변화되기 위한 언어적 특성에 대해 한자의 "위기"(危機)의 어의를 통해 시사해 주었다. '危'는 위험(danger)을, '機'는 기회(opportunity)를 의미한다. 교회 갈등은 분열과 비통합의 위험성을 가지고 있는 동시에 통합과 화해의 전체성을 가능하게 하는 기회가 될 수 있다. 이것은 위기에 대한 실천신학적 의미를 살펴보면 보다 분명해진다.

위기란 몰락의 전단계가 아니다. 개인이나 구조에 있어서 위기는 변화의 기회요 프락시스의 예언적 단초이다. 위기의 본질은 정체성(identity)의 본질로부터 밝혀진다. 정체성은 참된 자기 증명이다. 자기의 단일성, 연속성, 불변성, 독자성을 연대감과 안정감 속에서 확보하는 자기 가치와 자기상이다.

그러나 이러한 정체성의 개념은 실천신학 분야에서 비판이 가해지고 있다. 정체성의 개념이 완전하고 총체적이고 통일적인 최종 목표로서 설정되는 측면을 비판하는 것이다. 문제의 핵심은 정체성이 최종적인 목표로서 삶을 예측하고 계획할 수 있다는 이유로 그 정체성의 기본 속성인 완전성과 지속성을 고집하게 되면 그것은 자기모순에 빠지게 된다는 것이다. 이것은 아도르노(Theodor W. Adorno)가 "전체는 참이 아니며 정체성은 이데올로기의 원형이다"라고 말한 것과 같은 맥락이며, 폴 르꾀르(Paul Ricoeur)가 말한 "전체주의로 가는 그릇된 발걸음"으로 가려는 고집으로 작용할 수 있다는 것이다. 이것을 미술사의 관점에서 말하면 정물화 → 인상파 → 초현실주의의 그림으로 발전해 가는 과정으로 비유할 수 있다.

교회 갈등이 위기라고 본다면 이는 곧 정체성의 혼돈되는 위험성을 가짐과 동시에 그 정체성이 가지는 전체성과 이데올로기의 함정에서 벗어날 기회가 왔음을 의미하기도 한다. 갈등의 해결은 새로운 정체성을 지향한다. 이것을 미술로 말하면 초현실주의는 전통의 변신이라고 말한 살바도르 달리(Salvador Dalí)의 작품이 웅변적으로 말해준다. 교회 갈등은 초현실과 전통이 만나는 공동체의 거대한 움직임으로 이해할 수 있다.

3. 교회 갈등의 신학적 근거

교회 갈등의 성경신학적 근거는 구약 성경 사사기 6장에 나오는 "여호와 샬롬"(Jehovah Shalom, יהוה שלום) 개념이다. 이 개념은 단순히 평화가 유지되기 위한 정치적 합의 결과가 아니며, 하나님의 완전한 진리 및 사랑과 정의가 충족되는 사회적 영적 상태이다. 그러므로 교회 갈등은 무조건 나쁘고 조용하고 평화로운 것이 교회의 최고의 상태라고 인식하는 것은 위험한 생각이다. 교회 싸움과 갈등은 여호와 샬롬이 역동적으로 역사하는 현장이라고 인식하는 것이 중요하다.

또 교회 갈등의 목회신학적 근거는 '목회 신정론'(pastoral theodicy)이다. 목회 신정론은 목회 현장에 목회를 방해하는 신랄한 반대자들이 왜 있을 수 있는가에 대한 신학적 답변이다. 이것은 목회자들의 가장 큰 현실적 고민이기도 하다. 왜곡된 질서를 복음 안에서 바르게 세우기란 쉬운 일이 아니다. 목회는 질서의 사역이기도 하지만 목사나 교회의 사역자는 무질서의 혼돈 속에 빠져 헤어 나오기 쉽지 않다. 교회 갈등과 분쟁을 일으키는 대적자들에 대한 목회신학적 대안을 제시한 사람은 장 칼뱅(Jean Calvin)이다. 그는 교회를 보호하고 '가련한 양'들을 지키기 위해 '버릴 양떼'를 어떻게 목양해야 하는지에 대해서 많은 신학적 고민을 하였다.[28] 그래서 칼뱅은 양떼를 좋은 꼴로 봉사하고 먹이는 것만으로 충분하지 않고 '인내'와 '용기'(courage)가 필요함을 역설하였다.[29] 필자는 이에 대해 이미 『칼뱅의 목회신학』(2007) 저서에서 자세하게 다루었다.

그러나 교회 갈등을 바라보는 신학적 관점은 크게 대립되어 있다. 도날드 보샤트(Donald E. Bossart)는 갈등 역학에 대한 두 가지 신학적 입장을 제시했다. 첫 번째 신학적 입장은 초절(超絕)주의 신학적 입장이다. 교회 갈등을 극복하기 위해서는 위에서 내려오는 은혜의 선물을 받아들여야만 한다. 소원된 인간은 근본적 갈등에 대해 어떤 것도 할 수 없으며 해결의 조건과 은혜를 받아들여야만 한다. 은혜의 조건을 받아들이기까지는 삶은 불투명하고 모순 속에서 갈등한다고 보는 입장이다.[30]

두 번째 신학적 입장은 내재(內在)주의 신학적 입장이다. 편재하시는 하나님이 모든 유한한 실재의 기초가 되고, 만물에 대하여 창조적 활동으로서 하나님을 단정한다. 이것은 하나님을 세상에 대하여 대항한다고 보지 않는다. 하나님은 소망과 희망의 궁극적 기반으로서 창조의 종말을 성취하는 자원을 제공한다. 따라서 갈등 관리 모델을 위해서는 신

---

28 Comm. John 10:16.
29 Comm. Mic 3:8; Acts 23:17; Jer. 23:4.
30 Bossart, *Creative Conflict in Religious Education and Church Administration*, 76-77.

학과 일반 갈등 이론 양쪽을 다 고려해야 한다는 입장이다.[31]

소위 현대 복음주의 계열의 신학적 입장과 진보주의 신학적 입장은 갈등의 신학적 기초로서 갈등을 부정적으로 보느냐 긍정적으로 보느냐에 영향을 미칠 수 있다. 복음이라는 용어 속에 오직 계시와 성경만을 주장하며 갈등 이론 등 현대 학문들을 거부하고 전자의 신학만을 고집하게 될 때 근본주의로 빠질 우려가 있다. 교회 분쟁 시에 오직 영적인 측면만 강조함으로 더욱 분쟁이 심화될 수 있으므로 후자의 입장도 적절하게 고려해야 한다.

결국 교회 갈등의 신학은 갈등과 화해의 신학이 되어야 한다. 적절한 의미에서 갈등은 궁극적으로 파괴를 지향하는 것이 아니라 파괴적이고 분열적인 힘에 대한 건설적이고 화해의 신학을 추구한다. 변화의 경험에서 첫 번째 단계는 혼돈이다. 갈등 이론은 혼돈과 재화합이 불가분적으로 관련되어 있다. 혼돈은 과정으로서 최종적인 것이 아니라 그 궁극적 목표는 화해와 통합 양자를 포함한다. 그것은 갈등의 해결에 있어서 십자가와 화해를 통하여 와야만 한다. 예수의 복음은 율법을 완성하셨고 새로운 질서의 확립으로 인도하셨다. 그것은 갈등 과정을 의미한다. 혼돈에서 해결과 화해로의 운동 없이는 변화는 완성되지 않는다.[32]

이페렌이 지적한 것처럼 갈등 과정의 유용성은 화해를 성취할 수 있다는 데 있다. 그러므로 갈등은 적절한 신학적 범주를 가지고 있다. 화해의 교제는 반드시 고통의 교제를 통해 나타난다. 그러나 그러한 고통은 그 자체가 새로운 희망의 길임을 증명해 왔다. 이것이 부활의 경

---

31 위의 책, 77.
32 위의 책, 95.

험을 통한 창조주 하나님의 선한 목적이 이루어지는 복음의 메시지이다.[33]

4. 갈등의 성경적 관점

짐 반 이페렌(Jim Van Yperen)에 의하면 대부분의 크리스천들은 갈등에 대한 잘못된 개념을 붙들고 있다. 그러한 거짓된 개념은 하나님과 교회를 왼손잡이식 관점과 오른손잡이식 관점에서 보도록 한다. 왼손잡이식 신자들은 갈등에 대해 부정적이다. 그들에게 갈등은 에덴 동산에서 인간 반역의 결과인 죄이다. 그러므로 모든 갈등은 나쁘다는 식이다. 그들에게 평화는 갈등을 피함으로써, 부정함으로써, 도망감으로써 유지한다.

그러나 오른손잡이식 신자는 갈등을 적극적으로 보되 권력의 관점에서 갈등을 본다. 갈등은 통제에 관한 것이다. 그들에게 갈등은 건전한 교리를 보전하거나 "염소로부터 양을 분리하는 데" 필요하다. 그들은 반동적이고 방어적이고 공격적인 반응으로 평화를 유지하고자 한다.

이 양자의 입장은 모두 성경적 근거가 있다. 그러나 인간 갈등이 확실히 죄의 결과이지만 모든 갈등이 죄는 아니다. 더구나 평화는 지키는 것이 아니라 우리가 만들어가는 어떤 무엇이다.[34]

때로는 하나님께서 갈등을 목적으로 하실 수도 있다. 갈등은 하나님

---

33 위의 책, 96.
34 Jim Van Yperen, *Making Peace: A Guide to Overcoming Church Conflict* (Chicago: Moody Press, 2002), 91.

의 선한 목적을 위해 우리의 사역이 그의 권능 아래 있게 하심으로 갈등을 허용하시기도 한다. 심지어 우리를 갈등으로 인도하기조차 하신다. 그러나 우리가 잊어서는 안 되는 것은 분쟁과 평화 모두를 하나님이 제공하신다 하여 우리의 죄악이 정당화되는 것이 아니다. 결국 죄의 타락은 갈등과 분쟁을 일으켜 불순종과 전쟁의 비극으로 떨어지게 하였다는 사실을 잊어서는 안 된다. 아담과 하와의 불순종은 인간성을 전투로 내몰았다. 반대로 하나님의 은혜로 영적인 평화는 예수 그리스도를 통하여 이루어진다. 자기중심적인 욕심은 갈등과 분쟁의 뿌리이다(약 4:1-10). 갈등과 분쟁은 정당하지 못하고 채워지지 못한 욕구의 결과이기도 하다.[35]

결론적으로 우리는 이페렌(Jim Van Yperen)이 지적한 대로 갈등에 대한 성경적 진리를 5가지로 정리하려고 한다.[36]

(1) 갈등은 깨어진 관계이다.

모든 갈등은 깨어진 관계를 포함한다. 이것은 하나님과 인간, 인간과 인간, 인간과 피조물 등 모든 관계의 깨어짐이다. 깨어진 관계는 그리스도 안에서 회복이 가능하다.

(2) 갈등은 영적인 충돌이다.

갈등은 관계적이면서도 영적이다. 그러나 대부분의 갈등이 악마적인 영향의 결과는 아니다. 악마에게 갈등의 원인을 돌리는 것은 영적

---

35 위의 책, 92.
36 위의 책, 96-97.

도피주의이다. 인간의 책임을 악마에게 돌리는 것이다.

(3) 갈등은 피할 수 없다.

모든 갈등이 관계적이면서도 영적이라면 그리스도인들은 갈등을 피할 수 없다. 우리는 관계적이고 영적인 존재이기 때문이다. 갈등은 죄와 죽음과 같이 피할 수 없다. 다만 우리는 그것을 다루어야만 한다.

(4) 갈등은 필요하다.

우리는 하나님의 구속적 목적을 위하여 갈등이 필요함을 발견해야 한다. 질병 없이 건강을 알지 못한다. 악이 없이 선을 알지 못한다. 갈등 없이 평화를 알지 못한다. 갈등은 하나님께서 우리를 만들어 가시는 데 필요하다.

(5) 갈등은 하나의 기회이다.

갈등에 대한 하나님의 목적은 구속을 완성하는 것이다. 모든 갈등은 하나님의 구속적 계획에 따라 우리의 구원을 완성하는 기회이다. 우리의 갈등은 항상 선을 위하여 하나님의 목적하에 있다. 갈등은 적극적 변화와 평화 창조를 위한 하나님을 신뢰할 기회이다.

성경에 나타난 교회 갈등

"그들이 이르되 여호와께서 모세와만 말씀하셨느냐
우리와도 말씀하지 아니하셨느냐 하매 여호와께서 이 말을 들으셨더라."(민 12:2)
"또 그들 사이에 그 중 누가 크냐 하는 다툼이 난지라."(눅 22:24)

1. 구약에 나타난 교회 갈등

(1) 창세기에 나타난 갈등

갈등은 성경 전체에서 하나님이 말씀하셨다. 특히 구약 성경 창세기에서 본래 관계적 존재로 창조된 아담과 하와는 갈등이 존재하지 않는 상태로 창조되었다. 그러나 인간은 하나님께 불순종함으로 죄가 세상에 들어왔고 인간 딜레마의 부분이 되었다. Kenneth O. Gangel & Samuel L. Canine은 창세기 3장에서 갈등이 즉시 5가지 수준으로 다음과 같이 표면화되었다고 보고 있다.[37]

---

37 Kenneth O. Gangel & Samuel L. Canine, *Communication and conflict management in churches and Christian organizations* (Nashville, Tenn.: Broadman & Holman Publishers, 1992), 155-56.

① 아담과 하와는 더 이상 그들의 하나님과 교제 할 수 없게 되었다. 저녁의 "미풍"의 시간에 신적인 지위는 사라졌다(예배의 타락).
② 상호 인격적 갈등의 씨앗은 아담이 하와에게 책임 전가를 하게 될 때 매우 급속하게 수확하게 되었다.
③ 창조물 혹은 자연은 더 이상 과거와 같이 창조물을 생산하지 않는다. "이마의 땀"(19절)은 인간 존재와 환경과의 강력한 갈등을 제기하게 되었다.
④ 인간 존재와 사탄과 그의 조직 사이의 영적인 갈등이 행동화되었다. 이것은 사탄이 불 못에 던져지기 전까지 그치지 않는다.
⑤ 아마 가장 잠행적인 갈등은 내적인 갈등이다. 이제 아담과 하와, 그리고 후손들은 죄에 의해서 내면에서 일어나는 갈등 혹은 투쟁과 직면하게 되었다. 죄 된 본성은 그 부모로부터 타고나게 되었다. 이러한 갈등의 5가지 수준은 인류 역사에 크게 영향을 주었다.

죄와 의(義) 사이의 대치는 구약의 역사를 이해하는 데 근본적인 안목을 제공한다. 하나님께서 이스라엘을 특별한 민족으로 선택하신 이후로부터 갈등의 메시지를 끊임없이 계시하셨다. 그러한 갈등은 가끔 잘못 다루어지기도 했다. 그러나 하나님은 그러한 갈등을 한번도 통제하는데 실패하신 적이 없다. 구약의 지혜문헌들은 다른 수준에서 갈등을 드러내는 백성에 대해 하나님께서 어떻게 하시는가를 조명한 것이다.

(2) 민수기에 나타난 갈등

민수기는 이스라엘 백성의 출애굽 과정을 통해 구약 광야 교회의 갈등과 그 해결을 보여주고 있다.[38] 민수기의 갈등은 모세를 중심으로 이스라엘 백성들의 반항적 행동으로 나타났다. 그 반대 성향은 회중(민 11장) → 모세의 가족(12장) → 정탐꾼들(13장) → 성직자들(16장)로 확대되는 모습을 보여주고 있다. 신정 정치의 상황과 오늘날 교회 정치 상황이 많이 다르지만 성경이 보여주는 갈등의 신학적 원리는 오늘날에도 진리이다.

① 이스라엘 백성의 행진과 교회 갈등(민 1-10장)

민수기는 하나님의 백성의 계수와 그 계수된 백성의 광야 행진으로 시작한다. 이스라엘 백성은 성막을 중심으로 구름 기둥을 따라 진행하였다. 이것을 민 9장 23절에서 여호와의 명을 따라 여호와의 직임을 지켰더라고 말한다. 직임은 개인으로서가 아니라 공동체 의식 속에서 수행하여야 한다. 직임은 인간의 행진에 맞추는 것이 아니라 하나님의 발걸음에 나를 맞추는 것이다. 계수 받기 전에는 자연인 아무개이지만 계수함을 받은 후에는 하나님의 직임을 지키는 자로 서 있다는 것이다.

교회 갈등은 자신의 위치와 직임이 무엇을 의미하는지 모르는 사람들이 하나님의 행진보다 앞서거나 자신의 행진에 교회의 행진을 맞추려는 사람들이 갈등을 일으키는 경우가 허다하다. 이런 자들은 참 직임에 순종하는 자들과 충돌을 일으키기도 한다.

② 진 끝으로 모인 자들과 교회 갈등(민 11:1-3)

이스라엘 백성들은 시내산에서 가데스 바네아까지 가는 하나님의

---

38 민수기에 나타난 갈등은 김신철 목사의 그룹 성경공부의 내용을 필자가 교회 갈등론의 차원으로 재해석하였음을 밝힌다.

행진 도중 이 행진을 둘러싸고 불평이 터졌다. 백성 중 일부가 악한 말로 원망하매 여호와의 불로 그들을 사르는 사건이 발생한다. 원망했던 자들이 진 끝에 있었는데 이는 하나님과 더불어 가는 게 싫은 자들이 하나 둘 모여 무리를 이뤄 진 끝에 모였음을 예측할 수 있다. 진 끝은 진의 밖인지 안인지 구분할 수 없는 자들의 영역이다. 하나님은 그들을 치신다. 이것은 하나님의 행진을 재촉하기 위한 것이다. 모세가 기도를 해서 불이 꺼졌다.

교회 갈등의 입장에서 보면 진 끝에 있는 자들은 원망과 불평으로 구약 교회의 갈등을 유발시켰을 것이다. 교회 갈등에서 교회의 참된 목적과 비전에 불평하며 항상 구석에서 수군대는 불평 불만자들이 있기 마련이다. 이들에게는 우리의 신앙의 본질과 순례 길의 성격을 보다 친절하게 설명해주고 이해시켜주며 모세와 같이 기도하게 될 때 갈등이 해결된다. 그리고 하나님이 징계하셨듯이 신약 교회에도 권징이 필요하다.

③ 탐욕과 백성의 유아성과 교회 갈등(민 11:4-10)

이스라엘 중에 섞여 사는 무리들이 탐욕의 진원지가 되어 탐욕은 삽시간에 이스라엘 전체로 번져 나갔고 애굽에서의 식생활을 그리워하며 만나 이외의 다른 것을 요구하며 우는 사건이 발생하였다. 욕망이 정치적 세력화된 사건이다. 하나님은 세 가지 조치를 취하신다. 첫째 70인의 장로를 세우신다. 둘째 메추라기를 실컷 먹이신다. 셋째 탐욕의 핵심 진원지에 속하는 자들을 진멸하셨다.

탐욕은 인간의 기본적인 욕망이다. 이것이 교회 안에서 정치화될 때 하나님은 정치 제도로 막으셨다. 교회 정치 제도는 교회 갈등을 예방하고 해결하는 중요한 도구이다. 교회 안에는 교회의 법이나 규칙을 너무나 중시하는 오른손잡이식 교인과 사랑과 은혜만을 추구하는 영성파적인 왼손잡이식 교인들이 존재한다. 정치 제도는 하나님이 주신 신적 질서(Divine Order)라는 점을 이해해야 한다.

④ 이스라엘 최고 수뇌부의 갈등(민 12:1-3)

이스라엘 최고 수뇌부의 갈등은 시내 산에서 가데스 바네아까지의 여정 중에 일어난 세 번째 사건이다. 모세가 구스 여자를 취함으로 미리암(누나)과 아론(형)이 모세를 비방한 사건이다. 모세만 리더십을 발휘할 것이 아니라 우리도 지휘하자는 것이다. 공동 지휘, 소위 공동 대표론을 들고 나온 것이다. 현대적 관점에서 보면 개인에 대한 도전이 아니라 시스템에 대한 도전이다. 모세가 없어도 공동체는 운영될 수 있다는 것이다. 구름 기둥 불 기둥 따라가면 되고 각 지파는 성막을 중심으로 움직이게 되어 있고 아론은 대제사장이기에 제사의 정점에 서서 지도력을 발휘할 것이요 미리암은 여성의 대표로서 발언권을 행사할 것이다. 아론과 미리암은 하나님이 자신들과도 이야기를 하기 때문에 자신들도 이스라엘 백성 앞에서 하나님을 대표한다는 매우 합리적인 도전을 하였다.

하나님은 친히 모세와 아론과 미리암을 불러서 교통정리를 하셨다(민 12:4-10). 특히 하나님께서 모세를 일컬어 그는 나의 온 집에 충성함이라 하셨다(12:7). 이는 모세가 하나님 나라 이스라엘 공동체에 대해 정리가 되어 있다는 뜻이다. 민 12장 3절에 나오는 모세의 온유함은 하나님과 이스라엘 사이를 잇는 중보의 자리마저도 연연하지 않는다는 모세의 마음을 대변한 것이다. 그래서 싸움이 되질 않았다. 만약에 하나님이 양보하라고 하시면 기꺼이 그들을 세우고 물러나는 그 자세 말이다. 그러나 정작 하나님은 이 위치에 모세를 붙들어 두셨고 모세는 수용한 것뿐이다. 이 사건 때문에 하나님의 행진은 7일이나 멈추었다. 나병이 발병한 미리암이 진 밖에 있었기 때문이다. 매를 맞는 자는 회개한다(삼상 16:5-10). 얻어맞는다고 성장이 멈추는 것은 아니다. 미리암은 그 후 약 40여 년을 더 살았다(민 20:1).

우리는 미리암 사건을 통하여 교회 갈등의 중요한 원리를 배울 수 있다. 첫째, 교회의 최고 지도자는 정치적 리더십의 갈등에 쉽게 도전 받을 수 있다는 것이다. 교회는 근본적으로 민주주의가 아니지만 또 독재만을 찬성하는 것은 아니다. 교회의 최고 지도자는 모세처럼 자신의 리더십마저 포기할 수 있는 여유와 온유함을 보일 때 하나님은 그의 충성됨에 손을 들어 줄 것이다. 이에 비해 오늘날 얼마나 많은 교인들이 감투라는 명목으로 교회의 직분 자리를 탐내고 갈등을 일으키고 있는가!

둘째, 교회 갈등의 입장에서 모세는 대표 교역자이다. 오늘날 목사의 대표 사역성이 그릇된 만인제사장주의나 평신도주의를 근거로 안수 사역의 대표성을 침범하려고 한다. 안수 사역(ordination ministry)과 일반 사역(general ministry)은 하나님이 정해주신 교회의 신적 질서이다. 이 질서가 무너질 때 교회 갈등을 유발함을 알 수 있다.

셋째, 교회 싸움 후에 사역자들에 대해 현실적으로 패배한 자들을 너무 마귀 편에 선 자로 오해하는 경향이 있다. 하나님은 미리암을 오래 살게 함으로 그의 신앙의 성숙을 도모하셨다. 교회 갈등은 하나님이 신앙의 성숙으로 인도하는 기회임을 보여준다.

⑤ 갈렙과 여호수아의 정탐 보고와 교회 갈등(14:1-10; 민 13-14장 ;신 1:19-46)

각 지파의 대표로 12명의 정탐꾼 중 갈렙과 여호수아의 정탐 보고는 갈등을 유발시켰다. 그것은 정탐 사실에 대한 해석의 차이이다. 해석의 차이가 운명을 결정하는 중요한 갈림길이다. 실제로 이스라엘의 운명은 12정탐꾼의 보고 이후 그 해석의 차이로 인해서 바뀌었다. 해석이 무엇인가? 그 해석을 근거로 해서 자신의 의견을 피력하고 자신의 행동을 결정하며 상대방을 설득하는 근거가 된다. 그래서 해석은 인간의 관계성과 사회성에 지대한 영향을 미친다. 갈렙과 여호수아 외의 다수의 사람들은 어떤 다른 해석을 했는가? 그들은 그 해석의 근거를 제시하는데 많은 문제가 있다. 그들은 객관적인 사실을 제시하는 것을 넘어서서 그 땅을 악평했다(민 13:32). 이들 다수들은 자기들의 신념을 전달하기 위해 객관적 사실들을 왜곡하기 시작했다. 왜곡이란 객관적 사실의 일부를 누락시키거나 또는 확대 과장하는 것을 말한다.

하나님은 이 정탐 보고를 계기로 이스라엘의 진로를 가나안 땅이 아닌 광야 쪽으로 돌리셨다. 하나님은 정탐꾼이 40일 정탐한 것을 기준으로 하여 1일을 1년으로 삼아 40년 광야 유랑을 시키셨다. 가나안 땅은 아들의 마음으로 가는 것이지 종의 마음으로는 못 간다. 우리의 신앙 수준도 여기라면 우리의 믿음으로 갈 수 있는 최대치는 가데스 바네아까지이다. 하나님의 일이 나의 일인 아들의 마음으로만 가나안에 갈 수 있다. 갈렙과 여호수아는 다른 정탐꾼보다 신체적으로 우수하다거나 용맹이 더한 자가 아니라 아들의 심장으로 사실을 해석하고 적용했다는 사실이다.

교회 갈등에서도 사실적 갈등이라는 것이 있다. 사실에 대한 왜곡된 커뮤니케이션으로 교회 갈등이 일어난다. 그러한 사실 왜곡도 실은 민수기의 경우처럼 그 밑바닥에는 믿음의 차이가 있는 것이다. 또 교회 갈등은 아들의 심장으로 사실을 보는 자와 종의 심장으로 사실을 보는 자들의 싸움이기도 하다. 정탐꾼 사건은 하나님이 용서하시는 대신 광야를 40년간 유랑하게 하셨다. 종의 마음을 가진 자는 이렇게 노예의 기간이 길어진다는 점을 알 수 있다. 교회 정치에서 종의 심정을 가진 자들이 헤게모니를 가지면 가나안은 늦어지고 사실을 왜곡하는 갈등을 일으킬 수 있다.

⑥ 고라의 반역 사건과 교회 갈등(민 16-17장)

이스라엘의 광야 유랑 40년 여정은 거의 기록에 없다. 다만 몇 가지의 사건들의 기록이 있을 뿐이다. 이스라엘 중에 최초의 아래로부터의 일부 백성들의 의지가 정당이라는 형태로 집결되어 나타난 사건이다. 고라는 제사장이라는 제도를 맡아서 이스라엘의 거룩을 구현해 보려는 포부를 가졌던 사람인 반면에 다단, 아비람, 온은 고라와는 달리 모세의 위치를 점유함으로써 그들의 철학을 구현해보려 했던 것 같다(민 16:13-14). 모세를 왕의 야심을 가진 자로 지목했다. 이들이 보기에는 모세는 무모하고 무책임한 군림자이다. 그래서 그들이 지금 광야를 돌고 있는 것으로 보았다. 또한 이들 정치적 엘리트 그룹 뒤에는 이들의 입장에 동조하는 엄청난 크기의 백성들이 버티고 있다. 민 12장 1-3절에서 보여주는 아론과 미리암은 단순한 리더십의 도전이었지만 이번은 근본적인 정치 체제의 문제였다. 그냥 두면 민주주의는 될 수 있으나 하나님의 통치는 이루어지지 않게 된다. 하나님은 순식간에 백성들을 진멸하려 하셨다(민 16:21).

이 부분에 대한 처리는 두 방면에서 이루어졌다. 하나는 제사장권의 강화이고 다른 하나는 가담자의 진멸이다. 하나님으로부터 불이 나와서 250인을 살라 죽였고 아론만 살아남았다. 각 지파별로 지팡이 하나를 제출하게 하여 아론의 지팡이에서만 싹이 나도록 함으로 제사장 문제에 관해서 매듭을 지었다.

그렇다면 왜 선지자 편보다 제사장 편을 더 강화했느냐이다. 선지자인 모세는 하나님을 대신해 오는 일에 대해서 하나님은 만족해하고 계셨지만 아론이 하나님 앞에서 백성을 대신하는 영역에 관해서는 만족하지 못하셨다. 백성들의 사고와 그들의 삶의 모습을 하나님 앞에 다 담아내지 못했다는 말이 된다. 그래서 하나님 통치 사회에서 민주 사회가 나왔다. 하나님의 통치보다는 민주 사회 혹은 시민 사회가 낫다는 생각이다. 후에 사무엘이 백성의 왕정 정치를 요구했을 때와 같은 하나님의 통치 위기로 보았다. 그러나 민주 정치를 거부했던 하나님은 왕의 제도를 받아들인다. 왜냐하면 하나님의 계획 속에 벌써 메시아의 통치가 있었기 때문에 왕의 제도를 메시아 통치와 나중에 연결시키려 하셨기 때문이다. 실제로 왕의 통치 시절에 선지자들이 왕에 대한 비판을 가장 많이 했다. 그러나 왕의 제도는 선지자 제도와 제사장 제도도 함께 타락시켜 버렸다. 성경에 기록된 선지자들은 그런 의미에서 야인들이었다. 그들의 사고 속에는 하나님의 직접 통치를 간절히 기다리는 소망이 있었고 메시아 사상은 그들을 통해 계시될 수밖에 없었다.

고라 사건은 정치적 갈등의 진수를 보여준다. 선지자와 제사장 두 직분을 무시하지 않으면서도 "거룩의 평등"(민 16:3)을 빙자하여 고라의 무리가 추구했던 것은 이스라엘의 체제를 뒤엎으려 한 것이었다. 이것은 오늘날 만인제사장주의가 고라와 같은 수준에서 교회 갈등을 일으키는 원인이 될 수 있음을 보여주고 있다. 만인제사장주의는 중세 교회의 사제주의(sacerdotalism)를 근거로한 한 구원론에 대해 반기를 든 것이지 사역론이 아니기 때문이다.

⑦ 가데스 므리바 사건과 교회 갈등(민 20장)

가데스의 므리바 사건은 40년 전에 나오는 르비딤 므리바 사건의 복사판이다. 백성들은 물이 없어 불평하였다. 반석을 명하여 물을 내야만 했던 모세가 화가 나서 지팡이로 그 반석을 쳐서 물을 냄으로 모세는 가나안 땅에 들어가지 못한다. 이 사건은 출애굽 2세들의 신앙을 다시 보아야 할 것을 요구하는 사건이다. 기대가 크면 실망도 큰 법이다. 모세는 화를 낼 만했다. 40년 사역의 현주소가 여기인가? 우리 신앙의 성숙이 바로 그렇다. 그러나 하나님은 오히려 화를 내시지 않았다.

교회 갈등의 필연성이 바로 여기에서 나온다. 우리는 성도라고 말하고 몇십 년씩 예수를 믿은 경력이 있어도 결국 출애굽 2세의 신앙과 유사하다. 교회 갈등은 상대에 대한 높은 신앙의 요구 수준과 그에 대한 실망감에서 표출될 때가 있다. 성도들의 욕구로 인한 갈등 상황에서 목회자는 모세처럼 실망감을 갖지 않고 목회적 전망을 버리지 않아야 한다.

⑧ 불뱀 사건과 교회 갈등(민 21장)

불뱀 사건은 구속사적으로 중요한 사건이다. 예수 그리스도는 모세가 광야에서 뱀을 든 것 같이 인자도 들려야 한다고 말씀하시면서 그 이유를 영생을 얻는 문제와 연결시키고 있다. 므리바 사건이 신앙의 원점 수준으로 돌아감을 의미한다면 불뱀 사건은 가나안 땅을 들어가게 하는 사건이었다.

21장에서 중요한 것은 이스라엘 백성들이 전쟁다운 전쟁을 하고 승리의 기쁨을 맛보게 된 것은 광야 2세들이 불뱀 사건을 경험하고 전쟁의 용사가 되었기 때문이다. 이스라엘의 전쟁의 승리와 불뱀 사건은 분리될 수 없는 사건이다. 이스라엘 백성들은 가나안 남방의 아랏을 무찌르고 곧 북상하는 길은 얼마나 간편한가? 그런데 굳이 하나님은 에돔을 우회시키고 모압을 돌아서 시혼을 부수고 바산을 부수고 모압 평지 요단 건너편을 택하셨다. 그래서 화가 나서 불평하게 되었다. 그것은 저 옛날 여호와의 행진 대열 후미에 처져서 불평하며 따라갔던 출애굽 1세대의 행동의 복사판이다(민 11:1-3, 민 21:5-6). 므리바의 사건이나 불뱀의 사건이 출애굽 1세들과 닮았다. 이것이 하나님을 믿는 것인가? 이것이 신앙생활의 보답인가? 출애굽 시키신 하나님의 뜻이 이것인가? 불평이 그들의 마음에 가득 차 있었다.

그러자 불을 보내 진의 끝을 살랐던 하나님은 이제는 불뱀을 보내 진 후미에 처진 자들을 물어 죽게 하셨다. 모세가 사실을 확인하고 기도를 하게 되고 마침내 해답이 주어졌다. 그것은 구리 뱀을 쳐다본 자는 누구나 다 살아나게 하신 것이다. 하나님은 이 사건을 통하여 이 백성의 수준으로 말하면 40년 전이나 지금이나 똑같고 죽어 마땅한 자라 말하고 싶었을 것이다. 하지만 하나님은 구원의 길을 열어놓으셨다. 내가 너희를 사랑한다. 나는 너희와 함께 저 가나안 땅을 나의 왕국으로 세우겠다고 약속하고 계신다. 너희가 연약하고 목이 곧은 백성이나 나는 여전히 너희 하나님이요 너희는 나의 백성이다 하신다.

이후 여호와의 전쟁에 참여하여 승리의 기쁨을 맛본 출애굽 2세대들은 이날 그 장대에 달린 뱀을 바라보았던 자들이다. 이스라엘의 출애굽 2세대들은 이 불뱀 사건 속에서 태어난 것이다. 오늘의 저들은 죽고 내일의 저들로 다시 태어났다. 이들은 예수 그리스도가 열어 놓은 새 시대를 소망하며 사는 사람으로 다시 태어난 신약 성도들의 구약적 표현이다. 그들은 가나안 땅을 점령할 자격이 있는 하나님 나라의 주인공들이다.

불뱀 사건은 교회 싸움과 교회 갈등에서 구리 뱀을 바라보아야 한다는 점이 중요하다. 소망이 전혀 없는 우리들이지만 구원의 길을 열어 놓으신 그리스도의 들림 사건은 모든 갈등 해결의 근본적인 해결책이다. 모든 교회 갈등 상황에서 십자가에 달리신 예수 그리스도만을 바라보게 될 때 진정한 여호와의 전사로 거듭나 여호와 샬롬을 쟁취할 것이다. 또 거듭되는 불평불만 속에서 가데스에서는 모세가 화를 내었지만 불뱀 사건 때는 모세는 기도하였다. 기도는 모든 갈등 상황의 해결책이다.

⑨ 발람 선지자 이야기와 교회 갈등(민 22-25장, 민 31:1-24)

발람은 여호와의 종교의 선지자로서 자신의 뜻을 접고 하나님의 뜻을 그대로 전하면서도 물질에 눈이 어두워 결국 제3의 길로 간 욕망과 타협한 선지자이다(민 31:26; 벧후 2:15, 계 2:14). 왜 발람은 모압 왕이 보낸 사람들을 하루 밤 묶게 한 것일까? 발람은 하나님의 입장도 충족되고 자기의 이익도 충족되는 묘안을 찾기 위해서일 것이다. 하나님을 잘 아는 발람은 자기의 길을 가지 못한다. 그러나 발람은 제3의 길에서 자신의 욕망을 채울 동기가 숨어 있었다. 따라서 하나님은 발람을 가게하고 발람을 막는 묘한 이중성을 연출하였다. 발람은 모압 왕에게 하나님의 메시지를 그대로 전했지만 이스라엘을 저주하지 않고도 무너뜨릴 계책을 모압 왕에게 알려줌으로 이스라엘 남자들이 바알브올의 음란한 종교에 빠지도록 방관하였다. 하나님은 모압과 연합한 미디안을 진멸하도록 하셨다. 미디안 전쟁에서 여자와 아이들을 살려두는 문제로 모세와 군대장관과의 갈등은 철저히 아들들을 진멸하도록 한다.

교회 갈등론의 입장에서 발람이 취한 동기는 갈등 당사자들의 깊은 동기를 무시하고 적절히 타협해버리는 해결책이 교회 갈등의 최선의 해결책이 아니라는 사실이다. 교회 갈등의 원인과 해결은 보다 깊은 동기와 관련이 있다. 교회 갈등이 때로는 여호와의 전쟁의 성격을 가질 때 갈등 당사자들은 보다 하나님 중심 성경 중심에 서야 할 때가 있다.

2. 신약에 나타난 교회 갈등

신약 성경에는 하나님께서 첫 세기 신자들에게 갈등에 대해 말씀하셨다는 것을 알 수 있다. 복음으로 세워진 교회가 그 말씀대로 갈등을 잘 관리하면 건강하고 영적인 관계가 될 것이다. 반대와 갈등은 예수 그리스도의 지상 생애 동안에도 많이 있었다. 그 시대의 종교 지도자들은 예수가 행동하는 것과 주장하는 것에 대해 강하게 저항했다. 그의 가르침은 당시 그들이 가르치는 것과 직접적으로 충돌되었다. 산상설교는 여러 가지 갈등을 배경으로 한 것이다(마 5-7). 다음은 제자들 사이에 존재했던 갈등 에피소드이다. 다음에서 우리는 갈등 문제와 갈등에 대해서 배워야 할 점을 찾을 수 있다. 케네츠 강겔(Kenneth O. Gangel)은 신약 성경에서 갈등에 대해 배울 수 있는 부분을 다음과 같이 제시했다.[39]

---

[39] Gangel & Canine, *Communication and conflict management in churches and Christian organizations*, 167-77.

(1) 눅 22:24-27

갈등 문제는 무엇이 위대하냐의 문제이다. 높은 지위가 위대하다고 제자들은 세상적인 기준으로 당연히 생각했다. 그러나 그런 기준으로 누가 큰가를 결정할 것인가 아니면 다른 기준을 사용할 것인가? 이 갈등에서는 역할 정의와 같은 깊은 문제를 계시한다. 제자들 각자는 자신의 위치가 다른 제자보다 중요한 의미로 보여지기를 원했다. 그러나 예수님은 킹십보다는 종으로서의 역할 정의로 그들의 방향을 바꾸어 주셨다. 이와 같이 갈등은 해결이 필요한 깊은 문제를 덮어두지 않고 드러나게 하는 역할을 한다. 또 이것은 작은 것이 질적으로 떨어지지 않는다는 것을 보여준다. 큰 것과 작은 것은 예수 그리스도의 리더십에 근접하면 관심을 덜 가지게 된다. 그는 우리를 자신의 사역을 위해 봉사하도록 부르셨을 뿐이다.

(2) 눅 10:38-42

마르다와 마리아의 본문에서 갈등 문제는 목표 갈등에 관한 문제이다. 여기에서 배워야 할 점은 우리가 비영적인 사고에 집착하게 될 때 다른 형제에게 우리의 목표와 가치와 태도를 강요할 수 있다는 것이다. 주님은 자신의 가르침을 듣지 않고 일하기보다는 자신을 이해하고 말씀을 듣기를 더 원하고 있다는 점을 마르다가 깨닫기를 바라셨다.

(3) 요 12:1-8

가롯 유다는 가치의 문제를 제기했다. 가치와 희소한 자원은 문제를 일으킨다. 이 갈등에서 배워야 할 점은 갈등은 때때로 바른 측면과 그렇지 못한 측면이 있다는 것이다. 예수님은 가치의 더 좋은 측면을 가진 사람을 두둔해 주심으로 바른 측면을 드러내셨다. 갈등은 숨겨진 의제(agenda)를 드러낸다.

(4) 마 20:1-16

여기서 갈등 문제는 노동자 자신의 입장에서 정당하지 못하다고 생각하는 임금의 문제이다. 노동자들은 소유주와 일치하는 임금 수준을 가정했다. 그러나 그러한 상호 이해는 존재하지 않았다. 갈등에서 배워야 할 점은 갈등은 가끔 우리의 관점 속에 거주한다는 것이다. 우리는 우리의 한정된 준거 구조로만 보려고 한다. 불행하게도 우리는 어떤 사람이 같은 사실을 어떻게 보는가에 대해 거의 이해하려고 하지 않는다. 이것은 우리가 정당하다고 생각하는 가치나 역할 수준에서 존재하기 때문에 뿌리 깊은 갈등을 생산하는 것이다.

(5) 요 21:15-19

베드로의 위임은 반복된 주제로 나타난 것이다. 그는 절대로 다시는 돌아오지 않을 것 같은 상황에서 주님은 그를 다시 회복시키곤 하셨다. 갈등은 우리가 무시할 수 없는 과거의 행적에 초점을 둔다. 우리가 과거에 의해 살 수는 없지만 동시에 현재와 미래를 무시할 수 없다. 예수 그리스도는 베드로를 과정 속에서 평가하셨다. 우리는 너무 결과에 집착하고 과정의 가치를 놓쳐버린다.

(6) 롬 12:9-21

계속해서 케네츠 강겔이 제시하는 여러 본문을 통해 갈등에 대해 배울수 있는 점을 살펴보자.

ⅰ) 우리는 파괴적인 갈등이 덜 일어날 것 같은 환경 속에서 이 본문을 발견한다.
ⅱ) 신자 각자는 모든 사람과 평화하도록 인격적 책임을 가지고 있다.
ⅲ) 이 본문 역시 핍박에 직면해 있다.
ⅳ) 하나님의 자녀들은 복수가 아니라 선을 행함으로 그들의 행동을 다 스려야만 한다.
ⅳ) 하나님은 선이 그의 자녀들에게 계속적으로 동기화되기를 바라고 계신다.

(7) 고전 6:1-8

이 본문은 갈등에 대한 두 가지 근본적 진리를 보여준다.
ⅰ) 고린도 교회의 갈등의 문제는 많은 다른 방식으로 포장되어 있다.
ⅱ) 갈등은 고린도 교회 교인들이 상상하는 것보다 깊다.

(8) 갈 2:11-21

갈등에 관한 6가지 원리가 이 본문에 나타난다.
ⅰ) 바울은 베드로에 대해 "내가 그를 대면하여 책망하였노라"고 했다 (11절). 교회 갈등과 분쟁의 원인은 대부분 목회자에서 비롯된다. 목회자의 잘못은 누가 고치는가에 대한 성경적 시사점이다. 목회자는 신자가 아니라 목회자가 고친다는 정치 원리가 여기서 나온다.
ⅱ) 베드로는 가짜 메시지를 전한 것은 아니지만 유대인을 두려워하여 외식적인 행동을 하였다(12절).
ⅲ) 베드로는 지도자이다. 그의 행동은 많은 신자들에게 영향을 준다 (13절).

ⅳ) 바울은 현재 다른 사람들과 대치할 만한 가치를 많은 사람 앞에 드러내었고, 바울의 질문은 문제를 분명히 했다(14절).

ⅴ) 바울은 갈등을 일으켰던 문제에 분명한 답을 제공했다(20절).

(9) 빌 1:12-18; 4:2-3

갈등과 관련된 두 가지 중요한 개념을 보여주고 있다. 첫째, 바울은 어떤 이들이 시기와 분쟁으로 그리스도를 전파하는 것을 인정했다. 둘째, 바울의 "진정한 동기"는 유오디아와 순두게가 한 마음으로 살아가도록 돕는 것이다. 부녀들에 대한 바울의 호소는 그들이 복음을 전파하면서 과거에 경험했던 상호 투쟁에 근거했다. "진정한 동기"는 부녀들을 돕기 위하여 갈등 매니저로서 임명받은 것이다. 우리는 갈등을 다루도록 두 반대편들을 도움으로써 가치있는 사역을 할 수 있다.

교회 갈등의 원인*

"미움은 다툼을 일으켜도 사랑은 모든 허물을 가리우느니라."(잠 10:12)

교회 갈등의 원인은 여러 가지 관점에서 다양하게 파악할 수 있다. 목사가 서서히 깨닫게 되는 것은 갈등의 근본적 진리이다. 즉 갈등은 보통 단순한 한 가지 원인으로부터 나타나지 않는다는 것이다. 그리고 원인의 다양성을 이해하는 것은 갈등을 다루는 데 있어서 결정적이다. 교회 갈등이 모든 교회에 보편적으로 일어나는 이유는 교회 갈등이 단순히 상호 인간적이 아니라 항상 신학적이기 때문이고, 모든 교회 갈등은 항상 리더십, 인격, 그리고 공동체에 관한 것이다. 다시 말하면 단순히 관계적인 측면만이 아니라 존재적인 정체성과 관련을 맺고 있기 때문이다. 우리는 다음과 같이 교회 갈등의 원인을 분류하여 그 원인을 말할 수 있을 것이다.

교회 갈등(church conflict)[40]이 일반적으로 보편적임에도 불구하고 교인들과 목회자들, 그리고 목회자 후보생들은 자신이나 자신들의 교회와는 상관이 없다고 생각하는 경향이 있다. 심지어 교회 분쟁을 판결하는 사법 체계마저도 교회 갈등의 보편적 성격을 이해하지 못한다. 그리곤 교회 분쟁을 일반 사회 단체의 성격으로 판결해버리고 만다.[41] 대법원은 해방 이후 교회 분열을 인정해 오다가(대법원 1993.1.19 선고 91다1226 전원합의체 판결) 교회 분열을 불인정하는 '판례 변경'을 함으로 교회 분쟁이 해결되리라 기대했지만 교회의 분쟁은 더 깊은 미궁으로 빠져들어 교회 분쟁에 대한 국가 법원의 '소의 이익'(訴의 利益)이 의심받고 있다(대법원 2006. 4. 20 선고2004다37775 전원합의체 판결).

세상을 항해하는 교회(배)에 그리스도가 타고 계시지 않기 때문에 교회 갈등의 풍랑이 일어난다고(마 14:22-33) 우리는 구경만 할 것인가? 그런데 먼저 우리가 지나쳐서는 안 되는 점은 교회 갈등이 일반 조직체의 갈등보다 더 심각할 때가 있다는 사실이다. 이 부분은 교회 갈등의 특수성을 이해해야만 한다.

2. 교회 갈등의 영적 원인

먼저 교회 갈등의 근본적인 원인은 영적(靈的)이다. 물론 무신론자들은 이 부분의 원인을 과소평가한다. 사회학적 인간관계로만 교회 갈등

---

* 본 장은 필자가 2016. 6. 30 "교회 갈등의 원인에 대한 연구"로 「신학지남」 제83권 2호에 게재된 논문임을 밝힙니다.
40 본고에서 '교회 갈등'이란 교회의 잠재적 갈등에서 분쟁과 분열에 이르는 전 과정을 의미한다.
41 서헌제, "교회 분열에 관한 대법원 판결의 의의·타당성과 현실성을 중심으로", 「저스티스」 제145호 (2014.12): 87.

과 분쟁을 보게 되면 교회 싸움의 근원적인 원인을 알 수 없다. 모든 갈등과 분쟁은 그 원인이 인간학적이고 사회학적 원인이 있지만 교회의 분쟁은 깨어진 인간관계를 넘어 영적인 차원이 있다.

국내외 학자들은 대부분 이 부분을 예외 없이 강조하고 있다. 대표적으로 국내에서 황성철은 교회 갈등의 원인으로 서로 다른 견해의 차이, 오해와 커뮤니케이션의 부족을 지적하고 사탄의 역사를 원인으로 제시했다.[42] 국외에서는 짐 반 이페렌(Jim Van Yperen)이 문화적인 문제, 조직적인 문제, 영적인 문제, 신학적인 문제 등으로 갈등이 일어나는 근본적인 이유를 제시했다.[43]

(1) 여호와 샬롬과 사탄의 궤계

교회 갈등의 근본적인 이유는 신정론(theodicy)의 입장에서 다양한 모델로 설명할 수 있을 것이다. 우리는 선의의 관점에서 일어나는 교회 갈등 속에 존재하는 '고난'을 완전히 이해할 수 없다. 교회 갈등은 하나님의 심오한 섭리와 사탄의 궤계라는 차원으로 일어날 수 있다. 인간들 사이의 충돌이 있기 전에 눈에 보이지 않는 하나님의 섭리와 사탄의 궤계가 있을 수 있다. 모든 교회의 갈등과 분쟁이 이 원인으로부터 온다고 볼 수는 없지만 이 영적인 부분을 소홀히 해서는 안 된다.

교회 안의 갈등과 분쟁은 '여호와 샬롬'(Jehovah shalom) 개념을 이해할 때 보다 잘 알 수 있다. '여호와 샬롬' 개념은 미디안과 전쟁하기 위해 하나님이 기드온을 사사로 택하는 과정에서 나온 것이다(삿 6:24). Hugh

---

42 황성철, 『교회 정치 행정학』 (서울: 총신대학출판부, 2004), 247.
43 Jim Van Yperen, *Making Peace: A Guide to Overcoming Church Conflict* (Chicago: Moody Press, 2002), 27-46.

F. Halverstadt에 의하면 샬롬의 기독교적 비전은 다음과 같다.

> 샬롬은 교회 갈등에 있어서 선과 악의 표준을 넘어 모든 가치들을 포함하는 개념이다. 하나님의 샬롬의 비전은 하나님의 사랑, 정의, 구속, 자유, 진리 및 연민 등을 포괄하는 전체성(wholeness), 건강함(health), 그리고 안전(security)의 개념이다.[44]

Jack L. Stotts도 샬롬에 대한 총체적 의미를 다음과 같이 제시한 바 있다.

> 샬롬은 개인적인 평정을 의미하거나 마음의 평정을 의미하지 않는다. 오히려 '샬롬'은 사회적 존재로서 특별한 상태이며, 그것은 모든 요구와 필요가 충족되어지는 상태이며, 하나님과 인간과 자연 사이에 친교의 관계이며, 모든 창조물에 대한 충만함을 의미한다.[45]

하나님은 많은 신들 중의 한 분이 아니시고 모든 만물을 창조하신 신이시기 때문에 그분의 영적 질서와 완전함의 회복은 구속의 역사에서 전쟁의 선포로 나타났다. 그러므로 구약 성경의 '여호와의 전쟁'은 단순히 이스라엘 선민의 국경 분쟁이 아니다. 당연히 '여호와의 전쟁'은 이방 민족과의 영토 전쟁이 아니다.[46] '여호와의 전쟁'은 하나님의 완전한

---

44 Hugh F. Halverstadt, *Managing Church Conflict* (Louisville: Westminster John Knox, 1991), 5.
45 Jack L. Stotts, *Shalom: the search for a peaceable city* (Nashville: Abingdon Press, 1973), 98; Douglas J. Harris, *Shalom! The Biblical concept of peace* (Grand Rapids: Baker Book House, 1970), 13-24.
46 필자는 구약의 '여호와의 전쟁'을 "(신앙 고백적) 전통의 지층으로서 실제적으로 전쟁이 일어나지 않은 사건"으로 해석하는 F. Schwally, Von Rad 등 현대 몇몇 학자들의 견해를 지지하지 않고 언약신학적 이해로 신약 성경과 연결한다. Cf. Gerhard von Rad, *Deuteronomy, Comm. in OTL* (London: SCM Press,

구원을 위한 하나님의 영적 전쟁이며 실제 이 역사 안에서의 전쟁이며 '여호와 샬롬'을 성취하기 위한 진리의 프락시스이다. 이것은 구약의 '여호와 샬롬'이 신약 교회로 이어지는 바 교회 갈등에서도 하나님의 섭리와 사탄의 궤계와 역사가 있다. 신약 시대는 구약의 전쟁처럼 피를 흘리며 싸우는 것은 아니지만 영적인 싸움이 실제로 오늘날 교회 안에서도 일어날 수 있다.[47]

(2) 영적 충돌의 필연성과 교회의 대적 사역

그러므로 우리는 진리를 보호하기 위한 영적 충돌(spiritual collision)의 필연성을 인정해야만 한다. 물론 그 영적 충돌은 인간이 만들어내는 것이 아니라 사탄 혹은 적극적으로 하나님의 섭리 가운데서 일어나는 경우도 있다. 사탄이 일으키는 경우도 궁극적으로 하나님의 허락함으로 일어나는 것이다(욥 1:12). 할버스타트(Halverstadt)는 복음 자체 안에 교회 갈등의 원천적인 요소가 있기 때문이라고 했다.[48] 교회 갈등은 진리성의 추구와 교회의 거룩성을 지켜야 하는 영적 측면이 있다는 것이다. 예수 그리스도는 "내가 불을 땅에 던지러 왔노니" "내가 세상에 화평을 주려고 온 줄로 아느냐 내가 너희에게 이르노니 아니라 도리어 분쟁하게 하려 함이로라"(눅 12:49, 51)고 말씀하셨다.

짐 반 이페렌(Jim Van Yperen)은 교회의 성도들은 '세상 주관자들과 하늘에 있는 악의 영들'(엡 6:12)과 싸우는 우주적 전투에 임하는 자들이라고 평가하고 교회는 사탄의 힘을 너무 과소 평가하거나 그 존재를 부정

1966), 131.
47 윤용진, 『여호와의 전쟁신학』 (서울: 도서출판 그리심, 1998). 226-88.
48 Halverstadt, *Managing Church Conflict*, 2-3.

해서도 안 된다며 두려워할 필요도 없다고 했다.[49] 사탄의 영향력은 교회가 시험을 받는 것에서부터 완전히 귀신의 통치를 받는 귀신 들림의 현상까지 다양하다.

(3) 교회의 거룩성의 왜곡

위와 같은 영적인 원인으로 인하여 교회 갈등은 교회의 거룩성이 사라질 때 역동적으로 일어난다. 사탄의 궤계로 교회는 건전하고 바른 영성에서 벗어나도록 유혹을 받는다. 그리고 교회는 실천신학의 입장에서 보면 은혜의 통로인 기도와 말씀, 그리고 성만찬의 부족으로 하나님의 은혜의 통로가 막힘으로 일어난다. 이것들은 은혜의 수단이지만 어느 한쪽으로 지나친 치우침은 교회 갈등의 원인이 된다. 특히 지나친 말씀 중심의 교회는 교회가 분열하기 쉽다. 성만찬 사역은 교회 갈등을 예방하는 정통 실천(orthodox praxis)이다.

이페렌(Yperen)은 이런 영적인 측면을 지적했다.[50] 지성적인 교회와 감정적인 측면으로 기울어진 교회들은 성령의 사역과 그 열매에 민감하지 못하고 한 쪽으로 치우치는 경향이 있다. 교회의 거룩성이 왜곡되면 교회 안에서 살아계시고 활동하시는 성령 하나님의 존재를 인식하지 못하거나 성령의 인격과 사역을 적용하는 데 실패하여 성령 안에서 살아가고 동행하며 사역하는 것이 무엇인지 그 의미를 알지 못하게 된다.[51] 많은 교회들이 성령의 사역과 그 적용에 대한 균형된 이해를 잃어

---

49 Jim Van Yperen, *Making Peace: A Guide to Overcoming Church Conflict* (Chicago: Moody Publishers, 2002), 99.
50 Yperen, *Making Peace*, 27-46; 99-102.
51 Yperen, *Making Peace*, 41.

버렸다. 어떤 교회들은 지적인 신앙으로, 또 다른 교회들은 감정적으로 느끼는 신앙으로 고착화되어 있는 경우가 많다.

왜곡된 영성은 초기에는 경도된 쪽에서 강력한 리더십에 의해 신앙 공동체가 이끌려가지만 어느 지점에 오게 되면 교회의 거룩성은 사라지게 되고 영적으로 침체된다. 특히 목회자의 왜곡된 영성은 설교를 통해 표출되어 어느 지점에 이르면 영적으로 교회를 혼돈의 도가니로 몰아갈 수 있다. 즉 모든 분쟁은 즉각적으로 어떤 한 원인에 의해 발생하는 것이 아니라 회개하지 않은 죄들이 잠복되어 있다가 교회 갈등의 어느 계기적 사건(triggering events)이 드러나게 됨으로 폭발적으로 증폭한다.

3. 교회 갈등의 신학적 원인

교회 갈등의 신학적 원인에 대해서는 많은 교회 갈등 연구가들이 끊임없이 지적하여 왔다. 교단 분열은 이미 너무나 큰 신학적 차이에 의해 역사적으로 진행되어 왔다. 하지만 지교회 안에서의 갈등은 처음에는 같은 신앙 고백으로 신앙 공동체를 이루었다고 할지라도 신학적인 문제로 교회 갈등이 일어나는 경우가 있다.[52] 갈등은 항상 문화적인 문제, 조직적인 문제, 영적인 문제, 그리고 신학적 문제와 함께 얽혀 일어난다.

현유광은 신학적 원인으로 책임 전가와 자기 체면을 비롯한 인간의 죄성, 목회 정책에 도전하는 발전과 성장의 욕구, 육체적 피로감으로 인한 신경질을 비롯한 인간의 유한성, 사탄의 궤계(벧전 5:8) 등을 제시했으며, 현상적 원인으로 제한된 자원(재정, 시설, 시간), 파워, 진리이냐

---

52 Yperen, *Making Peace*, 24.

기호이냐 혹은 기호의 차이(Adiaphora; 신학적 중립 지대로서 복음송이냐 찬송가냐, 개구리 기도냐 옹아리 기도냐 등), 가치관과 목표의 차이(대체로 목사는 이상주의자이나 장로는 현실주의자이다), 개인이나 집단의 성격의 차이(안정 추구자들과 변화 추구자들의 대립) 등을 제시했다.[53]

(1) 인간의 죄악성과 창조성의 긴장

불법적인 분쟁에 대한 성경의 통렬한 비판은 이사야 선지자와 같은 고대 시대부터 나왔다. 국내외 교회 갈등 연구가들은 모두가 교회 갈등의 원인으로 하나님을 떠난 인간의 타락과 부패로 인한 시기심과 질투 등 인간의 죄악성을 강조하였다. 독사의 알이 밟혀 터지면 독사가 나오듯이 인간의 죄악성이 터지면 영적 독사들이 나오기 마련이다(사 59:4-5).

David W. Kale은 교회 갈등의 원인 중 영적인 문제(spiritual problem)의 범주에서 질투심, 용서의 부족, 육욕, 시기심 등을 지적했다.[54] 현유광은 신학적 원인으로 인간의 죄성과 발전 성장의 욕구 등을,[55] 김선기는 죄성과 변화가 가져오는 성장 등을 제시했다.[56]

위와 같은 인간의 죄악성은 그 반대편의 인간의 창조성에 의해 저항을 받아 교회 갈등이 발생한다. 인간에게는 선한 의지를 가지고 올바른 방향으로 나아가려는 창조성이 있다. 이러한 인간의 창조성은 교회의 비전과 성취와 성장 발전의 욕구를 자극함으로 인간의 죄악성에 기인

53　현유광, 『목사와 갈등』 (서울: 본문과현장사이, 2001), 81-103.
54　David W., Kale, *Managing Conflict in the Church* (Cansas: Beacon Hill Press, 2003), 31.
55　현유광, 『갈등을 넘는 목회』 (서울: 생명의양식, 2007), 75-79.
56　김선기, 『목회 상담학: 교회의 갈등 해결을 위한 지도자 양육』 (서울: CLC, 2000), 제7장. 김선기는 교회 갈등의 원인에 대해 죄성 이외에 감성 - 분노, 공포, 질투, 근심, 개인 동기들의 저지, 갈등의 억제, 세력, 반대자들, 목사의 리더십, 변화가 가져오는 성장 등을 제시했다.

한 시기와 질투와 모함과 정략을 불러일으킨다. 교회 갈등은 가끔 현상 유지에 대해 도전하고 변화시키고자 하는 기독교적인 창조성 때문에 일어난다.

(2) 기독론적 인간관의 차이

예수 그리스도의 속죄론과 관련하여 인간 존재의 목적 논쟁은 교회 갈등의 신학적 근원을 말해준다. 그것은 Charles Hodge와 Nathaniel Taylor 간의 신학 논쟁에서 드러난다. 미국 장로교회에서 프린스톤 대학의 구학파(Old School)와 예일대학의 신학파(New School) 간의 논쟁은 미국 장로교회의 분열의 핵이다. 그들의 논쟁으로 미국 신학계는 진보와 보수로 양분되었고 교회도 분열되었다. 구학파와 신학파의 논쟁의 핵심은 그리스도의 속죄론과 인간 존재의 목적에서 인간의 궁극적 목적은 성결(holiness)이냐 아니면 행복(happiness)이냐이다. 찰스 하지는 테일러의 행복지향적인 인간 존재목적론에 대해 반대했다. 하지는 테일러의 행복지향적인 인간 존재목적론에 대해 다음과 같이 반격했다: "우리가 알기로는 성결은 수단 그 이상의 어떤 것이며, 행복해지는 것은 거룩함의 목적이나 이유가 될 수 없으며, 기쁨은 존재의 궁극적 목적이 아니다."[57] 이 분열은 오늘날 지교회의 목회철학과 교회의 사역 지향점에 따라 교회 갈등의 근원적 역할을 한다.

(3) 교회관의 충돌

교회관에 대한 신학적 차이에서 실재론적 교회관(realism perspective)

---

57 David E. Wells, "Charles Hodge," in *Reformed Theology in America*, ed. David E. Wells (Grand Rapid: Eerdmans Publishing, 1985), 52.

과 유명론적 교회관(nominalism perspective)이 문제가 된다. 실재론적 교회관을 가진 사람들은 우리 눈에 보이지 않는 하나님의 존재나 사역, 그리고 시간과 공간을 실재적으로 교회에 그대로 적용한다. 실재론적 교회관은 천상(天上)의 주님의 몸으로서 교회를 이 지상(地上)의 실재(實在)로 인식하는 것이다. 따라서 교회 사역의 현장은 신성의 동시성(同時性)과 동공간성(同空間性)을 강조함으로 때로는 지나치게 신적 대리성과 신적 주도성이 강조되기도 한다. 이에 따라 종교적 보수 성향이 나타나 진보나 개혁 세력들과 갈등을 유발하는 동기를 제공한다. 그들에게는 보편(universalia)이 '개체보다 앞서서'(ante res) 실재하기 때문에 교회관에 있어서 보수적이다. 그러나 유명론적 교회관을 가진 사람들은 보편의 실재성을 부정한다. 실제로 존재하는 것은 개개의 개체이기 때문에 보편 개념은 '개체의 뒤에'(post res) 만들어진 기호나 이름(nomina)에 지나지 않는다고 보기 때문에 개혁적이고 진보적이다. 이들이 보기에 실재론적 교회관에 빠진 사람들은 이름뿐인 이 지상에서 가장 거룩한 종교를 가장한 존재론적 폭군으로 전락할 위험이 있다고 경고한다.

마찬가지로 John M. Miller의 교회론적 분류는 갈등의 원인을 유추하게 한다. 그는 교회론적 견해 차이의 유형을 이상적인 교회 vs. 실재적인 교회(The Ideal Church vs. The Real Church), 강경파 기독교 vs. 온건파 기독교(Hard-Core Christianity vs. Soft-Core Christianity), 최전선 교회 vs. 요새 교회(The Fortress vs. The Front Line), 도착한 교회 vs. 도착중인 교회(The Arrived vs. The Arriving), 하나님의 민주주의 vs. 하나님의 관료주의(God's Democracy vs. God's Bureaucracy), 흠 없는 신부 vs. 사회 중재자 교회(The Spotless vs. The Arbiter of Society) 등으로 분류하고 이들 사이의

갈등을 논하였다.[58]

(4) 예배관의 차이

이러한 교회관의 차이는 예배관의 차이와 밀접한 관련이 있다. 성만찬 논쟁을 비롯하여 예배와 예식의 양식 등 전통적 예배관과 자유로운 예배관의 충돌을 낳게 하여 교회 갈등의 잠재적 요인이 된다. 전통적 예배관은 예배의 질서를 강조하는 반면 현대적 예배관은 예배의 자유를 강조한다. 이것은 장로교의 경우 "예배모범"(directory for worship)과 "예배서"(service book)의 문제로 이미 1644년 웨스트민스터 회의에서 가장 큰 이슈가 되었다.[59] "웨스트민스터 예배모범" 제정 당시에 이미 예배의 예전 전통과 예배의 영적 자유의 긴장 관계가 있었다. 당시 예배의 형식을 보존하려는 보수적 입장과 자유로운 예배를 주장하는 진보적 입장의 양쪽 견해를 수용하려는 정치적 타협점이 있었다. 당시 "예배모범"만이 채택되어지고 "예배서"는 배제되었는데, 근대 교회들은 "예배모범"보다 훨씬 오랜 역사적 전통인 "예배서"를 다시 채택하기에 이르렀다. 미국의 남장로교가 1894년 예배서를 채택했고 이어 북장로교가 1906년 공동예배서(Book of Common Worship)를 출간함으로 예배에 있어서 예전적인 순서(order)와 예식문(text)의 가치를 공식 인정하게 된 것이다. 따라서 역사적으로 보면 웨스트민스터 회의에서 대립되었던 예배의 형식과 자유의 논쟁은 예전적 전통을 살리려는 방향으로 후일에 표출되었던 것이다. 그러나 현대 교회들은 다시 예배의 자유를 보

---

58 John M. Miller, *The contentious community: constructive conflict in the church* (Philadelphia: Westminster Press, 1978).
59 이현웅, "장로교 예배 모범의 역사와 전망에 관한 연구" (Th.D. diss. 장로회신학대학교 대학원, 2004), 144.

다 더 강조하고 있다. 이러한 종교 생활의 핵심인 예배관의 차이는 교회 갈등의 중요한 원인이 될 수 있다.

(5) 목회관과 목회 리더십의 충돌

교회 갈등은 담임목사는 물론 회중들과 교회 안의 여러 기관들의 목회관의 충돌로 일어날 수 있다. 모든 갈등은 지도자의 문제라는 말이 있듯이 교회 갈등의 핵심적 주체는 목회자와 그의 리더십이다. 목회자의 대인 관계 능력과 리더십 유형은 교회 갈등의 가장 일차적인 원인이다.[60] 그리고 평신도 신학의 보편화로 목회자의 단일 정상의 리더십 구조가 도전을 받으면서 교회 갈등의 원인이 될 수 있다. 목회자의 왕의 리더십(King Leadership)이 종의 리더십(Servant Leadership)과 조화되지 못한 헤드쉽(headship)이 회중들과 혹은 장로들과 충돌하는 경우 등이다. 또 교회 안의 주도적 리더십(Leadership)과 도움을 주는 헬퍼십(helpership)의 역할 혼동이다. 이 문제는 목회신학적으로 목사의 존재론적 지위와 기능적 지위의 본질적 관계가 무엇인가와 연결되어 있다.[61] 또 목회 주체로서 목회자와 그 기관과 대응되는 목회 객체로서 교인 주권과의 본질적인 관계와 연관되어 있다. 교회 갈등은 목사의 지위와 본질의 혼동, 목회의 주체와 객체의 문제와 결부되어 있다.[62]

마지막으로 지도자의 퍼스낼리티는 교회 갈등의 봉인이다. 교회 갈등의 중심에는 목회자의 도덕적 가치와 몸가짐이 문제된다(딤전 3:1-16;

---

60 Kenneth O. Gangel & Samuel L. Canine, *Communication and conflict management in churches and Christian organizations* (Nashville, Tenn.: Broadman & Holman Publishers, 1992), 179-80.

61 Edward Schillebeeckx, *Kerkelijk Abmt: Voorgangers in de gemeente van Jesus Christus*, 정한교 역, 『교회직무론』(왜관: 분도출판사, 1985), 149.

62 안은찬, "목회의 구조에 대한 개혁주의적 관점", 「신학지남」제81권(2014년 봄호): 231-57.

5:17-25). 이것이 터지면 분쟁은 격화된다. 목회자와 교회 지도자들의 인격의 부족, 빈약한 목양 관계, 진실을 기초로 한 성실성의 상실, 그리고 소명감의 부족 등은 그리스도를 나타내기를 바라는 회중의 영적 욕구를 충족시키지 못할 때 교회 갈등을 일으키는 잠재적 원인이 된다.

4. 교회 갈등의 심리학적 문화적 원인

도날드 보사트(Donald E. Bossart)는 교회 갈등의 원인으로 사회학적 역학, 심리학적 역학, 신학적 역학 등을 들었다. 그에 의하면 갈등은 불안(anxiety), 적대감(hostility), 공격성(aggression), 양가감정(ambivalence), 무의식적 의지와 의식적 의지(the unconscious and conscious will), 자아 정체성(ego-identity), 자아 인정감(self-acceptance), 자아실현(self-actualization) 등 심리학적 요인이 사회적 요인과 결합되면서 일어난다고 보았다.[63] 또 그에 의하면 갈등의 신학적 원인은 개인의 심리적 원인들이 하나님과 결부되어 일어난다. 개인적인 적대감은 하나님에 대한 적대감으로 나타나고 그 표적은 하나님과 가장 가까운 이미지를 가지고 있는 목회자에게 표출되거나 교회 안의 반대 그룹을 향하여 표출된다.

특히 교회는 예수 그리스도를 구주로 고백하는 사람들의 공동체로 구성되기 때문에 그 회원의 입회와 퇴회에 대해 특별한 규제가 없다. 그러다 보니 교회는 수많은 다양한 종류의 사람들로 구성된다. 이러한 구성원의 다양성은 당연히 교회 갈등의 사회 문화적 잠재적 요인으로 작용한다.

---

63 Bossart, *Creative Conflict in Religious Education and Church Administration*, 26-96.

조남홍은 교회 갈등을 교회론적 원인, 잠재적 원인, 실제적인 원인으로 구분하고 실제적 원인은 다시 회중적, 심리적, 행정적, 신학적, 목회적 원인 등을 제시했다. 그는 후텐로커(Keith Huttenlocker)의 견해에 따라 교회 갈등의 원인으로 잠재적 원인을 지적했다.[64] 잠재적 원인은 교회 갈등이 일어날 가능성이 농후한 그 교회만의 독특한 문화에 기인한다고 볼 수 있다. Huttenlocker는 교회 갈등이 일어나기 쉬운 잠재적 원인을 과접촉(high exchange), 과기대(high expectations), 과참여(high involvement), 저이해(low understanding), 저존경(low respect), 저신뢰(low trust) 등으로 제시했다.[65]

과접촉은 예배와 교육, 그리고 친교를 위하여 적절한 수준을 넘어 과도하게 친밀한 문화 속에서 일어난다. 과참여는 교회에 많은 시간과 물질을 헌신한 사람들에게서 나타난다. 교회 살림살이에 대한 주인 의식이 소유 의식으로 발전되어 교회의 중요한 의사 결정에 지나치게 참여하려고 한다.[66] 만약 교회의 건전한 시스템이 없는 경우 과참여하려는 중직자는 교회 갈등의 중심인물이 된다. 특히 저존경 문화에서 목사에 대한 존경의 정도는 중요한 교회 갈등의 잠재적 요인이다.

(2) 문화의 다양성에 대한 수용 여부

먼저 교회 안에서 공동체를 중시하는 문화와 개인을 중시하는 문화가 수용되지 못할 때 갈등을 유발하게 된다. 또 지도자들은 교육의 효

---

64 조남홍, 『교회 싸움: 교회내의 갈등과 그 관리론』 (서울: 선교문화사, 1999), 111-17.
65 Keith Huttenlocker, *Conflict and caring: preventing, managing, and resolving conflict in the church* (Grand Rapids, MI: Ministry Resources Library, 1988), 46-53.
66 조남홍, 『교회 싸움』, 114.

과를 높이기 위하여 교회에서 공동체를 매우 강조하고 있지만 과도한 공동체 중심은 역사회화(逆社會化: dyssocialization)의 문제가 발생함에 유의해야 한다. 하나님의 나라는 개인으로부터 온다고 믿는 사람이 있는가 하면 공동체로부터 온다고 믿는 사람이 있기 때문이다.

이페렌(Jim Van Yperen)이 지적한 교회 갈등의 첫 번째 원인 중 문화적인 원인은 사실 개인의 요구가 개인주의라는 소비주의 문화 환경과 연결되고 있음을 보여주고 있다. 문화적 혼합주의(cultural syncretism)라는 문화 현상으로 교회는 두 가지 가치가 무비판적으로 혼합되는 소비주의 문화 속에서 개인의 필요를 과도하게 충족시키려고 할 때 경쟁을 유발시켜 갈등이 일어남을 지적한 것이다.[67] 개인주의 문화는 결국 교회 갈등의 도화선에 불을 붙이는 환경이다.

바울이 보낸 로마서의 로마 교회는 다양한 관점을 수용하지 못하는 교인들 간의 갈등에 대해 연약한 자들을 용납하고 이해할 것을 촉구하는 서신이다(롬 14:1-15:13). 형제들을 무시하고 판단하는 자세는 교회 갈등의 원인이 된다. 예를 들면, 감성 중심의 왼손잡이 문화(left-handed cultures)와 이성 중심의 오른손잡이의 문화(right-handed cultures)가 서로 조화를 이루지 못할 때 교회 갈등의 원인이 된다.[68] 이페렌(Jim Van Yperen)이 지적한 영적인 원인으로 지식적인 믿음과 감정적인 믿음이 살아 있는 믿음을 대신할 때 갈등이 발생하는 것이다.[69] 이러한 양 문화는 분석적 사고방식(analytical thinking)과 해석적 사고방식(interpretive thinking)의 차이와 비슷하다. 해석적 사고는 보편 개념을 사용하면서

---

67   Yperen, *Making Peace*, 28-29.
68   Yperen, *Making Peace*, 51.
69   Yperen, *Making Peace*, 40-42.

항상 전체를 고려하며 전통과 역사성과 통찰력과 관련된다. 주로 남성들이 해석적 사고를 한다. 분석적 사고는 시작과 관련되고 객관적이지만 해석적 사고는 전체성과 관련되고 주관적이다.[70] 교회 갈등은 이 두 문화가 조화를 이루지 못할 때 일어난다.

교회 갈등 연구가는 아니지만 선교학자 중 타문화권 연구가인 셔우드 링엔펠터와 마빈 메이어스(Sherwood Lingenfelter & Marvin Mayers)의 선교적 상황에서 문화적 갈등과 사역에 대한 안목은 교회 갈등의 원인을 유추 적용할 수 있을 것이다. 그는 기본 가치에 있어서 다른 성향을 가진 사람과 문화들이 만났을 때 긴장과 갈등이 일어난다고 보고, 다른 문화 지역에서 접촉하는 정도에 따라 긴장의 정도를 완화시킬 수 있다고 했다. 그러한 긴장은 곧 갈등으로 이어질 수 있다. 이 인간 상호 간의 긴장을 일으키는 기본 가치로는 시간, 판단, 위기, 목표, 자아 가치, 연약함 등을 들고 있다. 즉 시간지향적인 사람과 문화와 그 반대의 행사지향적인 사람과 문화, 분석적 사고방식과 총체적 사고방식, 위기의식 성향과 비위기의식 성향, 업무 중심과 사람 중심, 신분 중심과 실적 중심, 연약함의 은폐 문화와 연약함의 노출 문화 등은 서로 상반된 가치 문화로 교회 내의 긴장과 갈등을 일으키는 요인이 될 수 있다.[71]

(3) 커뮤니케이션의 왜곡

교회를 가족으로 보고 가족 치료학의 치료 모델 중 구조적 가족 치료 이론과 의사소통 가족 치료 이론을 원용하여 교회 갈등을 해결하려는

---

70 Gerhard Sauter, "신학에 있어서 해석학적 사고와 분석적 사고", in *Ermutigung zur Hoffnung*, 최성수 편역, 『소망을 위하여: 게어하르트 자우터 교수 은퇴기념 논문집』(서울: 한들출판사, 2000), 144-65.
71 Sherwood Lingenfelter & Marvin Mayers, *Ministering Cross- Culturally: An Incarnational Model for Personal Relationships*, 왕태종 역, 『문화적 갈등과 사역』(서울: 죠이선교회출판부, 1995).

경향이 있다. 대표적으로 Charles H. Cosgrove와 Dennis D. Hartfield 는 교회 갈등이 교회 가족 구조(Church Family Structure)의 문제나 의사소통의 문제로 갈등이 일어난다고 보았다.[72] 물론 이 유형화는 구조적 가족 치료의 창시자인 Salvador Minuchin의 가족 치료 이론을 원용한 것이다. 미누친은 가족을 전체 체계와 부분 체계 간의 관계를 통해서 설명할 수 있다고 보고 체계간의 "경계선"(boundaries)의 형태에 따라 가족의 건강성이 측정되어진다고 보았다. 그는 이 경계선을 이상적인 가족 구조인 '분명한 경계선'(clear boundaries), 격리된 관계인 '경직된 경계선'(rigid boundaries), 그리고 밀착된 관계를 만드는 '혼란한 경계선'(diffuse boundaries) 등으로 구분하고 뒤의 역기능적인 관계에서 '분명한 경계선'을 세우는 가족 치료의 한 모델을 세웠다.[73] 이러한 모델은 교회 가족 구조의 갈등 상황에 적용할 수 있을 것이나 모든 교회가 가족 구조로 되어 있지 않기 때문에 적용의 한계를 가지고 있다고 볼 수 있다.

5. 교회 갈등의 정치 행정적 원인

고대 철학자 Aristoteles에 의하면 인간은 원래 정치적 동물이라는 것은 명백하고, 전체는 부분에 앞서는 것이므로 정치가 필요 없다는 자는 동물이거나 신이라고 하였다.[74] 이러한 인간의 본능적인 정치에 대해 George H. Sabine은 정치 개념을 "인간이 자기의 집단 생활과 조직상

---

72 Charles H. Cosgrove, & Dennis D. Hartfield, *Church Conflict: The Hidden System Behind the Fights* (Nashville: Abingdon Press, 1998), 42-44.
73 Samuel T. Gladding, *Family Therapy: History, Theory, and Practice*, 김영희·장보철·서용일 공역, 『가족치료』 (서울: CLC, 2015), 501-10.
74 Aristoteles, *ΑΡΣΤΟΤΕΛΟΥΣ ΠΟΛΙΤΙΚΑ*; 1253ᵃ, 김완수 역, 『시학, 데 아니마, 정치학』 (서울: 미문출판사, 1984),194-95.

에 야기되는 문제를 파악하고 해결하려는 시도"라고 간단히 정의하였다.[75] 이러한 정치 사상은 인류가 존재하면서부터 있어 왔다고 말할 수 있다. 마찬가지로 행정도 고대로부터 있어 왔다. 예수 그리스도도 망대 건축 비용에 대한 합리적인 재정 계획의 계산을 지지하셨다(눅 14:28). 따라서 교회 안에 정치와 행정은 필연적이다. 여기서는 교회 갈등의 대표적인 정치 행정적 원인을 살펴보기로 한다.

(1) 정치와 행정의 과도한 개입과 분립

성경적으로 정치와 행정의 분리와 개입의 상황은 구약 교회나 신약 교회 모두 갈등의 상황이었다. 행정이 정치로부터 독립하기 시작한 기원은 이드로의 행정적 충고로부터 모세의 정치가 장로들의 권한으로 분리된 '이드로-모세 모델'(Jethro-Moses Model)과 사도들의 분배 정치적 행위가 다른 사람에게 행정적으로 위임되는 '사도-회중 모델'(Apostle-Congregation Model)이 있다(출 18:13-27;행 6:1-7). 학문적으로도 정치가 행정으로부터 분리되기 시작한 것은 행정이 정치로부터 너무나 간섭을 받게 될 때 행정의 합리성이 침해된다고 보았기 때문이다. 처음으로 행정의 시대적 중요성을 인식하고 행정을 정치로부터 분리할 것을 주장한 미국의 제28대 대통령 Woodrow Wilson의 「The Study of Administration」(1887) 논문이 발표된 것도 정치와 행정의 갈등을 배경으로 한다.[76]

오늘날 교회의 정치 행정에서 정치 행정 이원론이나 정치 행정 일원

---

[75] George H. Sabine & Thomas Landon Thorson, *A History of Political Theory*, trans. 성유보·차남희 공역, 『정치 사상사 I』 (서울: 한길사, 1997), 26.

[76] Woodrow Wilson, "The Study of Administration", *Political Science Quarterly* (June 1887): reprinted in Peter Woll ed., *Public Administration and Policy* (New York: Harper, 1966), 16.

론 어느 하나만 적합하다고 말할 수 없다. 다양한 교회의 상황에서 정치는 행정의 영향을 받아야 하며, 그 반대로 행정도 정치의 영향을 받아야 한다. 정치와 행정 서로 간의 과도한 개입과 분립은 교회 갈등을 유발시킨다.

(2) 정치와 행정에 대한 인식론적 충돌

정치와 행정 개념 모두가 그 근원부터 선과 악의 대립이 있어 왔다. 교회 갈등은 정치와 행정에 대한 선과 악의 양 측면이 충돌할 때 일어난다. 아리스토텔레스에 의하면 정치란 폴리스의 공동생활을 위한 최고선(the Supreme Good)의 과학이다. 그러나 Machiavelli처럼 정치는 권력 질서의 형성과 분배로 보면서 정치가는 늑대와 여우가 되어야 한다는 정치 사상이 출현하였으며, 20세기에 와서는 Carl Schmitt처럼 정치를 '적과 동지의 구별'(die Unterscheidung von Freund und Feind)로 보는 인식론적 차이를 보여 왔다. 이러한 정치 개념은 현대에 와서 정치의 양면적 얼굴을 통합하면서 공동체의 구성원 전체가 받아들여질 수 있는 공적 의사 결정과 그에 따른 분배와 질서의 형성과 유지와 붕괴와 관련된 것들을 정치로 보아왔다.

위와 마찬가지로 교회의 정치 행정의 개념도 긍정과 부정의 얼굴이 있다. 교회 정치와 행정은 신앙 공동체가 신앙을 정책과 행동으로 변환시키는 모든 관계와 의사 결정의 형태를 포함하는 것이다.[77] 따라서 교회 갈등은 이러한 긍정적 측면의 권력과 의사 결정의 분배와 나눔인 '코이노니아'(koinonia)의 정치적 삶이 부정적 의미의 권력 남용과 행정의

---

[77] John H. Leith & John W. Kuykendall, *Guides to the Reformed Tradition: The Church* (Atlanta: John Knox Press, 1979), 110-11.

부패와 충돌할 때 나타난다.

(3) 교회 정체에 대한 정체성의 혼란

정치적 측면에서 교회 갈등을 일으키는 큰 요인 가운데 하나는 교회의 정체성(政體性, polity)[78]에 대한 정체성(正體性, identity)의 혼란이다. 교회 갈등은 정치 제도가 본질적으로 '선택 사항'인가라는 근본적인 물음과 관련이 있다. 교회 갈등의 이면에서는 정치적으로 정치 제도의 비선택성(non-option)에 대한 성경관의 싸움이 본질적으로 존재하고 있다. 교회 정체의 가변성과 불변성의 문제는 교회 정체를 본질적으로 인간의 발명품으로 볼 것인가 그리스도의 법령으로 주어진 것인가의 문제이다.[79]

교회 갈등의 정치적 측면은 분쟁의 각 당파들이 좌파 중도 우파의 정치적 입장이 선택의 문제인가 진리의 문제인가로 압축된다. 짐 반 이페렌(Jim Van Yperen)이 교회 갈등의 신학적인 원인으로 영적인 통합성(Integrity)과 자율성(Autonomy)의 균형이 깨질 때 일어난다고 본 것은 사실 정치적 원인과 신학적 원인이 밀접한 관련이 있음을 보여주는 것이다. 교회 정치에서 정체론(政體論)은 교회 갈등과 분쟁에 밀접하게 연관되어 있다. 교회의 통일성을 이해하는 방식으로는 영적인 통합성과 자율성을 기준으로 한다. 통합성이란 말은 하나님과 우리 자신과 다른 것과의 관계에서 나누어지지 않은 것을 말한다. 통합성은 공동체와 집합적 위임을 요구한다. 자율성이란 독립과 자율적 통치를 의미한다. 교

---

78 정체성(政體性)은 교회 헌법신학(Constitutional Theology) 용어로 '교회의 권세'와 '교인의 기본 주권'을 행사하는 방법을 의미하는 전문적인 정치 신학적 용어이다.
79 David W. Hall, ed., *Jus Divinum Regiminis Ecclesiastici or The Divine Right of Church Government, originally asserted by the Ministers of Sion College* (Dallas: Naphtali Press, 1995), Editor's Preface iv.

회에서 이것은 개인적 프라이버시를 의미한다. 이것은 비교단적 독립 교회들이 증가하는 것과 맥을 같이 한다. 서구 교회는 통합성을 자율성으로 대치해 왔다. 영적인 통합성은 결혼과 삼위일체 등에서 보는 바와 같이 성경적인 보편 개념이다. 그러나 통합성은 다른 사람의 이익 위에 개인적 이익을 대치시킬 때 깨어진다. 갈등은 항상 문화적 구조적 영적, 그리고 신학적 힘의 복잡한 상호 행동이다. 대부부의 갈등은 조직적이고 신학적인 기초를 두고 있는 상호 인격적 현상을 나타낸다. 신학적 문제는 가장 뿌리 깊은 문제이다. 신학은 다른 모든 것들을 드라이브 한다. 하나님은 우리가 그의 백성답게 되어야 한다고 생각하는 방식으로 우리가 변화되기를 바라신다.[80]

정치적 원인은 단순히 선택의 문제만이 아니라 신학적인 선택의 문제이다. 결국 교회 갈등은 교회의 권세(The Power of Church)가 어디에 있는가 하는 문제로부터 기인한다. 즉 교회의 권세가 교회의 직원(the office-bears)과 신자들의 공동체(coetus fidelium), 그리고 교회 전체와 대의기관 중에서 어디에 부여되었는가에 대한 정치 신학적 문제로부터 파생된다고 볼 수 있다.[81]

(4) 교회 행정적 원인

공공행정(public administration)의 현상을 교회 조직에 동일하게 적용할 수는 없지만 일반 행정학자들이 제시하는 갈등의 원인은 참고할 만하다. 우리는 교회 행정 분야인 정책, 기획, 조직, 인사, 그리고 재무 행

---

[80] Yperen, *Making Peace*, 43-44.

[81] James Bannerman, "The Church of Christ", in *Paradigms in Polity: Classic Readings in Reformed and Presbyterian Church Government*, eds. David W. Hall & Joseph H. Hall (Grand Rapids: Eerdmans, 1994), 323-28.

정 분야에서 중요한 부분만 제시하고자 한다. 유훈은 갈등의 원인으로 공동결정의 필요성, 목표의 차이, 현실에 대한 인지의 차이, 의사전달의 부족 등을 들고 있다.[82] 오석홍은 갈등 야기의 조건으로 상충되는 목표 추구로 인한 승패의 상황, 제한된 자원의 획득과 사용에 관련된 경쟁, 직무 설계상 갈등 요인, 의사전달의 장애, 지위부조화, 행동자들의 문제를 들고 있다.

첫째, 정책 분야에서는 목회자의 목회철학에 근거한 장기 목회 정책이 교회의 다른 기관들과 장로 혹은 교인들에게 설득되지 못하는 경우에 교회 갈등이 일어난다. 교회는 '정책 결정 이론모형'(policymaking model)[83]에서 한 가지 방향으로만 결정하는 것이 아니기 때문에 교회의 여러 가지 정치 행정, 그리고 문화적 요소를 고려하지 않은 정책 결정은 갈등을 유발한다. 예를 들면, 목회자들의 합리 모형과 장로들의 점증 혹은 만족 모형이 충돌하는 경우이다. 또 담임목사의 초합리적 모델과 회중들의 상식이 충돌하는 경우이다.

둘째, 기획행정 분야에서 교회 갈등은 비전과 목표 차이로 일어난다. 교회의 고유의 목표와 교회 안에서 한 개인이 가지는 목표, 그리고 교인 개인이 가지는 목표의 차이가 심할수록 갈등 발생 가능성이 높다. 기획 부서의 믿음과 회계나 사역 부서의 현실성이 충돌하는 경우이다.

셋째, 조직행정 분야에서는 조직의 비효율적 구조 등 여러 가지가 갈등을 유발할 수 있다. 이페렌(Jim Van Yperen)이 교회 갈등의 두 번째 원인으로 조직적인 문제는 단순한 교회 행정의 조직을 의미하는 것이 아

82　유훈, 『행정학원론』(서울: 법문사, 2000), 342-343.
83　유훈, 『행정학원론』(서울: 법문사, 2000), 127, 일반 정책학의 모델에서는 합리성을 기준으로 하는 경우 합리 모형(rationality model), 만족 모형(satisficing model), 점증 모형(incremental model), 혼합 모형(mixed scanning model), 그리고 최적 모형(optimal model) 혹은 초합리 모형으로 분류한다.

니라 Jay Forrester에 의해 창시된 역학계의 문제이다. 역학계(system dynamic)은 우리의 결정에 영향을 주고 갈등의 조건을 만드는 외부적 내부적인 상호 관계성(the interrelationship)과 우리가 조직체 안에서 일하고 지도하고 결정을 하는 방식을 강조하는 하나의 근본 구조(a structure)이다. 이 역학계에 문제가 발생할 때 교회 갈등이 일어난다.[84]

일반적으로 조직의 구조가 형성되는 요인의 변화는 교회 구성원의 역할, 지위, 권력, 규범 등의 변동이 있을 때 일어난다. 또 조직의 구조적 특성의 변화는 조직의 규모, 기술, 일의 분화, 공식화, 집권화 및 분권화 등의 변화에 따라 달라진다.[85] 각각 변수들이 어느 한 쪽이 변했는데 다른 변수가 따라주지 못했을 때 교회 갈등의 요인이 잠복된다. 특히 결재 라인 조직과 참모 조직인 전문적 스태프의 견해 차이, 관료제인가 반관료제(反官僚制)인가의 차이, 그리고 조직 내에서의 커뮤니케이션의 장애 등이 교회 갈등의 잠재적 요인이 될 수 있다.

넷째, 인사 행정 분야에서는 신분 중심이냐 실적 중심이냐에 대한 합의가 교회 내에서 이루어지지 않았을 때 교회 갈등은 일어난다. 신분 중심의 인사 행정인 스포일 시스템(spoils system)은 매사에 정실주의로 일을 처리하는 것을 의미하며, 실적 중심은 메리트 시스템(merit system)으로 실적주의를 의미한다. 교회 내에서 합리성을 중심으로 한 사람들이 메리트 시스템을 좋아하고 인간관계나 사람 사이의 감정이나 관계를 중시하는 사람들은 스포일 시스템을 중심으로 사역을 해나간다. 스포일 시스템은 강한 충성심을 요구하고 메리트 시스템은 일의 능률이

---

84 Yperen, *Making Peace*, 37.
85 오석홍, 『조직이론』(서울: 박영사, 2002), 330-32.

나 사역의 결과물을 요구한다. 이는 두 개의 일처리 방식이 일정한 계기에 갈등을 일으키는 원인을 제공한다.

또 인사 행정 분야에서는 적절한 직무 설계(job design)와 직무 기술서(job descriptions)의 부족 등으로 인한 구성원들의 명확한 역할과 기능의 부재, 업무 분장에 따른 전결 규정(arbitrary decision regulation)의 애매모호함, 애매한 직무 분석(job description)과 규정되지 않은 역할 기대(role expectation), 부적합한 인사 행정 제도 등이 갈등을 유발할 수 있다. 또 교회 갈등은 조직과 과정이 허용되지 않았음에도 권력을 마음대로 휘두를 수 있는 시스템 안에서 일어나기 쉽다.

마지막으로 재무 행정의 분야는 교회 갈등이 점화되는 기폭제 분야이다. 교회 재정 문제로 교회 갈등이 일어나는 근본적인 이유는 교회 재무 행정 과정이 불투명하고 재무 행정의 원칙을 지키지 않기 때문이다. 특히 교회 예산은 정치적 법적 행정적 기능을 가지고 있으므로 예산의 일반 원칙을 지키지 않는 것은 교회의 다른 갈등 요인 위에 기름을 부어놓는 것과 같다. 기독교 윤리에 기초한 정직과 거룩함으로 모든 재무 행정 과정(경비 수입, 예산의 편성과 심의 및 집행, 결산, 감사)을 수행하지 않을 때 교회는 결정적 사건이 발단이 되어 불이 붙게 된다.

6. 교회 갈등의 법적 원인

일반적으로 교회와 법조계는 법을 교회 갈등의 매개 변수로서만 인식하려고 한다. 예를 들면, 인간의 죄악성이 독립 변수이면 교회법의 외면적 법규의 미비라는 매개 변수를 통해 교회 분쟁이라는 종속 변수가 일어난다고 보는 방식이다. 이런 방식으로 인식하게 되면 교회 분쟁에 대해 법은 독립 변수와 종속 변수 양자에 영향을 주는 것을 인정하는 것이지만 한편으로 법의 근원적 맹점을 인정하지 않는 격이 된다. 즉 교회 갈등의 원인에는 법 자체의 독립 변수적인 책임이 있다는 말이다.

(1) 국가 법률 체계의 한계

교회 갈등의 원인은 국가법이나 교회법의 외면적 법규의 미비의 차원을 넘어 우리나라 법률 체계의 한계라는 측면도 있음을 간과해서는 안 된다. 교회 갈등과 관련하여 국가법 체계의 가장 큰 문제는 실정법(實定法) 체계이다. 무엇이 옳은가에 대한 법(ius)을 문자로 만든 법률(lex)에 가두어 놓음으로 재판 당사자들과 교회의 고유한 속성과 교회의 무한한 상황(Umstände)을 제대로 판단하지 못할 가능성이 있다는 점이다. 법이 「명령되기 때문에 법」(ius quia iussum)이라는 법실증주의 법철학이 지배하는 실정법의 개념법학(槪念法學, begriffsjurisprudenz)으로는 뿌리 깊은 법신학적 정황을 포섭하지 못할 뿐만 아니라 논리적 종결성과 무결함성으로 인하여 '살아 있는 법'(Lebendes Recht)으로서 교회를 판단할 '법의 지배'(rule of law)를 성취할 수 없다.[86]

현재 대한민국 법률 체계에서 가장 크게 문제가 되는 것은 교회를 '나라' 수준에서 '법인'도 아닌 '비법인 사단'(非法人 社團) 수준으로 전락시켰다는 점이다.[87] 대한민국 국가가 조선 초기 억불 정책 이후로 교단(敎團)을 법률적 주체로 인정하지 않는 것은 이해할 수 있다. 현실적으

---

86 김홍우, 『법과 정치』 (고양: 도서출판 인간사랑, 2012), 81. 김홍우는 한국 법조계의 경직성을 다음과 같이 평가했다: "…배타적 이원주의적 틀 속에서 한국의 법학적 사고는 날로 획일화, 경직화되었고, 또 위축되어 갔으며, 이로 인해 우리 사회의 조직과 제도의 운영에 있어서도 적지 않은 난관에 봉착하게 되었다고 본다."
87 김교창, "비등기 사단 법인은 비법인 사단이 아니다," 「저스티스」 제140호(2014. 2): 91-110.

로 서구처럼 국가와 교회가 대등한 입장에 설 수 없다는 것은 역사적으로나 물리적으로 불가능하기 때문이다. 문제는 서양법제사의 경우처럼 법이 종교로부터 독립하지 않고 종교 위에 법이 군림하는 상황이 확대되고 있다는 점이다. 그러니 국가가 '여호와의 전쟁'이나 '영적 충돌'의 개념과 같은 교회의 속성을 인정할 리 만무하다.

그렇지만 적어도 독립교회를 제외하고라도 교회를 국가나 사회의 하부 기관으로 보고 계약 관계 혹은 자치 규범으로만 보게 되면 교회의 법률적 분쟁은 혼돈에서 헤어나올 수 없을 가능성이 있음에 유의해야 한다. 실제로 법학계에서는 교회의 정체(政體, polity)를 어떻게 보느냐에 따라 교회 재산 분쟁을 바라보는 시각이 달라진다는 점을 인정하고 있다.[88] 교회는 사회학적 관점에서 한 개체의 계약적 규범적 집합체가 아니라 그 이상이다. 교회는 영적 유기체로서 그리스도의 몸이다. 교회 안에서 일어나는 분쟁은 다른 분쟁과 달리 영적이고 신학적 문제들이 복잡하게 얽혀 일어나고 있다. 국가 법정은 교회 분쟁을 판결할 때 조문에 가려진 진실을 오판할 가능성이 높다. 교회 분쟁은 담임목사와 관련한 단순한 주도권 싸움의 문제이며 특정한 교인들의 세력들이 욕심으로 교회 재산을 차지하기 위한 것이라고 보는 것이다. 이러한 관점은 대단히 피상적이다.

국가는 국민의 한 사람으로서 신앙인이 법률적으로 교회 안의 갈등과 분쟁에서 특정한 정치 세력에게 악용될 수 있다는 점을 인식하여야만 한다. 현실 실정법이 신학적 개념을 부정하게 되면 진정한 진리가 소수파로 몰려 함몰될 수 있는 여지도 있음을 간과해서는 안 된다. 여

---

88 김진현, "교회 재산 분쟁에 있어서의 소의 이익," 후암 곽윤직 교수 화갑기념 논문집편찬위원회 편, 「민법학논총」(1985): 232-33.

기에 국가 기관이 본래의 의미의 법신학적이고 법철학적인 법(ius)을 잘 반영하는 공평한 판결을 할 수 있느냐의 문제가 제기된다. 국가는 교회와의 관계에서 교회 갈등과 분쟁의 독립 변수적 성격이 있음을 간과해서는 안 된다. 즉 국가의 실정법과 법원의 판례 혹은 '법원입법'(法院立法)[89]이 교회 갈등을 오히려 부추길 수 있는 원인 제공자가 될 수 있다는 경고이다.[90]

현재 국가의 사법 기관의 판결들은 법률 행위의 주체로서 지교회만을 인정하고 교단과 지교회의 관계는 종교 내부 관계로만 판단하고 있다. 교회법을 교인들 간의 민법적 계약 관계 혹은 자치 규범으로만 보는 교회 정관 중심주의는 교회에서 이루어지는 원시적 맹세와 같은 신적 서약 선서(promissory oath)의 법신학적 의미를 완전히 무시해버린다. 그리고 현대의 법인 이론의 필요에 부응하기 위해 계약에 관한 종래의 이론을 송두리째 재구성해버렸기 때문에 교회 헌법 등 종헌은 사법(私法)상 더 이상 권리의 발생의 근거가 되지 못한다. 따라서 국가는 교회의 문제에 대해 법률적 측면에서 '비법인 사단' 같은 논리로 판결하고 있다. 법원이 하나님에게 바친 교회 재산을 다수결의 원칙과 법원이 정한 기준으로 판단하면 교회의 신성함과 속성을 침해할 수 있다. 법원은 국가 헌법의 정교분리 원칙에 따라 교단의 입장 혹은 교인 주권, 그리고 자력으로 세운 개척 교회의 경우 목사[91] 등 여러 가지 정황을 존중하여야 한다.

---

89 의회 입법에 대응하는 개념이지만 법관이 실정법에 매이지 않고 창조적 법해석을 통하여 진정한 의미의 법(ius)의 판례법을 제정하는 것을 의미하는데 그 반대의 의미로 사용하였다.

90 물론 필자가 법제사적(法制史的)으로 참기 어려운 폐단을 낳은 종교 재판권의 결점을 국왕의 재판권이 교정하는 힘이 되었다는 점을 무시하는 것이 아니다. Cf. Montesquieu, (De)l'esprit des Lois, 이명성 역, 『법의 정신』 (서울: 홍신문화사, 2013), 494.

91 교회 재산의 소유 관계는 교회 정체의 특성에 따라 구체적으로 달라질 수 있는 바, 특히 개척교회의 경우 목사 등이 자력으로 개척한 교회는 그 교단 소속 여부를 불문하고 '법인 아닌 사단'으로 보기 어려운 점이 있다. Cf. 김상찬·김상명, "교회의 분쟁과 교회 재산의 귀속에 관한 판례의 동향", 충남대학교, 「법

교회는 국가 기관의 하부 기관으로서 자치 규약과 같은 정관(定款, Satzung, Articles of association)에 의해 다스려지는 단순히 종교 단체에 불과한 것이 아니다. 교회는 회원들 간의 계약 관계 혹은 규범 관계로만 설명할 수 없는 근본적이고 근원적인 영적인 측면이 있다. 우리나라 헌법이 '종교의 자유'를 규정하고 '국가와 종교의 분리'를 규정한 것은 교회 분쟁의 근본적 원인을 국가가 판단할 수 없다는 규정이기도 하다. 이런 의미에서 법원은 미국의 사법 기관이 교회 분쟁에 개입할 때 얼마나 교단법 혹은 교회 헌법을 존중하였고 신중했는지 타산지석으로 삼아야 할 것이다.[92]

(2) 교회 교단법과 정관의 불비(不備)

일반적으로 교회법(ius canonicum)이란 원래 가톨릭의 교회법을 지칭하는 말이다. 그리고 이 교회법은 로마법, 게르만법, 그리고 독일법으로 계수(繼受)됨으로 오늘날 근대 민법의 원리를 형성하는 중요한 원리가 되었다. 교회법은 일부일처제, 인간의 평등, 정의와 박애와 자비의 결합, 기독교 윤리의 법제화, 폭리 행위 금지, 일사부재리(一事不再理)의 원칙, 인권 중심의 법제도, 법률불소급의 원칙, 내면의 선의를 중시하는 법제도, 다수결의 원리, 진실 발견을 위한 소송 제도 등이 시대와 장소를 초월한 보편적 가치를 담아냄으로 근대법에 지대한 영향을 끼쳐왔다.[93]

『학연구』 제24권 제1호(2013. 6): 277.
92 미국 법원은 교회 재산 귀속의 문제에 대해 Watson v. Jones 사건(1872) 이후 헌법 수정 제1조에 입각하여 교단의 교리와 교단 자체를 존중하는 '교회 헌법적인 접근'(polity approach)으로 판결하고 있다. Watson 판결 이후 비록 '중립 법리론'을 표방한다고 할지라도 결과적으로는 교인의 입장보다는 교단의 입장을 존중하여 판결을 하고 있다. Cf. 황규학, "교회 분열 시 재산 귀속에 대한 한·미 비교연구", (법학박사 학위논문: 강원대학교 대학원, 2014), 51-118.
93 김상용, 『서양법사와 법정책』 (고양: 피앤씨미디어, 2014), 319-423.

개신교 중 장로교의 경우 전통적으로 '교회법'이라는 용어를 사용하지 않고 '교회 헌법'이라는 말을 사용하여 왔다. 대한민국 장로교의 초기 교회법 명칭은 '朝鮮예수教長老會憲法'(Constitution of the Presbyterian Church of Chosen)이었다.[94] 이는 교회법을 단순히 지역 교회 수준으로 인식하지 않는다는 뜻이다. 물론 교회 정치적으로 교단의 정체(政體)에 따라 지교회만의 법률 관계로 판단해야 할 경우도 있음은 사실이다.

그런데 우리나라 실정법 체계에서 국가가 교단의 종헌(宗憲)을 인정하지 않자 교회는 분쟁을 예방하는 차원에서 정관(定款)을 제정하기 시작하였다. 엄밀한 의미에서 정관은 법(ius)이 아니고 회원들 간의 계약이다. 법원이 정관을 계약으로 보지 않고 '자치 규범'으로 인정하여 계약하지 않은 신자들에게도 영향을 미친다고 보지만 법신학적으로 신적 정의와 인간의 계약 혹은 자치 규범은 근본적으로 충돌할 수 있다. 오히려 법원은 그 정관이 성립할 때 교회의 정치적 권력 구조나 목사의 목회적 상황을 전혀 고려하지 않고 교회를 구속하는 '교회법'으로 사용한다. 국가가 교단을 종교 내적인 문제로만 파악하고 정관을 중심으로 지교회의 법률 관계만을 존중하는 판결을 하게 될 때 오히려 많은 불건전 세력이나 이단 세력들은 정관의 불완전한 규범(계약)의 불비를 걸고 교회 분쟁을 일으키고 있다. 이때 법원은 실정법의 논리에 묶여 목회자를 어느 회원들 간의 계약 관계에 있는 종교 단체의 장(長)으로만 인식할 수 있다. 국가는 목회 현장에서 목사가 지켜내야 하는 목회신학적 '거부권'과 그에 따른 '상처'에 대해서는 관심이 미약할 수 있다.[95] 따라서

---

94 명칭은 정체성 확보에 매우 중요하다. '조선'은 교회법이 개교회가 아니라 나라 수준의 법임을, '예수교'는 교회법의 중심 신학을, '장로회'는 그 나라를 다스리는 통치 행사의 방법을, '헌법'은 교회법이 단순히 교인들의 계약이 아님을 단적으로 말해준다.

95 Guy Greenfield, *The Wounded Minister: Healing from and Preventing Personal Attacks*, 황성철 역, 『상

현 실정법 한계 내에서 교회 헌법과 정관의 충돌은 교회 갈등을 일으킬 수 있다. 예를 들면, 교회 헌법에 규정되지 않는 목사의 신임 투표를 정관에 규정할 경우 교회 헌법파와 정관파의 분쟁을 일으키는 독립 변수 역할을 할 수 있다는 것이다. 그러므로 교회 헌법과 정관은 그 자체의 불비(不備)에도 갈등의 원인이 될 수 있다.

또 교회 재산에 관한 교회법(교회 헌법) 자체의 미숙함이 교회 갈등의 불씨가 될 수 있다. 국가 법원이 판례를 통하여 분열 부정의 원칙으로 돌아섰다면(2006년), 법원의 관심은 어느 쪽에 재산을 몰아주어야 하느냐이다. 이때 기준에 대한 교단법과 정관이 조화롭게 명확히 법제적으로 정비해놓지 않을 경우 교회 갈등의 원인이 될 수 있다. 예를 들면, "…부동산은 노회의 소유로 한다"는 교회 헌법 조항과 교인 주권의 충돌이다. 오늘날 19세기 미국 교회의 법신학적 개념을 유지한다고 할지라도 교회권(Ecclesiastical Power)과 교인 주권(Souveränität)[96]이 조화되도록 하여야 한다. 왜냐하면 정교분리의 원칙에 따라 교회법과 국가법은 서로 대립적인 관계가 아니라 조화로운 관계가 되어야 하기 때문이다. 국가 법원이 교회법을 존중하는 판결을 요구하기 전에 교회법에서 보다 명확한 교회 재산의 관리 방법의 규정을 두어야 한다.[97] 또 국가도 신학적 개념을 존중하지 않고 보편적 가치를 빌미로 교인 주권만을 강조해서는 안 된다. 교회권과 교인 주권 사이에서 어느 한 쪽에 치우치는

처입은 목회자』(서울: 그리심, 2004), 148-50; John Gilmore, *Pastoral Politics: Why Ministers Resign* (Chattanooga, TN: AMG Publishers, 2002), 146.

96 교인 주권은 교회권 혹은 치리권을 행사하는 교회의 기본적 질서를 형성할 수 있는 1차적 연원이 되는 권리이다. 즉 교회 헌법에서 말하는 주권은 교회의 권세를 누가 가지고 있느냐 혹은 교회에 대한 통치권자가 누구냐의 문제가 아님에 유의하여야 한다. Cf. 배광식·한기승·안은찬, 『헌법해설서』(서울: 익투스, 2015), 28-29.

97 김상용, "교회 재산의 관리에 대한 현행 법률과 판례의 검토", 「法曹」제645권 (2010·6): 62-63.

판결을 계속하게 되면 이단이나 적대 세력들이 정관 불비를 볼모로 잡고 교회 분쟁을 일으킨다. 결국 교회의 재산 문제에 대한 법원의 개입이 교회 직원의 인사권, 교단의 교리 문제까지 개입하는 상황이 될 수 있음을 유의하여야만 한다.

그러므로 교회 갈등의 원인은 헌법은 끊임없이 성장한다는 성헌(成憲, 제정의 의미와 다름)이 부재한 상태에서 일어난다. Montesquieu가 『법의 정신』에서 강조한 것처럼 역사와 풍토를 고려한 교회법과 국가법이 성헌되지 못할 때 교회 갈등과 분쟁의 원인이 된다. 그런 의미에서 "나라가 행복하게 경영되려면, 그 땅에 마땅히 갖추어져 있어야 할 다른 것들이 갖추어졌을 경우에도, 그런 나라에는 그때그때마다 '진리를 고수하는 입법자'(ho nomothetēs alētheias ekhomenos)가 [때맞추어] 나타나야만 한다"[98]는 플라톤의 명언은 교회법에도 적용된다. 그리고 이것은 교회법이 국가법에 의미 있는 영향을 끼치는 정도로 성숙해져야 한다는 정치에 대한 성경의 가르침이기도 하다.[99]

이상과 같은 원인들은 한 가지에 의해 일어나기보다는 잠재적 요인들과 결합되어 있다가 특정 계기적 사건에 이르러 갈등의 수준이 증폭되어 분쟁으로 이어지는 것이다. 그러므로 교회 갈등을 대하는 우리의 자세는 인간의 부패함을 깨닫고, 동시에 하나님의 섭리 가운데서 왜 교회가 그토록 고난이 허락되었는지 완전히 이해할 수 없지만 인내와 용기를 가지고 조심스럽고 지혜롭게 그 원인을 살펴야만 한다.[100]

---

98 Platon, *Nomoi*, 박종현 역주, 『법률』 (파주: 서광사, 2009), 308.
99 Wayne Grudem, *Politics according to the Bible* (Grand Rapids: Zondervan, 2010), 23-76.
100 John Calvin, *Commentaries on the Book of Psalms*, trans. by James Antherson, vol. I (Grand Rapids:

교회 갈등의 유형*

"패역한 자는 다툼을 일으키고
말쟁이는 친한 벗을 이간하느니라."(잠 16:28)

최근 한국 교회는 교회 갈등의 몸살을 앓고 있다. 이것은 서구 교회도 마찬가지이다. 이것은 현대 미국 교회의 갈등에 대한 과학적 통계를 보면 얼마나 정확한지를 알 수 있다.[101] 대형 교회는 물론 작은 교회도 적지 않은 갈등이 진행되고 있거나 잠복되어 있는 실정이다. 인터넷 등

Eerdmans Publishing Commany, 1948; reprint 1963), Ps 115: 3.

* 본 장은 필자가 2014.6.30 "교회 갈등에 대한 유형론적 접근"으로 「신학지남」 제81권 1호에 게재한 논문임을 밝힙니다.

[101] 하트포드 종교리서치연구소(Hartford Institute for Religious Research)의 조사결과에 의하면, "여기 미합중국에서 갈등과 교회는 동의어이다"라고 결론을 내리고 있다. 또 이 연구소의 보고에 의하면, 미국 전역에서 표본 14,301 교회 중 지난 5년간 75%가 갈등을 경험한 바 있으며, 60%가 자주 갈등을 겪었으며 4교회 중 1교회 즉 25%가 지속적인 분쟁을 겪는 심각한 갈등을 겪고 있다고 다음 도표와 같이 보고하였다. Cf. Carl S. Dudley, "Conflict: Synonym for Congregation," Faith Community Today, 2000, http://faith communities today.org/conflict-synonym-congregation. Internet; accessed 10 May 2014.

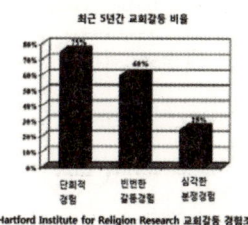

대중 매체의 발달로 교회 갈등은 크게 확산되고 포장되어 복음 전도의 큰 방해가 되고 있다. 개인 전도와 같은 전투(a battle)에서는 승리하지만 교회의 큰 영적 전쟁(the war)은 지고 있는 격이다. 더구나 목회적으로 갈등을 겪고 있는 목사의 괴로움과 지쳐버림은 목회의 큰 장애가 되고 있다. 물론 양들의 그 피곤함이란 이루 말할 수 없다. 목사는 양들의 성화(聖化)에 그 목적이 있지만 목회학적 관점에서 보면 양들을 행복하게 해야 할 책임도 있다.[102] 목회자는 하나님의 목장 안에서 양들이 낙(樂)을 누리는 '예술로서의 인생'을 살아갈 수 있게 할 책임이 있기 때문이다(전 3:11-13).

더구나 선교 2세기를 지나면서 한국 교회는 사적인 개인 종교로서가 아니라 조국 교회와 세계 교회 앞에 시민 종교로서 공적인 교회의 의미가 강조되고 있는 시점이다. 예수 그리스도의 몸으로서 교회의 성장과 성숙은 물론 목회와 평생 함께하는 인생의 동반자로서의 양들의 행복, 더 나아가 시민 종교로서 대한민국 국민과 세계 시민으로서 리더십의 요청은 더 이상 교회 갈등을 방치하거나 방관하는 자세가 아니라 적극적인 연구와 대안을 마련하는 자세를 필요로 한다.

그 대안으로 교회 갈등에 대한 유형론적 접근(typological approach)은 교회 갈등을 예방하고 해결하는 데 기초적인 작업이다. 현재 실천신학계의 이 방면의 연구는 미비하다. 개체 교회 갈등 연구는 원인의 분석 쪽에 집중되어 있다. 이에 필자는 교회 갈등과 그 유형론적 접근의 신학적 배경을 제시하고, 교회 갈등 연구가들의 유형론을 제시하면서 실

---

102 칼뱅의 목회신학에 의하면 유미주의(estheticism)와 금욕주의(asceticism)는 통합되어 나타난다. Cf. Roy W. Battenhous, "Doctrine of Man in Calvin and Renaissance," in Articles on Calvin and Calvinism Vol. 4, ed. Richard C. Gamble (New York: Garland Publishing, 1992), 171-79.

천신학적 입장에서 적절한 교회 갈등의 유형론을 모색하고자 한다.

1. 교회 갈등과 유형론적 접근의 신학적 배경

교회 갈등은 매우 혼란스럽고 그 실체가 명확하게 규명되지 않는 특성을 가지고 있다. 따라서 체계적인 신학적 기초에 대한 이해를 바탕으로 그 유형에 관심을 가져야 한다. 왜냐하면 유형은 어떤 현상을 이해하는 틀을 제공하고 문제를 해결하는 접근 방식에 도움을 주기 때문이다.

일반적으로 유형론적 접근의 철학적 근거는 플라톤의 본질주의(essentialism)에 기반을 둔 것으로 이 세계의 실재가 분류될 수 있다는 기본적인 사상에 근거한다. 그러나 실천신학의 입장에서는 하나님의 문화 명령에 기초한 '지혜의 신학'(the theology of wisdom)에 기초한다. 이 지상을 다스리도록 위임한 왕권적 사명을 어떻게 지혜롭게 다스리느냐의 문제는 구체적인 포이에시스(poiesis)라는 제작과 생산 등에 대한 삶의 형태이다. 이것은 기술(techne)이라는 앎의 방식이 전제되어야 가능하다.

실천신학적 관점에서 보면 프락시스(praxis)라는 실천은 예수 그리스도의 구속신학(救贖神學) 혹은 구속사(救贖史, history of redemption) 중심으로 귀착된다. 하지만 그 과정은 구체적인 '지혜의 신학'이 전제되어야 한다. 그렇기 때문에 이 신학은 수직적 신학(vertical theology)으로 대변되는 소위 '계시의 신학'과 함께 이 땅을 지혜롭게 다스리는 '왕의 신학'으로 대변된다. 이것은 계시라는 진리의 의미의 수평선을 넘지 않는 선에서 인류학적 보편 지혜를 배척하지 않는다. 오히려 아담의 분류학적 사역이나 솔로몬의 백과사전적 분류 사역은 이 땅을 다스리는 지혜의 수평적 신학(horizontal theology)의 의미를 가지고 있다.

그러나 여기서 우리가 유의해야 할 점은 구속사적인 전통과 지혜 전통은 서로 충돌되는 것이 아니라 계시의 의미 안에서 융합되고 통일된다는 점이다. 교회 갈등의 유형화는 단순히 문제를 해결하기 위해 그 스타일을 연구하는 것이 아니다. 거대한 하나님의 창조 세계와 하나님의 나라가 지향하는 하나님의 샬롬과 안식의 과정에서 교회 갈등은 실천신학적으로 그 의미가 있다. 교회 갈등은 바로 미시적으로 갈등 양측을 이어주는 평화의 다리, 하나님과 그 백성을 화해하는 구속사적 실천의 기회이며, 세상과 교회를 이어주는 신학적 반사체이다. 교회 갈등의 유형화는 단순히 교회 문제만이 아니라 교회를 통하여 세상과 만물을 통일하시는 변화와 통합, 그리고 융합의 신호등을 분별하기 위한 지혜의 사역이다.

2. 교회 갈등의 유형론적 접근

(1) 내용에 따른 유형

후텐로커(Keith Huttenlocker)는 교회 갈등의 내용에 따라 인물 중심의 갈등(personality-centered conflict)과 원칙 중심의 갈등(principle-centered conflict)으로 유형화하였다.[103] '인물 중심의 갈등'은 개인의 개성과 관련된 것이며, '원칙 중심의 갈등'은 어떤 원리나 원칙, 그리고 규정 혹은 교리와 신학적인 문제로 일어나는 갈등이다.

---

103 Keith Huttenlocker, *Conflict and Caring* (Grand Rapids, MI: Zondervan Publishing House, 1988), 83-92.

스피드 리이스(Speed A. Leas)와 폴 키틀러스(Paul Kittlaus)는 개인 내면의 갈등(intrapersonal conflict), 대인 관계 갈등(interpersonal conflict), 본질적인 갈등(substantive conflict) 등으로 나누었는데 '본질적인 갈등'은 후텐로커의 '원칙 중심의 갈등' 유형이다.[104] 조남홍은 '원칙 중심의 갈등'은 리차트 왈톤(Richard E. Walton)의 견해에 따라 다른 사람에 의해서는 '문제(issue) 중심의 갈등'으로 분류된다고 했다. 그리고 '인물 중심의 갈등'은 역할 갈등으로 보았다. 그래서 사람들이 처음에는 사역 방식이나 임무 수행에서 원칙을 주장하면서 이슈를 제기하지만 결국 사람에 대한 공격으로 인물 중심의 갈등으로 전환을 일으킨다.[105]

(2) 행동 주체에 따른 유형

도날드 보샤트(Donald E. Bossart)는 갈등에 관여하는 주체로 개인의 내적 갈등(intrapersonal conflict), 개인 대 개인의 갈등(interpersonal conflict), 그룹 안의 갈등(intergroup conflict) 등으로 분류하고 개인 안에서의 갈등이 순차적으로 그룹 안에서의 갈등으로 확산된다고 주장하였다.[106]

1) 개인 안에서의 갈등(intrapersonal) - 내가 원하는 방식으로 나는 변하기를 원한다. 현재 방식에 만족할 수 없다; 당위성 대 욕구(the shoulds vs the wants), 자기 행동화 대 현상 유지(self-actualization vs status quo) 사이에서 일어나는 갈등이다.

---

104 Speed Leas and Paul Kittlaus, *Church Fights: Managing Conflict in the Local Church* (Philadelphia: Westminster Press, 1973), 29-35.
105 조남홍, 『교회 싸움: 교회 내의 갈등과 그 관리론』 (서울: 도서출판 선교문화사, 1999), 97.
106 Donald E. Bossart, *Creative Conflict in Religious Education and Church Administration* (Birmingham, Ala.: Religious Education Press, 1980), 10.

2) 상호 간의 갈등(interpersonal) - 다른 사람에 대한 불만족과 실망의 결과로 개인 간 양쪽의 불균형 가치를 표출시키는 것이다.

3) 상호 그룹 간의 갈등(intergroup) - 다른 그룹 혹은 시스템과 관련된 그룹 혹은 시스템 즉 공식적 그룹이나 느슨한 그룹 한 가운데에서 진행하는 역학적 작동이다.

4) 그룹 안에서의 갈등(intragroup) - 그룹 내부 자체 안에서의 갈등을 의미한다.

현유광은 여기에 그룹 대 그룹(intergroup conflict)을 추가하였다.[107] 이러한 분류들은 이미 일반 행정학자들이 분류한 바와 비교하면 매우 부분적이다.[108] 필자는 행동 주체에 따른 유형 모두를 아래와 같이 표시하였다.

행동 주체에 따른 갈등 유형

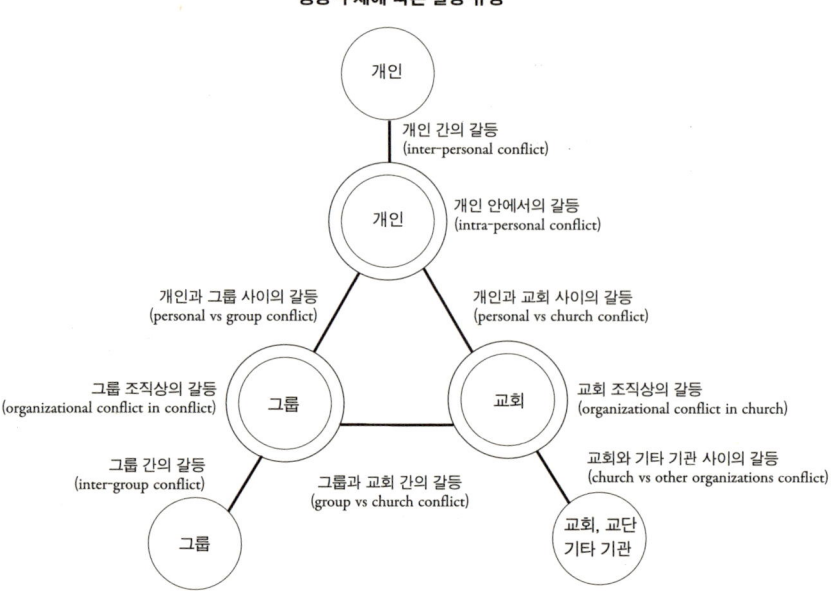

---

107 현유광, 『목사와 갈등』, 116.
108 오석홍, 『조직이론』 (서울: 박영사, 2002), 635-37.

(3) 교회 가족 시스템의 유형

찰스 크로스그로브(Charles H. Crosgrove)와 데니스 하트필트(Dennis D. Hartfield)는 교회를 하나님의 가족(family)으로 보고[109] 패밀리 시스템 이론을 원용하여 교회 가족 시스템 유형으로 교회 갈등을 분석하고 있다.[110] 그들은 가족 치료학의 치료 모델 중 구조적 가족 치료 이론과 의사소통 가족 치료 이론을 원용하여 교회 갈등이 교회 가족 구조(Church Family Structure)의 문제나 의사소통의 문제로 일어난다고 보았다.[111] 미누친(Salvador Minuchin)은 구조적 가족 치료의 창시자로 가족을 전체 체계와 부분 체계 간의 관계를 통해서 설명할 수 있다고 보고 체계 간의 "경계선"(boundaries)의 형태에 따라 가족의 건강성이 측정되어진다고 보았다.[112] 경계선의 형태는 다음과 같다.

○ 분명한 경계선(clear boundaries): 이상적
○ 경직된 경계선(rigid boundaries): 격리된 관계를 만듦(역기능)
○ 혼란한 경계선(diffuse boundaries): 밀착된 관계를 만듦
　　　　　　　　　　　　　　　　(경직된 경계선과 정반대)

하나님의 생명 현상은 분명하게 흐르는 것임에도 불구하고 분명하

109　Charles H. Crosgrove & Dennis D. Hartfield, *Church Conflict: The Hidden System Behind the Fights* (Nashville: Abingdon Press, 1998), 13-17. 크로스그로브와 하트필트가 교회를 '가족'(family)으로 보는 성경적 근거는 롬 16:2, 7; 롬 16:13; 고전 3:1; 4:14-21; 고전 12:11; 14:20; 갈 3:28; 4:19; 6:10; 살전 2:7; 2:11; 딤전 3:5; 몬 10 등이다.
110　Ibid., 18-23.
111　Ibid., 42-44.
112　D. S. Beccvar & R. J Beccvar, *Family Therapy: A Systemic Integration*, 정혜정 외 공역, 『가족 치료; 체계론적 통합』(서울: 도서출판하우, 1997), 17-45.

지 못한 경계선은 상대방을 판단함으로 감정을 왜곡시켜 가족과 교회 가족의 갈등을 유발시킨다. 이러한 막힘을 풀어주는 기술이 사티어(Virginia Satir)의 의사소통 가족 치료 이론이다. 사티어에 의하면 인간이 스트레스를 받으면 어떤 사람과의 관계에서든지 다음 다섯 가지 방법 중의 한 방법으로 자기 대화를 조정한다. 즉 회유형, 비난형, 초이성형, 산만형, 일치형 등으로 커뮤니케이션이 나타난다. 자기(I)와 상황(S), 그리고 타인(Y) 중에서 어디에 몰입하느냐에 따라 현재의 갈등 상황을 이해할 수 있으며 역기능적인 가족은 가정의 커뮤니케이션의 일관성과 자연스러운 표출을 통해 치유되며 가족 규칙이 유연하고 탄력적으로 적용될 때 가능하다. 이러한 두 이론은 교회 가족 구조(Church Family Structure)의 갈등 상황에 적용할 수 있지만 모든 교회가 가족 구조로 되어 있지 않기 때문에 적용의 한계를 가지고 있다고 볼 수 있다.

크로스그로브와 하트필트는 교회 갈등의 유형으로 제시하지 않고 교회 가족의 구조로 유형화하였다. 이러한 유형은 미누친의 이론에 따라 교회 가족 시스템의 경계선(boundaries)을 기준으로 경직된 경계선(rigid boundaries)과 혼란한 경계선(diffuse boundaries)으로 구분하고 교회 가족 구조의 유형을 '유리된 스타일'(The style of disengagement)과 '밀착된 스타일'(The style of enmeshment)로 구분한 것이다. 전자는 격리된 관계를 만드는 역기능, 후자는 밀착된 관계를 만드는 역기능이 있으므로 이 관계에서 교회 가족 권위의 스타일에 따라 교회 갈등을 유형화할 수 있다.

(4) 갈등의 진행 단계별 유형

갈등의 진행 단계별 유형은 '갈등의 수준'이라는 영역에서 다루지만 횡단면적으로 갈등을 보면 갈등의 특정한 수준은 하나의 독특한 유형을 만들어 내고 그 특징을 보여준다. 이런 수준별 유형이 유용한 것은 각 수준을 보다 낮은 단계로 낮추어 갈등을 해결하는 방향을 설정해야 하기 때문에 갈등의 진행 단계별로 유형화 작업이 필요하다. 이것은 갈등의 칼러 유형에 대한 문제이다. 교회 갈등에 대한 수준별 유형 분석으로는 스피드 리이스(Speed B. Leas)의 갈등 수준의 분석이 대표적이다.

스피드 리이스는 각 단계별로 교회 갈등의 다양성을 다음과 같이 분석하였다.[113] 그에 의하면 1단계: 곤경(predicaments) 수준은 상대 파트너의 주요 목표가 문제를 해결하는 것이다. 1단계의 논쟁자는 사람을 고발하지 않는다. 그들은 문제에 초점을 맞추고 있다. 2단계: 불일치(disagreement) 수준은 문제 해결에 관심을 보이지만 좋아 보이는 상황 밖으로 나오는데 관심을 갖고 있다. 이 단계의 언어는 보다 일반화된다. 3단계: 논쟁(contest) 수준으로 오면 싸움은 완전한 경쟁 단계로 돌입한다. 이 단계는 문제 해결이 아니라 승리가 초점이다. 4단계: 싸움과 떠남(fight/ flight)의 수준에서는 파트너가 적이 되어 비언어적 행동을 표출하며 갈등의 초점은 문제와 감정에서 원리로 이동한다. 상대방들은 진리, 인권, 정의, 그리고 신학적 교리 같은 원리적 가치 위에서 싸운다. 마지막 5단계: 고집과 불치(intractable) 수준으로 다다르면 적들을 향해 저주를 퍼부으며 자신들이 '전능한 행동'을 하도록 하나님으로부터 부름을 받았다고 생각한다. 리이스에 의하면 4-5 단계는 갈등 해결이 매우 어렵고 불가능하다고 보았다.[114] 그러나 갈등 수준을 낮출 수는 있을 것이다.

---

113 Speed B. Leas, "The Varietis of Religious Strife," in *Mastering conflict & controversy*, ed. Edward G. Dobson; Speed B. Leas; Marshall Shelley (Portland, Or.: Multnomah Press: Christianity Today, 1992), 85-94.

114 Kenneth C. Haugk, *Antagonists in the Church: How to Identitfy and Deal with Destrutive Conflict*

(5) 이슈별 유형

래리 던(Larry A. Dunn)은 교회 갈등을 이슈별로 유형화하였다. 던은 갈등을 사실 갈등(facts conflict), 방법 갈등(methods conflict), 목표 갈등(goals conflict), 그리고 가치 갈등(values conflict)으로 다음과 같이 분류하였다.[115] 이러한 갈등 유형은 이슈들이 많기 때문에 더 확장하여 갈등 유형을 명명할 수 있을 것이다. 예를 들면, 관계 갈등(relationship conflicts), 이익 갈등(interest conflicts), 그리고 구조 갈등(structural conflicts) 등이다.

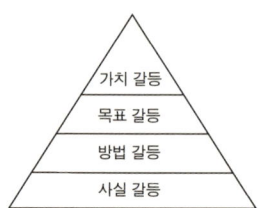

Larry A. Dunn의 이슈별 유형

첫째, 사실 갈등(facts conflict)은 보통 갈등의 초기 단계에 일어날 수 있다. 이 유형은 사건, 행동, 자료에 관한 기초적인 사실에서 분쟁이 발생하는 유형이다. 이런 유형은 정보의 부족이나 잘못된 커뮤니케이션으로 갈등이 일어나는 경우가 많다.

둘째, 방법 갈등(methods conflict)은 교회 갈등의 양측이 문제 해결 단계에서 어떤 방법이 좋으냐의 문제로 갈등하는 유형이다. 이 유형은 우리가 살아가는 삶, 일, 그리고 관계에서 자신이 원하는 어떤 방식을 채

(Minneapolis: Augsburg Publishing House, 1988). 34. 재인용, Speed B. Leas, "When Conflict Erupts in Your Church: Interview with Speed B. Leas," Alban Institute Information, vol. 9, no. 5 (1985): 16.

115 Larry A. Dunn, "Understanding Conflict," in *Transforming Conflict in Your Church: A Practical Guide*, ed. Marlin Thomas (Scottdale, PA: Herald Press. 2002), 25.

용하느냐의 문제로 일어나는 갈등이다. 사람들은 인격적 스타일이나 사물에 대해 반응하는 방식이 다르기 때문에 어떤 문제를 다루는 과정뿐만 아니라 내용도 관심을 갖는다. 이 유형은 좋은 과정을 무시하기 때문에 일어난다.

셋째, 목표 갈등(goals conflict)은 삶의 방향성 때문에 일어나는 갈등 유형이다. 교회 구성원들이 많은 노력과 시간을 들여 비전과 목표를 세워도 어떤 경우에 쉽게 변화되기도 한다. 목표 갈등은 대개 양립할 수 없는 목표로 일어난다. 개인의 목표와 교회의 목표가 너무나 일치되거나 격리될 때이다. 교회 갈등의 단계에서 좋아 보이는 상황에 초점을 맞추는 불일치 단계에서 일어나기 쉽다. 교회 갈등은 교회에서 중요시하는 목표에 대한 합의가 되지 않을 때 일어난다. 목회자는 목회 구조를 왜곡하면서 과도한 교회 중심의 목표가 장기적으로 교회 갈등의 부하에 영향을 줄 수 있다.

마지막으로 가치 갈등(values conflict)은 교회 갈등의 중요한 유형이다. 특히 목회자의 윤리적 문제들이 가치 갈등의 중요한 원인이 될 수 있다. 사실 교회 재정 문제로 일어나는 갈등은 재물에 대한 성경적 가치 개념들이 이슈가 되어 일어나는 갈등들이다. 성경적 내지 신학적 가치들이 이슈가 될 때 교회는 큰 혼란에 빠진다. 가치관의 핵심을 형성하는 종교 지도자와 그 그룹의 정체성 형성이 종교 분쟁과 밀접한 관련이 있다.[116]

---

116 Jeffrey R. Seul, "'Ours is the Way of God': Religion, Identity, and Intergroup Conflict," *Journal of Peace Research* 36: 5(1999), 558-63.

⑹ 욕구-가치별 유형

도날드 보샤트(Donald E. Bossart)는 먼저 교회 갈등의 형태(forms)와 유형(types)을 구분한다. 그는 교회 갈등의 형태를 개인 안에서의 갈등(intrapersonal), 상호 간의 갈등(interpersonal), 상호 그룹 간의 갈등(intergroup)으로 분류하고 개인 안에서의 갈등이 순차적으로 그룹 안에서의 갈등으로 확산된다고 주장하였다.[117] 하트포드에 따르면 한 사람이 자기 가치(self-worth)를 어떻게 느끼는가 하는 것이 외부적 갈등을 이해하고 다루는 시금석이다. 이러한 자기 가치에 대한 총체적 관심은 교회 안의 구조, 스태프 관계, 그리고 그룹과 조직 효율성에서 변화를 이해하는 기초이다. 이러한 이해를 기초로 보샤트는 갈등을 세 가지 형태로 제시하였다.

첫째, 개인 안에서의 갈등(intrapersonal) 형태는 내가 원하는 방식으로 변하기를 원하고 현재 방식에 만족할 수 없다는 당위성 대 욕구(the shoulds vs the wants), 자기 행동화 대 현상 유지(self-actualization vs status quo) 사이에서 일어나는 갈등이다. 둘째, 상호 간의 갈등(interpersonal)은 형태는 다른 사람에 대한 불만족과 실망의 결과로 개인 간 양쪽의 불균형 가치를 표출시키는 것이다. 세 번째 형태인 상호 그룹 간의 갈등(intergroup) 등이다.

보샤트는 위와 같은 형태론을 기초로 교회 갈등의 유형(types)을 크게 두 가지로 나누고 있다. 그는 푼커(Funk)와 와그놀스(Wagnolls)가 정의한 것처럼 갈등을 "반대 세력의 저항과 경쟁으로 인한 분쟁 때문에 충

117　Bossart, *Creative Conflict in Religious Education and Church Administration*, 10.

돌이 일어나는 것"[118]이라고 간단히 정의했다. 이 정의에 기초하여 그는 갈등을 욕구-가치별로 유형화하였다.

첫째 유형은 욕구와 가치의 유사성(similarities)에서 오는 갈등이다. 이 유형은 욕구 대상이 희소하거나 모두가 이용할 수 없는 시스템으로부터 온다. 이것은 "충돌이 일어나는 것"이라는 정의를 반영한다. 충돌은 희소가치가 있는 필수품의 습득 과정에서 일어난다. 우리의 욕구가 만족하지 못한다면 우리 시스템의 평형이 깨어져 갈등이 일어난다. 우리는 자기 가치와 평형이 요구되기 때문에 다른 사람의 만족과 목표 혹은 욕구에 대하여 장벽을 쌓는다.[119]

둘째 유형은 욕구와 가치의 차이(differences)로부터 오는 갈등이다. 욕구와 가치의 차이는 자기 가치를 유지하고 최고의 욕구를 위하여 경쟁을 일으킨다. 개인과 그룹 안에 있는 다른 동기와 움직임은 충동을 일으킬 수 있다. 우리가 다른 사람의 상이한 가치와 욕구가 기여해 주는 긍정적인 면을 보지 못한다면 우리의 가치를 위해 전투에서 승리를 추구하게 되거나 우리의 생존을 위하여 다른 사람과 적이 되는 것이다.[120]

(7) 갈등 속성별 유형

갈등 연구 분야에서 큰 공헌을 한 모턴 도이취(Morton Deutsch)는 갈등을 다음과 같이 유형화하였다. 즉 진실한 갈등, 우발적인 갈등, 대치

---

[118] Ibid., 10. 재인용, Funk and Wagnalls, *Standard Dictionary*, vol. 1 (New York: Funk and Wagnalls, 1964), 274.
[119] Ibid., 11.
[120] Ibid., 12.

된 갈등, 비귀속적 갈등, 잠재적 갈등, 그리고 거짓된 갈등 등이다. 그는 갈등의 각 속성 양극으로 대별하여 다음과 같이 유형화하였다.[121] 필자는 도이취의 갈등 속성별 유형을 다음과 같이 이미지로 나타내었다.

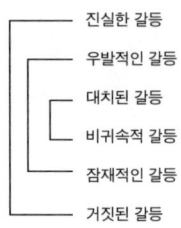

Deutsch의 갈등 속성별 유형

진실한 갈등(veridical conflict)은 객관적이고 정확하게 인식할 수 있다. 이 갈등은 서로 속이지 않음으로 마지막 유형인 '거짓된 갈등'과 대응되는 갈등이다. 우발적인 갈등(contingent conflict)은 쉽게 환경에 재배치되고 갈등 상대에게 인식되지 않는다. 이 유형은 마지막 두 번째 '잠재적 갈등'과 대응되는 갈등이다. 대치된 갈등(displaced conflict)은 논쟁으로 문제가 다루어지지 않는 근원적이고 명백한 갈등이다. 이 유형은 그 다음 유형인 '비귀속적 갈등'과 대응되는 갈등 유형이다. 비귀속적 갈등(misattributed conflict)은 나쁜 상대에게 책임을 묻고 문제에 대해 논쟁하고 책임을 전가하는 갈등 유형이다. 잠재적 갈등(latent conflict)은 밖으로 일어나지 않고 내재해 있는 갈등이다. 마지막으로 거짓된 갈등(false conflict)은 갈등에 대한 객관적 기초가 없을 때 일어난다. 오해를 함축하고 있다.

---

121 Kenneth E, Boulding, *Conflict and Defense* (New York: Harper and Row, 1962), 3-4.

⑻ 정상성별 갈등의 유형

레디거(G. Lloyd Rediger)는 교회 갈등의 정상성(正常性)을 기준으로 정상적 갈등(normal conflict), 비정상적 갈등(abnormal conflict), 영적인 갈등(spiritual conflict)으로 유형화하였다.[122]

영적인 갈등은 영적인 면에서 비정상성이 있는 갈등이다. '정상적인 갈등'은 이성과 경쟁, 그리고 목회 시스템이 반영된 갈등이다. 다양성과 불일치, 인격적 충돌, 그리고 욕구불만으로 가득 찬 교구원들의 문제 등을 잘 다룰 때 터프한 사랑 모델(Tough Love Model)로 해결이 가능하다는 의미에서 정상적이다. 반면 '비정상적 갈등'은 정신적이고 인격적인 무질서가 있는 갈등이다. 이 유형은 정상적인 모델의 해결 방식인 협상 모델(Negotiation Model)이 논의된 이후의 유형이다. 주로 정신적인 치료상의 요소들이 내재되어 있다. 이 유형에서는 목사와 교인 모두가 인격과 정신적 무질서로 고통을 받는다. 마지막으로 '영적인 갈등'은 악한 일을 하는 사람들이 갈등을 주도적으로 이끌어 가거나 조종하는 갈등이다. 이 유형에서는 파괴적인 행동이 나타난다. 그래서 간섭 모델(Intervention Model)이 적용되는 유형이다.[123] 이러한 갈등의 유형은 근원적으로 하나님과 사탄의 영적 전쟁에 근거한다. 여기에 대해서는 칼빈 이후 많은 현대 교회 갈등 전문가들이 언급하였다. 이 세 번째 유형 때문에 교회 갈등은 단순히 인간 집단의 갈등이 아니라 보다 신적이고 영적인 측면이 있음을 인정하는 것이다.

---

122 G. Lloyd Rediger, *Clergy Killers: Guidance for Pastor and Congregations under Attack* (Louisville: Westinster John Knox Press, 1997), 63-68.
123 Ibid., 64-65.

⑼ 갈등 결과별 유형

할버스타트(Hugh F. Halverstadt)는 교회 갈등의 진행 과정과 그 결과를 보고 '해로운 갈등 사이클'과 '유익한 갈등 사이클'로 유형화하였다. 해로운 갈등 사이클은 추한 싸움(dirty fighting)으로 잠재적인 반대가 어떤 계기적인 사건으로 고조되는 싸움으로 번진 뒤 선택적인 결과가 승리/패배로 해결되거나 혹은 패배/패배로 또 다른 제2의 라운드 싸움으로 이탈해 나가는 갈등을 의미한다. 교회 갈등의 유형 중 교회에 해로운 갈등 유형이다. 이 해로운 유형(The Malevolent Cycle)은 추잡한 싸움(dirty fighting)으로 패배 아니면 승리의 결과를 목적으로 한 권력 투쟁의 유형으로 무차별적이고 무정하고 점점 증폭하는 유형이다. 이성적인 개입이 허용되지 않는 상황으로 전부 아니면 전무를 향해 싸우는 유형이다. 이 갈등 유형은 승리/패배 상황의 갈등으로 "이기고 보자"는 식으로 흑색선전이 난무하게 된다. 이 싸움을 할버스타트는 아래와 같이 이미지화하였다.[124] 이 갈등 유형은 소위 갈등의 결과에 따른 합영 갈등(合零葛藤) 즉 제로섬 갈등(zero-sum conflict)이다.

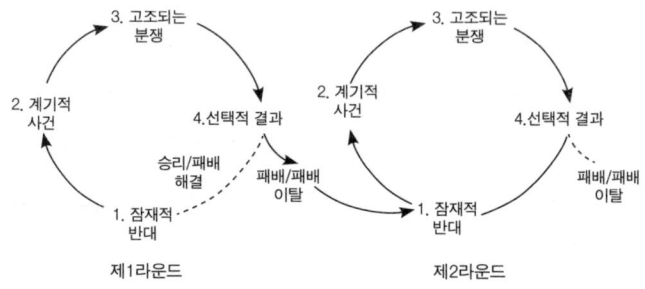

해로운 갈등 사이클(The Malevolent Cycle)

124　Hugh F. Halverstart, *Managing Church Conflict* (Louisville, Westminster John Knox Press, 1991), 8.

유익한 유형(The Benevolent Cycle)은 공정한 싸움(fair fighting)으로 해로운 싸움처럼 잠재적인 반대가 어떤 계기적인 사건으로 고조되는 싸움까지는 가지만 선택적인 결과로 가지 않고 서로가 승리/승리로 해결되는 싸움을 의미한다. 이로운 싸움에서는 해로운 싸움에서처럼 다른 제2의 라운드 싸움으로 이탈해 나가는 것이 아니라 다시 제1 라운드 싸움에서 잠재적 반대의 상황으로 돌아가는 갈등을 의미한다. 이 싸움을 할버스타트는 아래와 같이 이미지화하였다.[125] 이 갈등 유형은 비합영 갈등 즉 비제로섬 갈등(non-zero-sum conflict)이다.

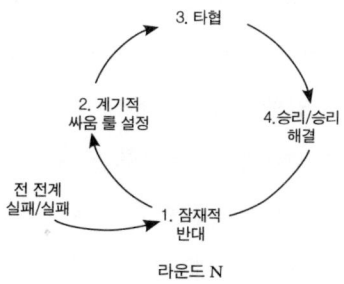

유익한 갈등 사이클(The Benevolent Cycle)

3. 기존 유형론적 접근에 대한 평가

상기에서 살펴본 교회 갈등의 유형론들은 나름대로 현장을 분석하고 해석하며 갈등을 예방하고 치유하고 해결하는 데 도움을 줄 수 있다. 하지만 필자가 평가하기는 교회 갈등의 특수성을 반영하지 못한 측면이 있다고 본다.

---

125 Ibid., 9.

첫째, 교회 갈등의 독특한 특수성을 반영하지 못하였다. 특히 서구 학자들이 분석한 유형화는 거의 인간관계론의 관점에서 유형화하였다. 교회 갈등은 세상의 단체나 기업 등 일반 조직보다도 갈등이 심하다는 것이 일반적 견해이다. 이것은 교회가 신적 기관이라는 특성 때문이다. 강력한 카리스마적 리더십으로 유지되는 교회에도 일견 갈등이 없이 보이지만 오랜 시간을 지나면서 갈등은 표출되기 마련이다. 이렇게 교회 안에서 갈등이 심한 이유는 교회 갈등의 독특한 특수성이 있기 때문이다. 일반 조직과는 다른 진리성의 추구, 윤리적 차원을 넘어서는 교회와 목회자의 거룩성의 추구, 현대인으로서 세속화 속에서 참 그리스도인의 애매성, 구성원의 다양성, 비강제성, 종교 조직으로서 외면적 법규의 불충분성, 교회 안에서의 자원봉사 성격, 교회 조직 구성원의 원심력(遠心力)과 구심력(求心力)의 불균형, 자율조직으로 인한 구성원들의 명확한 역할과 기능의 부재, 값싼 은혜 철학의 만연 등이 있다. 교회 갈등의 유형화는 이러한 특수성이 반영되어야 한다.

둘째, 교회 갈등의 성경적 유형화가 반영되지 않았다. 성경과 교회의 관계는 밀접한 관련을 갖고 있다. 개혁교회는 성경의 영감과 성경의 충족성을 믿고 있다. 개혁교회는 성경을 교회보다 더 높은 권위 준거로 삼는다. 따라서 교회에서 일어나는 갈등은 거의 성경에 기록되어져 있다고 본다. 현장을 이해하는 방법으로 경험분석적 방법론(empirical-analytical methods)이 실천신학 방법론으로 유용하기는 하지만 신학적 방법론으로서 한계를 가지고 있다. 특히 이 방법은 교회의 신적 실체를 과소평가하고 교회 갈등을 유형화하는 것이라고 볼 수 있다. 이러한 교회 갈등의 특수성들은 성경적이고 신학적인 유형화를 통해서 정립될 수 있다.

마지막으로 교회 갈등이 현실적으로 적용되는 법률적 분쟁을 유형화하지 않았다. 교회 갈등은 신학적으로 성경의 적용을 전제한다. 성경은 분쟁을 사회 법정으로 가지고 가는 것에 대해 반대하고 있다(고전 6:1-8). 하지만 교단 헌법이 존재해도 국가의 법원은 그 종헌(宗憲)을 인정하는 판례를 남기기도 하고 그 반대로 지교회(支敎會)의 정관(定款)을 중심으로 판례를 남기기도 한다. 최근 민주화의 추세로 교회에 대한 법원의 판례는 지교회의 독립된 정관을 중요하게 여기는 판례들이 나오고 있다. 이것은 교회와 국가의 관계에서 중요한 의미를 갖고 있다. 이 말은 교단의 종헌만으로는 그 분쟁을 예방하거나 해결하는 데 한계가 있음을 말해준다.

4. 교회 갈등의 성경적 유형론

교회 갈등의 성경적 유형론은 그렇게 많이 연구되지 않은 분야이다. 교회 갈등을 염두에 두고 갈등을 평면적으로 서술한 경우는 있다.[126] 이러한 저술들은 성경을 교회 갈등의 입장에서 보아야 한다는 점을 강조하고 있다. 성경신학 분야에서 갈등 연구가 있지만 주로 비평적 입장에서와 공동체의 다양한 이슈별 갈등들을 다루고 있다.[127] 실천신학에서는 주로 성경적 관점에서 교회 갈등을 의미론적 지평과 연결시키는 연

---

[126] 예를 들면, Frances T. Gench, *Faithful disagreement: wrestling with scripture in the midst of church conflict*(Louisville: Westminster John Knox Press, 2009). Duane H. Elmer, *Cross-cultural conflict: Building relationships for effective ministry*(Downers Grove, IL, InterVarsity Press, 1993). Kenneth Sande, *The peacemaker: a biblical guide to resolving personal conflict*(Grand Rapids: Baker Books, 2004). John P. Burgess, *Why scripture matters: Reading the Bible in a time of church conflict*, (Louisville: Westminster John Knox Press, 1998).

[127] 초대 교회의 갈등 분석은 Trevor J. Burke & J. Keith Elliott, eds. *Paul and the Corinthians: studies on a community in conflict: essays in honour of Margaret Thrall*(Leiden; Boston: Brill, 2003). David W.

구는 부진하다. 교회 갈등의 성경적 유형론은 교회가 생긴 신약 시대부터 논할 수 있지만 교회는 광의로 볼 때 구약 교회에서부터 인정된다.

필자는 성경에 나타난 교회 갈등의 유형은 위에서 제시한 다양한 기준을 중심으로 분류가 가능하다고 본다. 그러나 필자는 갈등 내용에 따라 크게 개인적 갈등(Individual Conflict), 신적 질서와 행정적 갈등(Divine Order and Administrational Conflict), 비전과 가치 갈등(Vision and Values Conflict), 교리 신학적 갈등(Dogmatic and Theological Conflict), 그리고 영적인 대적 갈등(Spiritual Confrontation Conflict) 등 다섯 개 유형으로 대별해 보았다. 이러한 분류는 그 의미나 내용적으로 서로 중복될 수도 있다.

(1) 개인적 갈등(Individual Conflict)

개인적 갈등에서 유의할 점은 성경의 개인은 자연인 개인이 아니라 계시적 관점에서 대표적 의미가 있다는 사실이다. 즉 성경의 족장 한 사람은 신학적으로 계시 기관의 의미가 있다. 따라서 한 인간의 개인은 그 가족과 구약 공동체의 대표자로서 신학적 의미를 갖는다는 점이다. 구약 성경에서는 먼저 에덴 동산에서의 갈등이 있다. 성경적 관점

Kuck, *Judgment and community conflict: Paul's use of apocalyptic judgment language in 1 Corinthians 3:5-4:5* (Leiden; New York: Brill,1992). Ben Witherington III., *Conflict and community in Corinth: a socio-rhetorical commentary on 1 and 2 Corinthians*(Grand Rapids: W. B. Eerdmans; Carlisle: Paternoster Press, 1995). Ismo Dunderberg, Christopher Tuckett, and Kari Syreeni, eds. *Fair play: diversity and conflicts in early Christianity*(Leiden; Boston: Brill, 2002). Michelle Slee, *The Church in Antioch in the first century CE: communionand conflict* (London; New York: Sheffield Academic Press, 2003). Todd D. Still, *Conflict at Thessalonica: a Pauline Church and its neighbours*(Sheffield: Sheffield Academic Press, 1999).

성경 기타 고대 문헌 등에서 사회경제적 갈등 연구는 Michael S. Moore, *WealthWatch: a study of socioeconomic conflict in the Bible* (Eugene, Or.: Pickwick Publications, 2011). 성경 전체에 대한 갈등 구조의 비평적 연구는 Paul D. Hanson, *Diversity of scripture*, 이재원 역, 『성서의 갈등 구조: 신학적 해석』 (서울: 한국신학연구소, 1986) 등을 참고하라.

에서 하나님의 성전으로서 에덴 동산은 교회 갈등의 원형으로 볼 수 있다. 그것은 신과 인간, 그리고 인간과 인간 사이의 갈등의 원형이다. 이어 가인과 아벨의 갈등은 대인 관계 갈등(interpersonal conflict)의 원형이다. 또 족장들의 가정은 언약적 가정교회의 모형으로서 갈등 원형으로 해석할 수 있다. 사라와 하갈의 갈등, 야곱과 에서의 갈등, 요셉과 그 형제들의 갈등 등은 그 대표적인 예이다. 욥과 하나님, 그리고 세 친구들의 갈등, 전도서의 전도자와 하나님과의 갈등도 하나님과 인간에 대한 내면적 혹은 개인 사이의 저항 갈등이라고 볼 수 있다.

(2) 신적 질서와 행정적 갈등(Divine Order and Administrational Conflict)

신적 질서와 행정적 갈등에서 민수기에 나타난 갈등이 대표적이다. 모세의 리더십에 대한 이스라엘 백성들의 반항적 행동은 회중(민 11장) → 모세의 가족(12장) → 정탐꾼들(13장) → 성직자들(16장)로 확대되는 일정한 패턴과 스타일을 보여주고 있다. 이것은 현대 교회의 갈등, 특히 정치적 갈등에서 교회 정치의 근본 원리들에 대해 중요한 시사점을 주고 있다. 행정적 갈등은 대표적으로 '이드로-모세 모델'(Jethro-Moses Model)이다(출 18:13-27). 빌립보 교회의 선교의 동기 갈등(빌 1:12-18; 4:2-3), 디모데전후서와 디도서의 목회 리더십 갈등이 있다.

(3) 비전과 가치 갈등(Vision and Values Conflict)

신약 성경에 나타난 교회 갈등은 예수 그리스도의 지상 생애 동안에도 많이 있었다. 예수 그리스도의 가르침은 당시 그들이 가르치는 것과 직접적으로 충돌되었다. 산상설교는 여러 가지 갈등을 배경으로 한 것이다(마 5-7). 예수 그리스도는 제자들 사이에 일어나는 갈등에서 일정한 유형을 보여준다. 이러한 갈등의 유형은 가치 갈등이 대부분이다. 예를 들면, 제자들 사이에서 무엇이 위대하느냐에 대한 가치 갈등(눅 22:24-27). 가난한 사람을 돕는 가치와 마리아의 향유의 가치에 대한 가치 갈등(요 12:1-8). 마르다와 마리아의 목표 갈등(눅 10:38-42), 노동자의 임금 수준에 대한 가치 갈등(마 20:1-16). 베드로의 위임에서 보여주는 과정의 가치에 대한 가치 갈등(요 21:15-19) 등이다.[128]

(4) 교리 신학적 갈등(Dogmatic and Theological Conflict)

초대 교회의 갈등은 예수 그리스도의 복음이 적용되는 과정에서 많은 갈등을 보여주고 있다. 사복음서에서의 예수와 유대인들과의 갈등, 사도행전에서의 히브리파와 헬라파의 갈등이 있다(행 6:1-7). 특히 이 갈등은 '사도-회중 모델'(Apostle-Congregation Model)[129]로 행정의 위임에 관한 대표적인 갈등 유형이다. 특히 사도행전과 로마서, 그리고 갈라디아서에 나타난 유대교와 예수교의 갈등은 신학적이고 교리적인 갈등이며, 바울과 바나바의 갈등은 인사 행정에 관한 갈등이다(행 15:38). 그 외에도 마가에 대한 바울과 바나바의 갈등, 로마서에서의 약한 자와 강한 자의 사역 갈등(롬 14:1-15:13), 바울의 율법주의자들과의 갈등, 고린도 교회의 다양하고 깊은 영적 갈등, 권징의 원리를 보여주는 갈라디아 교회에서의 바울과 베드로의 갈등(2:11-21), 그리고 요한 문헌에 나타난 이단과의 갈등 등이 있다. 요한1서에의 하나님의 영과 적그리스도의 영과 대적하는 갈등 유형(요일 2:18-29; 4:1-6). 요한3서는 디오드레베의 리

---

128 Kenneth O. Gangel and Samuel L. Canine, *Communication and conflict management in churches and Christian organizations* (Nashville, Tenn.: Broadman & Holman Publishers, 1992), 167-77.
129 Gene A. Getz. *Sharpening the Focus of the Church* (Wheaton: Victor Books, 1989), 188.

더십 갈등, 유다서는 정욕대로 분열을 일으키는 갈등 유형(유 17-23). 요한계시록의 여자와 용을 신학적 메타포로 사용하는 교회가 받는 박해의 영적 갈등(계 12:7-17) 등이 있다.

(5) 영적인 대적 갈등(Spiritual Confrontation Conflict)

영적인 대적 갈등은 출애굽 이후 모세와 이스라엘 백성들의 갈등; 광야 교회의 갈등, 출애굽기와 민수기의 광야 교회의 갈등이 대표적이다. 이들의 갈등은 현대 교회의 교회 갈등의 과정을 적나라하게 보여준다. 그것은 이스라엘 백성의 출애굽 과정을 통해 구약 광야 교회의 갈등과 그 해결을 보여주고 있기 때문이다.

이스라엘 왕정 시대로 오면서 다윗과 사울, 그리고 압살롬 사이의 갈등, 여호수와 사사들과 이방 종족과의 전쟁, 선지자들과 이스라엘 왕들 사이의 갈등, 느헤미야 시대의 이스라엘의 내부 갈등, 에스더와 하만 세력의 갈등, 시편 인물들과 대적자의 갈등, 잠언의 여선지자와 음녀의 갈등, 예언서에서의 이스라엘과 선자자의 갈등 등이 있다. 왕정 시대 이스라엘 백성의 갈등은 왕의 지혜와 신학이 적용되는 독특한 하나님 나라 즉 교회의 갈등의 패러다임을 제공할 수 있다. 따라서 잠언 지혜는 갈등 관리의 적극적 개념을 제시한다(잠 9:8-9). 왕정 시대의 다윗과 사울의 갈등은 갈등의 적극적인 대적 사역(confrontation ministry)을 제시해주며, 엘리 제사장의 종교적 갈등은 권징의 적극적 실천을 시사한다. 포로기 이스라엘 백성의 갈등은 느헤미야를 중심으로 리더십의 문제를 포함한 현대 교회의 갈등의 원형이 될 수 있다.

교회 갈등의 구조

"사람의 마음에 있는 모략은 깊은 물 같으니라.
그럴지라도 명철한 사람은 그것을 길어 내느니라."(잠언 20:5)

교회 갈등은 현재 표면에 나타나는 갈등의 현상이 전부가 아니다. 교회 갈등은 빙산처럼 내부에 잠복해 있는 보이지 않는 잠재적 갈등이 있다. 갈등이 현재화되어 수면 위로 떠오르는 것은 어떤 계기적 사건이나 상대방의 약점을 현저하게 노출하는 경우이다. 교회 갈등의 구조는 대개 다음과 같이 4가지로 구성되어 있다. 현유광은 갈등의 구조를 표면적 이슈, 내면적 동기, 그리고 하나님과의 관계 등으로 보았다.[130]

1. 언어 행동적 표현

교회 갈등은 처음에는 언어와 행동으로 표현된다. 상대방의 사역이

---

[130] 현유광, 『목사와 갈등』 (서울: 본문과현장사이, 2000), 123-29.

나 업적을 과소평가하거나 평가 절하하는 방식으로 말하기 시작한다. 그리고 교회 내 코드가 맞는 사람들끼리 그러한 평가가 확산되면서 증폭된다. 그들이 사용하는 언어는 처음에는 상대 쪽을 단순히 험담하는 수준에서 벗어나 일반화된 언어를 사용하기 시작한다. 언어는 점점 공격적으로 변하고 상대 쪽을 이기기 위해 프레임을 건다. 우리 쪽은 선하고 상대 쪽은 악하다는 적폐 프레임을 거는 언어들이 새롭게 만들어진다. 이 언어 행동적 표현은 단계적으로 심화된다. 심지어 그러한 행동 중에서는 폭력적 행동들이 허용되기도 한다.

2. 표면적 이슈

상대방에 대한 언어 행동적 표현은 어떤 표면적 이슈나 계기적 사건(triggering events)을 중심으로 폭발하게 된다. 갈등은 이 사건을 중심으로 진행되지만 다른 의도와 동기가 있을 수 있다.

예를 들면, 목회자의 사소한 흠집이나 거짓된 정보를 왜곡하여 만든 스캔들이 갈등의 표면적 이슈이지만 실제로는 목회자를 축출하거나 특정 그룹이 교회 운영의 주도권을 휘어잡기 위한 다른 의도가 있을 수 있다.

3. 내면적 동기

교회 갈등은 내면적 동기가 표면화 된 것이다. 갈등 상황에서 언어나 행동, 그리고 표면적 이슈들은 사실 내면적 동기가 해당 교회 내에 장기적으로 구조화 되어왔기 때문이다. 예를 들어, 목사의 생활비 책정 문제는 대개 매년 다음 연도 예산 편성 과정에서 불거져 나오는 표면적 이슈이다. 신년도 예산 편성 위원회(제직회 혹은 집사회 소속)와 당회가 담임목사의 생활비를 감액 편성하거나 빈 공란(White Blank)으로 편성하는 경우 교인들의 내면적 동기는 자신들의 목회자를 내보낼 동기가 있기 때문에 단순히 목회자의 생활비를 올리고 내리는 문제만 해결되면 갈등이 해결된 것이 아니다. 보이는 부분과 보이지 않는 부분에서 보이는 부분만 문제가 해결된 것이다. 보이지 않는 부분은 잠복되었다가 언젠가는 목회자의 청빙 문제를 놓고 잠재적 갈등이 표면으로 나타나게 된다.

4. 하나님과의 관계

교회 갈등은 인간들의 생각과 언어와 행동의 결과로 일어나지만 교회는 하나님과의 관계 속에서 일어난다. 따라서 갈등과 분쟁의 당사자들은 갈등의 표면적인 면만 보아서는 안 된다. 궁극적으로 왜 하나님이 자신의 교회에 이렇게 힘든 갈등과 싸움을 허락하셨는가를 섭리의 차원에서 생각해 보아야만 한다. 특히 목회자는 목회 신정론의 문제를 해결해야만 한다. 목회자는 자신과 교인들 아니 더 나아가 그 지역 사회 국가 전체까지 하나님과의 관계 속에서 교회 갈등을 보아야만 그 교회 갈등의 구조가 보다 잘 보이게 된다.

제9장 교회 갈등의 수준과 발전 단계

"교만에서는 다툼만 일어날 뿐이라
권면을 듣는 자는 지혜가 있느니라."(잠 13:10)

　우리는 스피드 리이스(Speed Leas)처럼 갈등의 컬러를 그려볼 수 있다. 갈등은 많은 색깔을 가지고 온다. 보통 갈등의 색깔은 치열하게 싸우는 붉은 색깔이 연상된다. 그러나 파란색의 갈등도 있다. 낮은 산과 호수처럼 쿨하고 조용한 갈등도 있다. 이슈는 이차적으로 조용하게 다투어지며 움직인다. 사람들은 전투자나 화난 사람들이 아니라 "패자"(losers)로 모임 밖으로 걸어 나간다. 또 녹색의 갈등도 있다. 이 갈등은 회중의 성장에 기여한다. 또 검은색의 갈등도 있다. 교회의 불길한 예감이 드는 파멸을 나타내는 갈등이다. 어떤 갈등은 특성이 없고 안개와 같이 교회를 덮고 있는 불확실하고 미결정 상태로 남아 있는 회색빛 갈등도 있다. 교회 갈등을 다룰 때 우리는 이러한 컬러에 유념하면서 갈등 문제를 다루어야 한다. 다음은 Speed Leas와 Ron Susek의 교회 갈등 수준과 발전 단계론이다.

1. Speed Leas의 갈등 수준과 발전 단계론

리이스는 교회 갈등의 수준을 "종교적 싸움의 다양성"이라는 항목에서 4가지의 유형 혹은 수준으로 체계화하고 그 특징을 제시하였다.[131] 여기서는 리이스의 이론을 중심으로 교회 갈등의 수준을 설명하기로 한다.

각 싸움의 수준 속에는 교회가 직면하고 있는 어려움은 두 가지 주요 핵심 단초에 기인한다. 첫째는 상대방의 "목적"과 "왜곡된 사고"이다. 상대방의 목표를 의미하는 "목적"(objectives)은 그들이 수행하려고 하는 것이다. 낮은 단계의 갈등에서 각 상대방은 문제나 어려움에 초점을 두고 거기에 머무르려고 한다. 높은 수준의 갈등에서는 이러한 목표가 상대방에게 상처를 주거나 통제권을 획득하려는 목표로 전환된다.

"왜곡된 사고"는 사람들이 문제에 대해 더욱 걱정하고 놀라워할 때 실제적으로 다루어야 할 문제를 분명하게 사고하지 못하도록 어렵게 만든다. 그들은 상대방에 의해 교회가 더욱 위협을 받고 있다고 생각한다.

물론 사람들의 사고의 명료함은 그들이 사용하는 언어 속에서 보여진다. 만일 사용하는 단어들이 폭 넓고, 산만하다면("우리 목사는 항상…") 높은 수준의 갈등을 나타내며, 보다 구체적인 언어를 사용하면("이번 주일 우리 목사님의 설교는 별로다.") 낮은 수준의 갈등을 나타낸다.

역시 갈등의 수준은 문제에 반응하는 사람들의 행동보다는 문제 자체에 덜 관계된다. 사람들은 서로에 대해 열려 있고 정직하기 때문에

---

131 Speed Leas, "The Varieties of Religious Strife", in *Mastering conflict & controversy*, ed., Ron L. Davis (Portland, Or.: Multnomah Press: Christianity Today, 1992), chapter 6.

진정한 차이가 존재하지 않는다는 뜻을 내심 말하지 않는다. 이것이 사람들이 중요한 이슈가 문제되고 있음에도 불구하고 낮은 단계의 갈등이 가능한 이유이다. 물론 문제가 심각해지면 보다 강렬한 갈등 가능성이 있는 것은 사실이다. 대부분의 교회들은 갈등이 유쾌하지 못하더라도 갈등을 참고 있다. 통상적으로 더 이상 그러한 수준의 갈등에 머물도록 하고 상승하는 긴장을 막아내는 내부 통제자가 있기 마련이다. Speed Leas는 여기에 대부분의 교회들이 경험하고 있는 갈등 수준을 5가지로 분류하고 각 단계마다 사용할 최선의 전략을 열거하였다.[132]

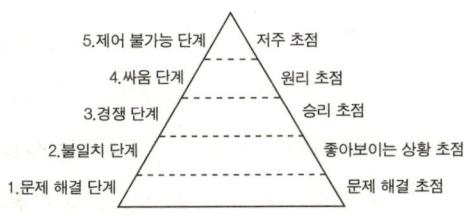

갈등의 수준별 유형과 문제의 초점

(1) 1단계: 곤경(predicaments) 단계 - 문제 해결 초점

이 단계의 상대 파트너의 주요 목표는 문제를 해결하는 것이다. 1단계의 논쟁자는 사람을 고발하지 않는다. 그들은 문제에 초점을 맞추고 있다. 또 이 단계의 언어는 구체적이고 분명하다. 갈등 파트너는 문제에 대해 다른 사람에게 열려 있다. 파트너는 다른 사람을 의심하거나 놀라워하지 않는다. 각자는 다른 쪽의 정보에 대해 선한 뜻을 가정한

---

132 Speed B. Leas, *Moving Your Church Through Conflict* (Bethesda, MD: Alban Institute, 1985), 17-22. Kenneth C. Haugk, *Antagonists in the Church: How to Identitfy and Deal with Destrutive Conflict* (Minneapolis: Augsburg Publishing House, 1988). 32-34.

다. 그리고 정보를 주지 않고 붙들고 있지 않다. 공정 혹은 정직의 수준은 갈등 수준의 가장 우수한 지시어이다.

이러한 갈등의 단계는 부드럽게 다루어지기 때문에 "갈등"으로 보지 않으려고 한다. 그러나 견해가 다른 사람들이 일치를 구할 때마다 그들이 친절하다고 할지라도 갈등은 존재하고 있다. 갈등은 교회의 삶의 일부이다. 더구나 갈등은 교회에서 귀중하다. 왜냐하면 많은 사람들이 그것을 갈등이라고 생각하지 않기 때문이다. 갈등이 이 수준에서 머무를 때 많은 것들을 성취할 수 있고 문제가 해결될 수 있다. 그래서 사람들은 서로 더욱 이해할 수 있으며 관계가 개선되고 신뢰가 깊어질 수 있다.

(2) 2단계: 불일치(disagreement) - 좋아보이는 상황 초점

이 단계에서 갈등은 상대 파트너의 목표가 서서히 변화한다. 각자는 점차적으로 자기 보호(self-protection)에 관심을 갖는다. 그러나 상대방은 아직도 문제를 해결하는 데 관심을 갖는다. 그러나 그들은 좋아 보이는 상황 밖으로 나오는 데 관심을 갖고 있다. 이 단계의 언어는 보다 일반화된다. 예를 들면, "우리 목사님은 일을 하는 것 같아 보이지 않는다"와 같은 방식으로 일반화하여 말한다. 그들은 정확한 설명을 해야 함에도 불구하고 문제의 방향에 대해서만 단순히 지적한다. 그들은 그것이 무엇인가를 당신에게 말하지 않는다.

이 단계의 언어는 보다 높은 수준의 감정적 내용을 가지고 있다. 각자는 자신들의 증가하는 긴장을 드러낸다. 이 단계의 사람들은 자신들의 문제를 해결할 교회 지도자에 대한 신뢰를 잃기 시작한다. 그들은 도움을 위해서라면 어디든 본다. 그들은 자신들의 관심을 교회 안에서

누구에게든지 말한다. 그들은 집에서나 친구에게나 그들의 관심에 대해 말하고 토론한다. 그러나 이것은 파괴적으로 되기 시작한다. 물론 이렇게 말하는 것은 좀 더 좋은 방향으로 가고 싶어 하기 때문이다. 특히 갈등을 건설적으로 다루고자 그들을 돕고자 하는 사람들의 피드백 반응이 나타나면 더욱 그렇다.

이 단계에서는 1단계에서 보류하고 있지 않았던 정보가 보류된다. 어느 누구도 사실을 왜곡하거나 거짓말하지 않는다. 그러나 관련을 맺고 있는 모든 정보를 모두가 똑같이 나누지 않는다. 목사가 회계 담당자에게 월말 보고를 주문했을 때 찜찜한 부분들이 생략되어 보고된다.

더구나 각 파트너는 문제를 해결하기 위해서는 모든 사람이 타협이나 양보해야만 한다고 믿고 있다. 1단계에는 서로 승리를 얻는 해결점(win-win solution)을 지향했지만 2단계에서는 그러한 희망은 포기되어졌다. 2단계에서는 타협을 위한 교환(trade-off)이 정착된다. 1단계에서는 단순히 사실을 확인하기 위해 다른 파트너의 틀린 점을 탐색하지만, 2단계에서는 갈등에 있어서 "경기 기록 득점"에 관심을 보이면서 자신들의 지성적 무용(武勇)을 드러내고자 한다. 갈등이 경쟁으로 가는 표시가 보여질 때 합의를 향해 가는 움직임은 더욱 어려워지게 된다.

1단계에서와 같이 2단계에서도 교회를 혼란시키지는 않는다. 적은 인내와 계획으로 좋은 방향으로 바꿀 수 있는 수준이다. 그렇게 할 수 있는 방안으로는 다음과 같은 것들이 있다.

- 각 상대방은 자신들의 실패의 특별한 근원이 어디에 있는지 이해하도록 한다.
- 각 상대방은 자신들이 본 그대로 사실과 감정을 친절하게 다른 사람에게 말한다.

- 갈등을 쾌히 받아들일 수 있는 해결점을 발견하도록 파트너를 돕는다.

(3) 3단계: 논쟁(contest) 단계 - 승리 초점

3단계에서의 싸움은 완전한 경쟁 단계로 돌입한다. 이 단계부터 적대자들(antagonists)이 활동하기 시작한다. "선수들"은 문제에 대해 덜 관심을 갖게 되고 좋은 방향으로의 해결점에 덜 관심을 갖는다. 그들은 자신의 방식대로 오직 승리를 원할 뿐이다. 그들은 문제에 대한 초점을 잃어버렸다. 갈등의 큰 그림에서 볼 때 1단계와 2단계에서는 그래도 문제와 해결 방안을 바라보았다. 그러나 3단계에서는 문제와 해결점이 배경으로 사라졌다. 이것은 실제적으로 어떤 방향으로 가야하는지 정확하고 분명하게 볼 수 없도록 한다. 그들의 언어는 이것을 반영한다. 리이스는 일반적으로 몇 가지 왜곡된 상태를 다음과 같이 제시하고 있다.

- 양분화(dichotomizing): 다양한 대안이 탐색되지 못하고 흑백논리로 양분된다.
- 전체화(universalizing): 정확한 서술어를 사용하지 않고 일반화된 용어를 사용한다.
- 확대(magnification): 상대방이 악한 동기를 가지고 있다고 확대 생각하는 것이다.
- 감정에 집착(fixation on feeling): 문제의 사실보다는 사람들의 감정에 초점을 둔다.

3단계에서 교회 싸움을 다루는 법은 다음과 같다. 확실히 3단계 싸움은 회중들을 침식시킨다. 이 단계에서의 결정은 그들이 심각하게 왜곡된 사고에 근거하고 있기 때문에 그들이 해결하려고 하는 문제보다 더 큰 문제를 창조한다. 3단계의 갈등의 수준은 1-2단계의 수준으로 떨어뜨려야 한다. 다음의 방법들은 그렇게 하는 데 도움을 줄 수 있을 것이다.

- 갈등의 상대 파트너와 직접적이고 분명한 커뮤니케이션을 증가시켜라.
- 불일치보다는 공통되는 일치점이 없는지 탐색하도록 상대방들을 도우라.
- 상대방보다 깊은 관심을 발견하도록 도우라.

(4) 4단계: 싸움과 떠남(fight/ flight) 단계 - 원리 초점

이 단계의 주된 목표는 다른 사람을 물러서게 하거나 스스로 떠남으로써 상대방과의 관계를 깨뜨리는 것이다. 승리는 더 이상 기분 좋은 것이 아니다. 모든 관계는 하나의 문제이다. 이 단계에서의 언어는 3단계와 같은 언어를 사용하지만 더 참가해서 비언어적 행동으로 - 예를 들면, 추잡한 제스처, 찌푸린 얼굴 등 - "적"들을 향해 자신들의 불만족을 표현한다.

갈등의 초점은 문제와 감정에서 원리로 이동한다. 상대방들은 진리, 인권, 정의와 같은 영원한 가치 위에서 싸운다. 가끔 문제를 해결하고자 상대 파트너 쪽에서 말을 걸어오지만 해결할 문제가 영원한 원리를 표시하는 기수(旗手)로서 말하여진다면 해결점은 극도로 어렵게 된다.

4단계에서 사람들의 전략은 일반적으로 관계를 끝내는 것이다. 적들은 벌을 받고, 부끄러움을 당하고, 그들이 밖으로 나가기를 선택할 것이라는 희망 속에서 공격한다. 3단계에서는 동맹자들은 느슨하지만 정체성을 유지하면서 서로 딱하게 생각하기 시작한다. 그러나 4단계에서는 강력한 리더와 핵심 그룹이 출현하여 멤버들은 그들의 리더십에 맡겨지게 되고 그 그룹은 하나님의 그룹으로서 계획을 만들어낸다. 멤버들은 결속, 단결, 그리고 통일성이 있다는 이유로 자신들의 정체성을 통하여 보다 강력하다고 느끼기 시작한다.

사실 동맹자들은 교회 안에서보다도 자신들의 그룹에서 보다 자신의 정체성을 확인한다. 교회 회중 전체의 선한 것들은 그룹의 입장에서 선한 것들로 우선순위가 바뀐다. 그룹의 선한 것이 곧 교회의 선한 것이 되기 시작한다. 상대 그룹은 전체를 희생하여 자신들의 뜻에 압력을 행사함으로 자신의 그룹에 속하지 않은 사람들의 성실성을 비난하고, 반대자들은 필연적으로 위선자라고 믿는다.

더욱 그들은 즉 교단 관계자, 언론사, 이웃 교회 목사, 갈등 컨설트 전문가 등 외부 인사의 리스트를 작성하기도 한다. 4단계에서 사람들의 기대는 외부 인사들이 그 문제의 주역들의 불평을 듣는 것이다. 그들은 자신들의 측면에서 무게를 실어주고 (혹은 최소한 동정심을 얻고) 문제의 원인에 외부 인사들이 연계되기를 확실히 바라고 있다.

(5) 5단계: 고집과 불치(intractable) - 저주 초점

4단계에서는 거리가 있기는 하지만 다른 편이 기꺼이 살아 있다. 5단계에서 사람들은 반대자들이 너무 악하고 독하기 때문에 쉽게 그들을 제거하기가 어렵다고 생각한다. 그래서 반대자들이 저주를 받거나 망해버리기를 바란다. 5단계에 있는 사람들은 교회의 안전을 위하여 나쁜 사람들은 더 이상 손해를 입히지 못하도록 징계를 받아야만 한다고 생각한다. 예를 들면, 5단계의 사람들은 회중들이 목사에게 화를 내는 수준으로는 만족하지 못하고 목사의 직을 박탈하는 방식을 바라보아야

한다. 갈등에서 물러나는 것은 그 상대방으로서는 불가능하다. 어떤이들은 자신들이 "전능한 행동"을 하도록 하나님으로부터 부름을 받았다고 생각한다. 폭력과 같은 성격의 언어나 행동들이 정당화되며 농성 텐트는 '하나님의 성막'으로 표현되기도 한다.

4단계와 5단계의 갈등을 다루는 것은 이 글의 범위를 넘는 것이다. 이보다 낮은 단계의 갈등은 교단 인사나 컨설트 전문가 등 외부 인사의 도움으로 해결될 수 있으나 4-5단계는 절대적으로 비관적이다. 그 단계는 통제 밖의 상황이다. 그러나 개선될 수는 있다. 물론 그것이 항상 잘 될 수 없다. 그러나 대부분의 목사라면 4-5단계의 한 가운데서 싸우지 않으려고 할 것이다. 하지만 목사는 교회 갈등의 정확한 본질에 대해 보다 나은 정보를 가지고 있기 때문에 그것들을 구속적으로 다룰 기회를 아직도 가지고 있는 것이다.

2. 교회 싸움의 라이프 사이클

론 수섹(Ron Susek)은 교회 갈등의 수준을 그의 저서 『Firestorm: Preventing and Overcoming Church Conflicts』에서 "폭풍처럼 번지는 불의 라이프 사이클"이라는 항목에서 6가지의 유형 혹은 수준으로 체계화하고 그 특징을 제시하였다.[133] 여기서는 수섹의 이론을 중심으로 교회 갈등의 수준을 설명하기로 한다.

---

133 Ron Susek, *Firestorm: Preventing and Overcoming Church Conflicts* (Grands Rapids: Baker Books, 1999), 17-66.

(1) 1국면: 작은 불씨

작은 불씨가 큰 수풀을 태운다(약 3:5). 예를 들면, 한 개인이 목사나 당회에 대한 미세한 불평을 가지고 있을 때, 한 그룹이 절차적인 문제로 갈등하고 있을 때, 어떤 교인이 당회가 어떤 문제에 대해 불공정하게 처리한다고 느낄 때, 한 그룹이 교회가 취하고 있는 어떤 방향에 대해 불만족스럽다고 생각할 때, 어떤 사람이 무시를 당했거나 모욕을 당했을 때, 목사가 그의 직분을 남용하게 될 때 등등 수많은 불씨가 교회 싸움의 스파크가 된다.

이러한 수준에서는 인간관계의 자연적 역학이 고려되어야 한다. 하나님이 주신 은사적 차이점들이 고려되어야 한다. 목표, 욕구, 안목, 가치, 방법, 관심 등이다. 교인들은 이러한 측면에서 각자의 차이점을 수용, 적응, 이해 등으로 반응한다. 이러한 수준에서는 차이점을 문제화하지 않는다. 이 수준에서는 다른 사람을 공격하지 않고 서로 문제를 해결하려고 문제에 초점을 맞춘다.

제1국면 실천적 권고 사항 설교와 교육을 통해 개인의 다양성과 은사를 강조하고, 개인의 가치 없이 성장은 없다는 점을 주지시킨다.

(2) 2국면: 교회 싸움에 불을 붙이는 스파크

이 국면에서 인간관계의 자연적 역학은 사람들이 불공정성과 상처와 연관되어 서로 서로를 불편하게 느낀다. 다양성은 존경보다는 무시하는 방향으로 기울기 시작한다. 사람들은 자신의 위치에 찬동하는 사람을 구하고 논의들은 자신들의 관심을 확인하고 증진시키는 데 사용된다. 사람들은 그 문제로 온 마음을 갖게 되고 자신들의 길이 아니면 인격적 손실을 느낀다. 프라이드가 도전받고 방어는 깊어진다. 언어는 일반화시켜 말한다. 반대는 성격 묘사에 의해 비인격화된다. 사람들은 자유스럽게 정보를 나누기를 그친다. 사람들은 문제를 해결하기보다는 점증하는 갈등에 관심을 갖는다. 제도들은 궁극적으로 관계들을 긴장시킨다. 그 관계들이 폭발 직전에 있게 될 때 스파크는 교회 싸움에 불을 붙인다.

제2국면 실천적 권고 사항 사태를 관망하는 태도의 리더십(wait-and-see leadership)은 금물이다. 목회자는 금식 기도하고 적극적으로 교회의 치리적인 관점에서 상담하고 권면하고 교회 훈련(church discipline)이 필요하다. 중립적인 중재자가 되어야 한다.

(3) 3국면: 격분의 대폭발

이 국면에서는 감정이 이성을 지배한다. 그리고 문제를 다루는 방법만이 신선한 행동으로 받아들여진다. 법을 내세우는 주의가 은혜를 말살한다. 사람들은 논쟁에서 마치 변호사처럼 말한다. 사람이 만든 규칙들은 성경의 교훈과 영적인 감각을 능가한다. 사람들의 단점은 참을성 없이 말하여진다. 일단 격분으로 꽉 찬 대폭발이 분출되고 나면 좋은 회복의 기회는 사실상 사라진 것이다. 깊은 상실감은 거의 피할 수 없다.

이 수준에서 인간관계의 자연적 역학은 먼저 평화 시에 하나님의 백성 같은 사람들이 하나님이 없는 이방인처럼 취급되어진다는 것이다. 사람들은 자신의 위치를 더욱 강화한다. 통상적인 불일치는 날카롭게 분리되고 지도자와 대변인이 양측에 나타난다. 문제는 양자택일적인 최후의 조건으로 주어진다. 조직적 구조는 다른 상대를 패배시키는 병기로 사용되어진다. 국가법과 각종 교회법, 규칙 등은 다른 그룹의 잘못을 증명하는 데 사용되어진다. 견해는 새로운 실재가 된다. 진리는 더 이상 중요한 이슈가 아니다. 목사는 승산이 없는 위치에 있게 되고 교회를 위기에서 혼자서는 건져낼 수 없는 상황에 빠진다.

제3국면 실천적 권고 사항 이 국면에서는 문제에 대해 엉거주춤은 금물이다. 설교 시에 은혜와 공의를 균형있게 한다. 위기 관리 컨설팅이 필요하며, 징계도 필요하다. 불필요한 법률 소송에 휘말리지 않기 위해 크리스천 변호사를 영입할 수 있다.

(4) 4국면: 소모적인 바람

이 국면에서 인간관계의 자연적 역학은 갈등이 일단 리더십의 10%와 회중의 20%에 퍼지면 폭풍은 엄청나게 불어오고 그 폭풍을 엄청나게 하는 소용돌이 바람이 불어온다는 것이다. 또 논쟁이 너무 감정적으로 치닫기 때문에 사실을 알 수 없고 사실이 자신의 위치를 떨어뜨릴까 봐 두려워한다. 객관성과 중용은 의심받는다. 양측은 다른 측이 변화하지 않는다고 확신한다. 그래서 싸움은 유일한 옵션이다. 상처의 골이 깊어진다. 하위 그룹의 힘과 이익이 근원 조직의 그것보다 더 중요하게 여겨진다. 교회는 지역 사회에 좋은 평판을 잃어버리게 된다. 특별한 이슈는 애매한 원리와 이데올로기로 녹아든다. 모든 것은 무기화된다. 심지어 기도, 성경, 외부 인사 영입 등도 병기로 변한다. 인간의 행동과 사탄적인 행위 사이의 차이점을 구별하기가 쉽지 않다.

제4국면 실천적 권고 사항 설교 주제에 항상 조심하여야 한다. 적극적인 컨설팅이 필요하다.

(5) 5국면: 최종적인 태움

이 국면에서 인간관계의 자연적 역학은 싸움이 소송으로 인도한다는 것이다. 이것은 교회의 일을 세상이 심판하게 될 때 은혜롭지 못하다. 교회가 연관된 소송은 거의 양측 모두가 패배하는 상황으로 인도한다. 승리는 더 이상 그룹의 목표가 아니다. 이제는 적을 파괴해야만 하는 열정에 사로 잡혀 있다. 법정, 교단, 컨설팅 조직 등 외부의 기관이 교회의 조직을 무력화시킨다.

제5국면 실천적 권고 사항 정복이 아니라 문제 해결에 재초점(refocus)를 맞추어야 한다. 중립적인 컨설턴트를 고용한다.

(6) 6국면: 타 버린 잿더미 위에 다시 세움

이 국면에서 인간관계의 자연적 역학은 한 그룹이 새로운 교회를 시작하고 다른 그룹은 다른 교회로 흩어진다는 것이다. 어떤 이들은 신앙을 잃어버리기도 한다. 다른 인물들이 출현하여 투쟁하는 기간이 있다. 그들은 문제를 치유하려고 시도한다. 남아 있는 멤버들은 소유권과 기존의 사역을 유지하려고 한다. 그들은 한 세대 동안 받은 상처로 그들의 평판을 회복하지 못한다. 분개는 떠난 사람과 남아 있는 사람 사이에 좀처럼 사라지지 않는다. 문제는 우리가 이겼느냐가 아니라 우리가 한 일로 하나님께 영광을 돌렸느냐이다.

제6국면 실천적 권고 사항 새로운 목사를 청빙한다. 그러나 깨끗한 출발(clean start)이 되어야 한다. 새로 부임하는 목회자는 그 교회의 목표 전환과 비중 변동에 유념하여야 한다.

앤태거니스트, 그들은 누구인가?

"악한 자는 반역만 힘쓰나니
그러므로 그에게 잔인한 사자가 보냄을 받으리라."(잠 17:11)

하나님을 위해 무엇인가를 하려고 하는 사람은 누구든지 반대에 부딪힌다. 반대가 주는 가장 어려움은 하나님의 비전을 실천하려는 사역자 자신의 용기를 앗아가는 것이며 비전에 대한 책임을 없애버리는 것이다. 느헤미야는 어떻게 반대를 무릅쓰고 하나님의 비전을 완성했는가? 느헤미야의 비전에 반대했던 자들이 오늘날 교회 안에서도 활보하고 있다. 어떻게 그들을 다루고 하나님의 비전을 이룩할 것인가?

1. 교회 안의 앤태거니스트란 누구인가?

앤태거니스트(Antagonists)란 비본질적인 증거에 기초하여 습관적으로 다른 사람이나 다른 사람의 일을 공격함으로 부적절한 요구를 고의적인 방식으로 만들어가는 사람이다.[134] 그의 공격은 육적이고 리더십에 대항하며 세워주기보다는 파괴한다. 앤태거니스트는 단순한 비평자가 아니며 건강한 건의자도 아니다. 여기서 "습관적"이란 말은 단순히 고립된 적대 행동을 한 자를 앤태거니스트라고 속단해서는 안 된다.

오우츠(Wayne E. Oates)는 교회 안에서 담임목사를 힘들게 하는 사람들을 다섯 부류로 나누어 설명하였다.

(1) 뒷전에서 험담하는 자(back-biting person)
(2) 세력을 가진 권위주의자(power-ridden person)
(3) 경쟁적으로 이간질하는 자(competitive divider)
(4) 거머리 같은 자(clinging vine or dependent person)
(5) 공주병에 걸린 자(star performer)

또 마샬 셸리(Marshall Shelley)는 아홉 부류의 문제아들을 비유적으로 다음과 같이 열거한다: 사냥개, 젖은 담요, 기업가, 고함치는 선장, 물주(物主), 참견꾼, 저격수, 회계, 오물(汚物)장사 등이다.

그러나 교회 갈등론에서는 위와 같은 문제를 일으키는 사람 중 적대자(antagonists)를 유형화하여 별도로 연구한다. 우리는 Kenneth C. Haugk의 앤태거니스트론을 중심으로 적대자를 정의하고자 한다.

---

134 Kenneth C. Haugk, *Antagonists in the Church* (Minneapolis: Augsburg Publishing House, 1988), 25.

2. 앤태거니스트에 관한 성경적 관점

앤태거니스트에 관한 성경적 관점은 근본적으로 정치 신학과 관련된 문제이다. 근본적으로 권위에 복종하느냐 저항하느냐의 문제는 저항하는 자의 편에서 보는 신학적 성경적 관점이다. 또 저항을 받는 자의 입장에서 보면 교회권과 목회권의 입장이다. 대표적으로 종교개혁자이자 목회자인 장 칼뱅은 전자의 관점에서『기독교강요』맨 마지막 장에서 저항권의 문제를 다루었으며, 후자의 관점에서 스가랴 11장을 주석하면서 앤태거니스트의 문제를 다루었다. 그의 목회 방법론 중 '가련한 양에 대한 배려'와 '목회 포기' 사이에서 목회자가 택할 수 있는 방법의 문제와 관련이 있다. 여기에는 전투적인 목회 대적 전략이 있다. 이 둘 사이의 경계가 불명한 현장에서 목회자는 교회 갈등을 일으키는 소위 '적대자들' (antagonists)와 '목사 킬러들'(clergy killers)에 대해 교회를 보호하고 가련한 양들을 보호하기 위한 용기가 필요함을 칼뱅은 보여주고 있다.[135]

오늘날 현대 교회는 자신들의 교회 공동체에서 서약하고 선언하고 맹세한 정치 구조에 대한 신앙적 결단을 헌신짝처럼 버리고 사람들이 좋아보이거나 자신들의 이해와 욕심, 그리고 정치적 선택에 따라 쉽게 정치적 노선을 바꿔 교회권과 목회권에 도전하는 일이 많다. 특히 장로교회 안에서는 표면적이고 교회 정치적 입장은 장로 정치이지만 실질적으로는 회중 정치를 행사함으로 '사이비 저항권'을 발동하여 목회권을 무력화시키는 경우가 허다하다.

---

135 안은찬,『칼뱅의 목회신학』(안성: 한국목회학연구소, 2007), 314-15.

3. 앤태거니스트의 종류

앤태거니스트의 종류는 교회 싸움의 곤경 단계, 불일치 단계, 논쟁 단계, 싸움과 떠남의 단계, 제어할 수 없는 단계 등 5단계 중 논쟁 단계의 영역에 있다. 그러니까 이들의 문제 초점은 문제 해결 자체나 좋아 보이는 상황으로 이끌기 위한 것이 아니며 오직 승리와 원리와 상대방의 저주에 있다.

〔앤태거니스트들이 활동하는 갈등 단계〕[136]

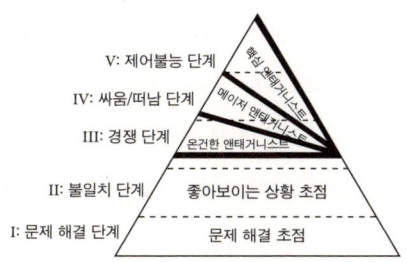

(1) 핵심 앤태거니스트(Hard-Core Antagonists) - 정신병자(psychosis), 편집 증환자(paranoid) 수준의 반대자들이다.
(2) 메이저 앤태거니스트(Major Antagonists) - 인격 장애자(peronality disorder) 수준으로 이성은 있지만 감정적인 안정감이 없는 반대자들이다.
(3) 온건한 앤태거니스트(Moderate Antagonists) - 위 사람들을 따르는 추

---

136 Kenneth C. Haugk, *Antagonists in the Church* (Minneapolis: Augsburg Publishing House, 1988), 33.

종자(followers), 행동가(activists), 인격적으로 문제가 있는 사람들이다.[137]

4. 앤태거니스트는 왜 일어나는가?

케넷츠 하욱(Kenneth C. Haugk)은 앤태거니스트가 일어나는 이유로 앤태거니스트의 본성, 다른 사람들의 지지, 그리고 회중의 구조 등을 다음과 같이 제시했다. 첫째, 앤태거니스트의 본성 때문에 일어난다. 모든 인간은 개인적인 결점으로 두려움과 욕구, 그리고 죄 등이 있다. 이것들은 모든 교회 갈등과 분쟁에서 개인적인 결점 등이 원인으로 작용함으로 폭발하게 된다. 그런데도 유독 앤태거니스트들에게 이 결점은 민감하게 반응한다. 그들은 일반 기업체, 공장, 대학, 의료기관, 스포츠계, 그리고 방송계 등 모든 조직체에도 존재한다. 교회 분쟁에서 왜 그들이 적대적인가를 묻는다면 그들이 앤태거니스트이기 때문이다.[138] 그들은 본성적으로 적대적이다.

둘째, 다른 사람들의 지지(support) 때문에 일어난다. 개인이 앤태거니스트를 추종하는 이유는 사람들이 권력적 리더(powerful leaders)를 따르는 경향이 있기 때문이다. 주로 온건한 앤태거니스트들이 따른다. 권력적 리더들은 정치적 이권을 확보하기 위해 윤리적 가치를 쉽게 포기하고 진실이나 사실을 교묘하게 왜곡시킴으로 팔로우들을 추종하게 만든다.[139]

---

137 위의 책, 59-68.
138 위의 책, 37.
139 위의 책, 38.

마지막으로 회중의 구조(structure) 때문에 일어난다. 일반적으로 회중의 구조는 40명 수준에서는 생존이 가장 강조되며, 40-150명 수준에서는 전도가 강조된다. 150명 이상부터는 스태프(staff)의 기능이 강조된다. 300명 수준이 되면 셀(cell)이 강조되고 한국 교회의 경우 목회자 사모의 역할이 현저하게 축소된다. 700명 정도가 되면 찬양, 성례, 축하(celebration) 등이 중요하다. 1,000명 이상에서 사역의 핵심 코드는 축제(festival)이다.

앤태거니스트들이 성공적으로 작동할 수 있는 회중의 구조는 미국의 경우 125명 정도이다. 그들은 친밀한 감정(family feeling)을 역이용한다. 40명과 40-150명 정도의 두 그룹의 회중들은 가족 구조(family structure)를 가지며 교회 내부로 집중하려는 구심력이 강하게 작용한다. 그러나 회중의 수가 150-200명 이상부터는 교회 외부로 분산하려는 원심력이 강하게 작용하는 시기이다. 앤태거니스트들은 구심력과 원심력이 교차되는 시기에 활동할 가능성이 크다.[140]

5. 앤태거니스트의 인격적 특성

산이 왜 거기 있느냐고 물으면 산이 있기 때문에 거기에 있다는 말이 있다. 앤태거니스트가 교회에 왜 활동하는가 묻는다면 앤태거니스트가 거기 있기 때문이다. 어렵지 않고 쉬워 보이는 조직체에 그들은 쉽게 자생하고 일정한 시기가 되면 인격적 본능을 드러낸다.

앤태거니스트의 인격적 특성에 대해서는 케넷츠 하욱(Kenneth C.

---

140   위의 책, 39-40.

Haugk)이 심리학적 측면에서 제시하였다. 그는 앤태거니스트들이 부정적 자아관념(Negative self-concept), 자기도취증(Narcissism), 공격성(Aggression), 경직성(Rigidity), 권위주의(Authoritarianism), 정신병적 신드롬(Psychiatric syndromes)으로 편집병적 인격(paranoid personality)과 반사회적 인격(antisocial personality) 등을 가지고 있다고 보았다.[141]

6. 앤태거니스트의 행동과 경고 표시

하욱(Kenneth C. Haugk)은 갈등의 수준에서 3단계 경쟁 단계에 이르면 교회 갈등 안에서 서서히 모습을 드러내는데 초기 경고 표시(Warning Signs)와 후기 경고 표시로 나누어 교회 갈등 사역자들이 참고하도록 하였다.

앤태거니스트들이 활동하기 시작하는 초기 경고 표시는 교회 분위기가 냉랭한 관계(A chill in the relationship)가 되면서 시작된다. 입에 꿀을 바른 관심 표현(Honeyed concerns)을 하나 그 말은 전형적으로 화가 나 있음을 표현하는 적색 깃발(Red flag)이다. 그 외에도 가시 돋친 질문(Nettlesome question), 권세 휘두르기(Mobilizing forces and pot-stirring), 쓸데없는 간섭(Meddling), 그리고 비성경적인 저항(Resistance) 등이 초기 경고 표시로 나타난다고 보았다.[142]

또 그는 후기 경고 표시로 이슈의 슬로건화(Sloganeering), 스파이 행각(Spying), 진실과 사실의 왜곡(Distorting), 아전인수격 성경 인용

---

141 위의 책, 59-68.
142 위의 책, 80-82.

(Misquoting Scripture), 유다의 키스(Judas kissing): "나는 당신의 친구이다. 하지만 이것은 내가 꼭 해야만 하는 일이다." 능글맞은 웃음(Smirking), 훼방(Pestering), 겉치레(Pretense), 로비 활동(Lobbying), 그리고 편지 쓰기(Letter Writing) 등이다.[143] 최근의 교회 분쟁은 진실과 사실의 왜곡이 과거 정보화 사회 이전과는 비교가 되지 않을 정도이다. 인터넷과 SNS의 발달로 왜곡된 정보 확산이 치명적이다.

7. 앤태거니스트의 예방

앤태거니스트를 예방하기 위해서는 그들의 본능이 표출되지 못하도록 하는 안티-앤태거니스트(antiantagonists) 환경을 만들어야 한다. 확고한 목회 정책, 환류 시스템(Feedback Channels), 적절한 직무 설계(Job Descriptions), 책임(권위)의 넓은 기초의 구축, 그리고 적절한 시기에 권징(Church Discipline)을 시행해야 한다.

---

143 위의 책, 83-86.

목사 킬러, 그들은 누구인가?

"차라리 새끼 빼앗긴 암곰을 만날지언정
미련한 일을 행하는 미련한 자를 만나지 말 것이니라."(잠 17:12)

1. 목사 킬러(Clergy Killers)의 개념

로이드 레디거(G. Lloyd Rediger)는 목사 킬러(clergy killer)란 목사를 의도적으로 표적으로 삼고 심각한 상처와 파괴를 일삼는 사람이라고 정의했다.[144] 지혜서 잠언에는 "차라리 새끼 빼앗긴 암곰을 만날지언정 미련한 일을 행하는 미련한 자를 만나지 말 것"(잠 17:12)을 가르치고 있는데 목사 킬러를 암곰에 비유할 수 있다.

---

144 G. Lloyd Rediger, *Clergy Killers* (Louisville: Westinster John Knox Press, 1997), 8.

2. 목사 킬러적 상황의 조건(Clergy Killer Context)

목사 킬러들이 존재하는 것은 그들이 일정한 조건에서 활동할 수 있기 때문이다. 목사 킬러들을 만나서 그들을 이기려고 싸우기보다는 그들이 활동할 수 있는 목회 환경을 만들지 말아야 한다. 레디거는 그 조건으로 사회적 조건과 목사의 역할 정체성의 변화, 그리고 제도적 조건을 제시했다.

(1) 사회적 조건(Social Context)

목사 킬러들은 개인에게 권리를 부여해주는 사고(Entitlement thinking)가 팽배한 교회에서 등장한다. 그들에게 필요 이상의 권한을 부여해 줄 수 있는 교회 분위기 속에서 쉽게 개인에게 융단을 깔아주는 격이 된다. 특히 이들이 언제나 들고 나오는 깃발은 '교회 민주화'이다. 이러한 사회적 조건에서는 권위를 문제 삼는 분위기(Questing authority)가 형성되어 있다. 당연히 이런 교회의 분위기는 그 교회가 존재하는 정치 철학이나 상황 윤리(Situation Ethics)가 매우 진보적이다.[145] 특히 사회 전반에 대중주의 정치 철학이 팽배하고 각 분야에 힘을 발휘하고 있을 때 그러한 정치 문화는 교회 안에까지 영향을 미치게 되어 목사 킬러들이 쉽게 자생하게 된다.

(2) 목사의 역할 정체성의 변화(Changing Clergy Roles)

오늘날 목사의 역할은 과거 전통적인 역할에 비교하면 비교가 되지

---

145 Rediger, *Clergy Killers*, 20-21.

않을 정도로 변화하였다. 1956년 리차드 니버(H. Richard Niebuhr)가 "목회 디렉터"로서 목사의 새로운 역할을 제시한 이후로 목사는 행정적인 리더십은 물론 거의 만능에 가까울 정도로 교인들에게 다양한 역할을 요구받고 있다. 회중의 요구와 목사의 역할 사이의 부조화는 목사가 예전처럼 견고한 지지대 속에서 사역할 수 있는 목회의 버팀목이 사라졌다. 목사는 구별된 존재가 아닌 취약한 존재가 되었다. 이것은 목사가 목회 사역 가운데 언제든지 목사 킬러들에게 공격을 당하거나 상처를 받을 위험에 노출되어 있다는 의미이다.[146]

(3) 제도적 조건(Institutional Context)

목사 킬러들은 현대 교회들이 추구하고 있는 대중적인 목회 모델인 비즈니스 모델(Business Model) 속에서 활동한다. 목사는 CEO로서 훈련받지 않았지만 그들의 목회 사역은 CEO모델로서 평가를 받는다. 대부분의 교회와 교단은 갈등을 해결하기 위해 병원에서 응급 환자의 치료 우선순위를 분류하듯 선별적 분류(Triage) 제도를 운영하고 있다. 회중들은 주로 교회 재정에 관심이 집중되어 있고 목사는 이 부분에 어떤 준비도 되어 있지 않고 정치적으로 불행한 트리아제를 위해 희생양이 되기 쉽다. 결국 목사는 제도적으로 회중들에 의해 쉽게 목회를 그만두어야 하는 경우가 많다. 이러한 제도적 환경하에서 목사 킬러는 생성되기 쉽다. 특히 이들이 평신도인 경우 권한은 비대하지만 대신 훈련받지 않아(Empowered but Untrained Laity) 교회를 치명적으로 파괴하는 데

---

146 Rediger, *Clergy Killers*, 22-25.

결정적인 역할을 할 수 있다.[147]

3. 목사 킬러 현상의 관리

목사 킬러 현상 관리(Managing the Clergy Killer Phenomenon)는 성경적으로 목회 방해자는 반드시 망한다는 신학적 전제에서 이해해야 한다. 무엇보다도 목사 킬러들이 활동하기 좋은 환경을 만들지 않아야 된다. 잠언은 세상을 진동시키며 세상이 견딜 수 없는 것 중에 종이 임금된 것과 여종이 주모를 이은 것이 있다고 말씀하고 있다(잠 30:21-23). 목사는 이런 현상이 도래되지 않도록 목회 위기 관리를 잘 해야 한다. 목사 킬러 현상을 잘 관리하기 위해서는 다음과 같은 예방 관리가 필요하다.

첫째, 교회 위기 관리를 위해 평소에 기도하라.
둘째, 평소 좋은 목양 관계를 구축하라.
셋째, 개인이 아니라 시스템에 의해 움직이도록 하라.
넷째, 목사의 권위를 스스로 확보하라.
다섯째, 평신도를 훈련시켜 중직을 맡겨라.
여섯째, 목사 킬러들의 사회적 제도적 조건을 만들지 말라.

---

147 Rediger, *Clergy Killers*, 27.

교회 분쟁에서의 국가법과 교회법

"각 사람은 위에 있는 권세들에게 복종하라
권세는 하나님으로부터 나지 않음이 없나니
모든 권세는 다 하나님께서 정하신 바라."(롬 13:1)

교회 분쟁 현장에는 언제나 법이 거론된다. 상대방을 공격하기 위한 것이든 자신을 지키기 위한 것이든 법에 의지하게 된다. 그러나 교회 분쟁이 격화되기 전에 국가법 혹은 교회법 아니면 이 양자의 관계를 잘 알게 되면 분쟁을 예방하거나 위기 관리에 도움이 된다. 물론 해결에 완벽한 도움이 되진 못해도 적어도 분쟁하고 있는 상황에서 양측을 판단하는 기준이 되기도 한다. 교회 갈등과 분쟁에서 국가법과 교회법을 이해하려면 근본적으로 정치와 행정과 법이 왜 교회에서 필요한지 이해해야 한다.

1. 국가법과 교회법의 필요성

신학대학원 입시 면접을 하다보면 교회에 법이 필요하냐고 반문하는 목회자 후보생들이 있다. 교회는 예수 그리스도의 은혜로 하면 되지 않느냐는 것이다. 실제로 많은 목회자들은 정치와 법과 행정에 대해 거의 준비가 되지 않았다가 교회 분쟁을 겪으면서 국가법과 교회법에 대한 이해를 갖추지 못한 것을 뒤늦게 후회하는 분들을 많이 보아왔다.

우선 국가법과 교회법의 필요성보다 법과 정치, 그리고 행정 등이 교회 안에 왜 필요한지에 대한 이해가 있어야 한다. 철학자 아리스토텔레스(Aristotle)가 말했듯이 인간은 정치적 동물이다. 정치적 본능자로서 인간은 교회 안에서도 여전히 정치적 인간이다. 문화 인류학자 모레노(J. L. Moreno)에 의하면 인간은 권위가 배제된 신생아 집단 실험에서 42주만에 수직적 단계인 리더십이 발생함을 증명하였다. 이것은 법에 있어서도 마찬가지이다. 장 칼뱅(Jean Calvin)에 의하면 법은 교회의 골격과 같다. 그는 목양이 교회의 근육이라면 교리와 정치는 교회의 골격과 같다고 했다. 여기서 정치는 광의로 법을 포함하는 개념이다. 또 현대 교회는 교회의 행정 업무의 증가와 교회의 대내외적 미션과 직무의 적절한 수행을 위해 지혜와 명철이 요구된다. 리차드 니버(Richard Niebuhr)가 지적한 대로 "목회 디렉터"(pastoral director)로서 목회의 정치 행정, 그리고 법적 리더십의 중요성이 점점 커지고 있다.

국가법과 교회법의 필요성은 인간의 불완전성에서 찾을 수 있다. 모든 정치는 인간의 부패와 타락에 의해 요청된다. 정치는 타락한 환경에 대응하기 위한 필연적인 메카니즘이다. 하나님의 형상대로 지음을 받은 인간은 '존재 유비'(Analogia Entis)로는 개인에게, 관계 유비(Analogia Relationis)로는 공동체로 하나님의 창조함을 받았다. 따라서 인간은 홀로 존재하거나 그 반대로 전체주의에 함몰되는 개인 없는 공동체로 존재하지 않는다. 이 두 신학적 유비는 균형을 이루어 그리스도인 공동체 안에서도 교회들의 연합성을 형성하여야 한다. 물론 국가법과 교회법이 적절하게 상호 보완되어야 하는 이유는 목회는 질서 속에서 이루어져야 하기 때문에 국가와 교회는 교회 공동체의 안전과 성장을 정치와 행정, 그리고 법으로 총체적으로 지지하여야만 한다(macro-poimenics).[148] 결코 목양(shepherding)과 질서 구조(structure)는 상호 배타적이지 않다.

2. 국가법과 교회법의 신학적 기초

많은 사람들은 정치·법·행정은 교회에서 신학적 중립 지대(Adiaphora)라고 생각하는 경우가 많다. 이 부분은 법조인들도 그렇게 생각하는 경우가 많다. 그래서 사람들의 결의나 결정이 우선이라고 생각한다. 그러나 성경적으로 볼 때 교회 정치나 법, 그리고 행정 등은 세세한 부분은 아닐지라도 큰 원리에 있어서 선택 사항(Option)이 아니다. 이것은 국가법과 교회법의 관계를 이해하는 데 매우 중요한 문제이다.

교회 정치의 경우 성경적으로 정치의 계시성과 역사성은 서로 공존한다. 민 11장 16-17절에서 보는 바와 같이 정치의 계시성은 구약 광야 교회의 교인들의 탐욕에 대한 하나님의 정치적 대응 방식으로 나타났으며, 정치의 역사성은 출 3장 16절에서 보는 바와 같이 B.C 18세기경 장로라는 존재가 이미 존재하였으므로 정치의 계시성과 역사성은 서로 공존한다.

---

[148] 거시목회학(macro-poimenics)이란 목사와 교인 간의 목양적 관계만을 다루는 미시목회학(micro-poimenics)을 넘어 교회의 전반적인 사역 중에서 거시적인 질서 사역과 그 다스림을 다루는 목회학의 분야이다.

마찬가지로 법의 계시성과 역사성도 성경적으로 동시에 인정된다. 자크 엘룰(Jacques Ellul)에 의하면 법의 계시성은 하나님 자신이 법이고 예수 그리스도가 법임을 나타낸다. 동양의 법 개념도 해태 태(廌)가 악을 징벌하는 상상의 동물로 법(灋 = 法)이라는 글자 속에 숨어 있다. 엘룰이 말한 법의 역사성을 보면 정의는 하나님 자체이며 인간의 법을 통해 나타난다는 것이다. 신명기 1장 16-17절에는 재판장들이 재판할 때 "공정히"(צֶדֶק) 판결하도록 한 것은 하나님의 정의를 기준삼아 재판하라는 명령이며, "재판"(מִשְׁפָּט)이 하나님께 속하였다는 하나님 자신의 선언은 법의 역사성을 허용한 것이며 인간 법관들의 정의를 통하여 하나님의 정의 실현이 현실적으로 용인된다는 점을 선언하신 것이다.[149] 물론 하나님의 정의가 완전히 실현되는 것은 최후 심판하는 날이다(벧후 3:12-13). 그 심판의 기준은 예수 그리스도의 복음이며 복음의 핵심은 하나님의 아들 예수 그리스도의 삶과 죽음과 부활이다. 그런 의미에서 법은 하나님의 정의에 대한 또 다른 예언이다(사 56:1).[150]

따라서 행정의 개념도 단순히 효율에 의해 요청되는 것이 아니라 하나님의 일하심의 방편이다. 행정은 법에 의한 행정을 의미하며 성경적 행정은 권세자가 권한을 행사하는 것이 본질이 아니라 예수 그리스도의 법 아래에서 법을 집행하는 것이다. 법치 행정의 개념은 근대 민주주의의 산물이 아니라 이미 성경에는 하나님의 행정이 계시되어 있다. 행정의 역사성은 왕의 통치가 법에 의한 행정이어야 함을 선언하고 율법서를 왕의 옆에 평생을 두고 통치할 것임을 명령하는 데서 찾을

---

149 Jacques Ellul, 『자연법의 신학적 의미』, 59-60.
150 위의 책, 114.

수 있다(신 17:18-20). 그러므로 행정의 역사성은 왕의 신학, 지혜의 신학과 관련되어 있다. 따라서 정치와 행정과 법의 총체성은 이스라엘 성막이나 현대 교회 안에만 갇혀 있는 것이 아니라 우주와 세계를 향하여 열려 있으며 세상의 법관들과 정치가와 행정가들에게도 열려 있다(잠 8:15-16).

3. 교회 분쟁 시에 교회법이 필요한 이유

교회법(ius canonicum: Kanonisches Recht: canon law)이라는 용어는 사실 개신교 용어가 아니다. 가톨릭교회의 '가톨릭 교회법'(katholisches)에 대응하는 개신교의 용어로 '신교 교회법'(evangelisches Kirchenrecht)이 사용되고 있지만 대체로 장로교회의 경우 '교회 정치'라는 의미가 교회법을 포괄하고 있는 의미로 사용하고 있다.

역사적으로 개체 교회에서 제정한 것은 '교회법'이라고 부르지 않았다. 광대 회의에서 제정된 것만을 교회법으로 보았는데 현대 교회는 교회법을 전통적인 방식이 아니라 교인들 간의 규칙이나 국가 민법에 근거한 교회 정관까지도 교회법으로 보려는 경향이 강해지고 있다. 이에 따라 현대 교회는 사람들이 결의하여 정한 것들이 '법'이 되는 현실에 직면해 있다. 이는 현대 교회가 법의 계시성을 상대화할 위험성을 안고 그 길로 들어선 것이다.

결국 교단에서 결정한 종헌(宗憲)인 「헌법」 혹은 「장정」 등은 교회 분쟁 시에 중요한 판결의 근거가 된다. 현대 법원들이 종교법을 무시하는 경향이 없지 않지만 그래도 많은 국가의 판결들은 종교의 내부적 사건에 대해 교단의 종헌을 중요한 법원(法源)으로 인용하고 있다. 그렇기 때문에 교회 분쟁에서 일차적으로 교단의 교회법을 잘 숙지하고 목양하여야 한다.

4. 교회 분쟁 시에 국가법이 필요한 이유

교회 분쟁 시에 교회법만을 고려해서는 큰 낭패를 볼 수 있다. 교회 분쟁 시에 국가법이 필요한 이유는 법원이 교회 재판 등 교단 헌법의 효력을 부정하는 것은 아니지만 교단 내부 관계가 아닌 법률 관계의 경우 지교회 정관과 교단 헌법 혹은 교단 총회의 결의 등이 충돌할 때 정관이 우선한다는 입장이기 때문이다. 법의 총체성의 입장에서 법원의 정관 중심주의 판결을 무조건 비판만은 할 수 없다.

목사나 장로 등 교회의 직원들이 임직을 할 때 서약하는 신적 서약 선서(promissory oath) 등은 종교적 충성을 맹세하는 것이지만 근대 민법에서 계약의 근원적 기원에서 볼 때 계약과 같이 법적 효력을 인정받지 못하고 있다. 그런 맹세를 하고 총의에 의해 정관을 제정하였다면 그 정관은 교단의 종헌에 대한 선서보다 우선한다고 보기 때문에 국가법은 교회 분쟁에서 매우 중요하다. 이것은 법철학적으로 법실증주의나 법현실주의 관점에서 교회의 입장을 무시하는 경우가 있을 수 있다. 또 국가의 경영 차원에서 교회의 개념을 부분사회론에 근거하는 것이 항상 차기 정권으로의 권력을 이양하는 데 유리하기 때문에 선거 전략으로서 교회를 아주 협소한 단체 혹은 집단 수준으로 혹은 회중교회 정치에 맞는 판결을 내릴 수 있다.

우리가 국가법을 중시해야 하는 또 하나의 이유는 세계 법률 체계인 교회법과 로마법, 그리고 게르만법이 상호 계수(繼受)됨으로 교회법이 국가법에 미친 법리들이 상당히 많기 때문이다. 신 앞에서 평등으로부터의 인간의 평등, 정의와 박애 및 자비의 결합, 도덕 신학의 법제도로의 전환, 폭리 행위의 금지, 일사부재리의 원칙, 인권 중심의 법제도, 법률 불소급의 금지, 내면의 선의를 중시하는 법사상과 제도, 다수결의 원리, 진실 발견을 위한 소송 절차 등 국가법에 영향을 미쳤다. 또 게르만법과 교회법이 서로 가장 영향을 받은 법 이론은 법인(法人) 이론이다.[151]

따라서 좁은 의미에서 교회 정관은 교회법이 아닐지라도 국가의 법리가 교회 안으로 들어온다. 영적 질서 유지를 위한 규정들이 존재한다고 할지라도 전통적 교회법 개념이 아니다. 교회 정관은 완전한 교회법은 아니며 국가법인 민법적 정신이 교회법에 침투해 들어오는 현상이다. 넓은 의미에서 교회 정관은 교회법적인 요소와 국가법적인 요소, 신학적인 신법(神法)의 요소 등이 혼재되어 있기 때문에 교회 갈등의 예방과 관리에서, 그리고 위기 관리에서 교회 정관은 매우 중요하다.

5. 교회법과 국가법과의 차이

교회법과 국가법은 정의를 실현한다는 점에서 공통점이 있지만 국가가 성경과 신학적인 부분을 인정하지 않으므로 현격한 차이가 있다. 국가법과 교회법은 적용의 요건, 절차, 효과가 다른 경우가 많다.

가장 현격하게 차이가 나는 부분은 교회의 삼권 분립 이론이다. 국가의 3권 권력 분립 이론은 입법, 사법, 행정을 독립된 기관에 분담시켜

---

151 김상용, 『서양법사와 법정책』 (고양: 피앤씨미디어, 2014), 169.

서로 견제와 균형을 이루어 국가 권력의 집중과 남용을 방지하려는 정치 조직의 원리이다.

그러나 교회의 정치 조직이 장로교회의 경우 공동의회, 당회, 제직회로 삼권이 분립된다는 논리는 신학적인 근거가 빈약하다. 교회의 3권 분립을 아브라함 카이퍼(Abraham Kuyper)의 영역 주권 사상으로 설명하려는 주장은 장로회 정치 원리에 부합되지 않는다. 현대 교회가 세속적인 이론으로 교회를 설명하려는 시도는 한계가 있다.

또 국가법상 형사피고인의 무죄 추정의 원칙은 대한민국 헌법 제27조 제4항은 "형사피고인은 유죄의 판결이 확정될 때까지는 무죄로 추정된다"라고 선언하고 있다. 헌법의 무죄 추정의 원칙은 UN국제 인권 규약인 "시민적 및 정치적 권리에 관한 국제 규약"에도 선언되어 있다. 피고인이 비록 1심이나 2심에서 유죄 판결을 선고받았더라도 최종심으로 그 유죄 판결이 확정되기 전까지는 원칙적으로 죄가 없는 자이다.

그러나 교회법의 경우 재판국에 의해 치리 받은 자의 무죄 추정 원칙은 적용되지 않는다. 교회법상 피의자나 피고인은 유죄 확정시까지 무죄로 추정되지 않는다. 대한예수교장로회 장로교단의 경우 교단 『헌법』 중 「권징조례」 제33조에 의하면 사건이 중대하여 피고가 계속 시무하는 것이 교회에 덕이 되지 않는다고 판단될 시에는 재판 종결 이전에 직무 정지 또는 수찬 정지까지 할 수 있다. 비록 가처분 성격의 징벌이기는 하지만 무죄로 추정하지 않는다.

또 국가법은 묵비권(진술거부권)이 인정되나 교회법에서는 묵비권을 인정하지 않는다. 대한민국 헌법 제12조 2항에서 "모든 국민은 고문을 받지 아니하며, 형사상 자기에게 불리한 진술을 강요당하지 아니한다"라고 규정하고 있다. 이는 피고인·피의자·증인·감정인 등이 질문 또는 심문에 대하여 진술을 거부할 수 있는 권리이다. 그래서 경찰관은 「미란다의 원칙」(Miranda Rights)을 지켜야 한다. 형사소송법 제244조의3, 제283조의2에 의하면 피고인 또는 피의자가 수사 기관의 조사나 공판에 있어, 각 심문 시 진술을 거부하는 권리를 그 대상자에게 사전에 알려주어야 한다. 그러나 교회법 「권징조례」 제34조에 의하면 묵비권은 인정되지 않는다.

가장 중요한 차이점은 아마 목사 해제권에 대한 법원의 입장과 교회의 광대 회의체인 노회나 총회의 입장이 충돌하는 경우이다. 특히 국가법인 민법이 교회로 침투해 들어온 현상인 교회 정관은 목사 해제(해약, 해임, 면직)에 대해 교인들의 권한으로 인정하는 판례가 국가 법원에서 나오고 있다. 전통적으로 목사를 회원으로 가지고 있는 노회의 입장보다는 지교회의 정관을 우선하여 판결하기 때문이다(수원지방법원 성남지원 2015. 9. 16 선고 2015가합966 판결).

6. 국가법과 교회법이 충돌할 때 유의할 점

국가법은 국가의 질서 유지와 안전을 확보하기 위해 일정한 법률 체계를 가지고 있다. 교회도 영적인 질서를 유지하기 위해 일정한 질서가 있다. 최근에는 교회 재판을 불신함으로 교회법 탈출 현상이 일어나고 있다. 교회가 분쟁이 발생했을 때 교회 안에서 그 문제를 해결하는 것이 가장 이상적이다. 교회법으로 분쟁을 하다가 국가법에 곧바로 호소하거나 교회법으로 소송 절차나 구제 절차를 거치지 않고 곧바로 국가법 질서에 호소하는 것은 일차적으로 비성경적이다.

성경에서 국가의 권위와 질서를 존중하라는 뜻은 무엇인가? 교회의 소속 회원으로 자신의 본분을 다한다는 전제하에 국가의 질서와 마찰을 빚지 말라는 뜻이다. 그리스도인도 국가의 법질서를 지키며 그 법적 안정성을 향유할 권리가 있다. 그러나 국가의 법을 교회의 법보다 더 좋아하며 적극적으로 재판하기를 상습적으로 즐기며 살지 말라는 뜻이다. 따라서 교회의 분쟁이 일어나면 먼저 교회법의 범주에서 해결해야 한다.

따라서 국가법과 교회법이 충돌할 때 유의할 점은 교회 정관이 교단의 헌법 혹은 장점과 일치되는 방향으로 제정하는 것이 가장 바람직하다. 현실적으로 교인들이 장로교회 간판을 가지고 있어도 실제로는 회중 정치를 선호하는 경우가 많다. 이때 정관이 반드시 '교회 헌법 혹은 장정 합치적'으로 제정되지 않는 경우가 있다. 그렇다고 민법이 교회에 침투해 들어오는 현상을 현대 교회에서 막을 수 없다. 세제 혜택과 기부금 영수증 발행을 위해 종교 단체 등록과 관할세무서에서 사업자 번호를 받아야 하기 때문에 비영리법인으로서 법률 행위의 요건을 갖추기 위해 교회 정관은 필수적이다. 그러나 그 모든 법의 이익을 포기하고 초대 교회와 같은 원시 교회로 지향하려는 움직임도 있다.

7. 그리스도인은 국가 소송을 하지 말아야 하는가?

장 칼뱅은 『기독교강요』 제4권 제20장 17-20에서 그리스도인이 국가법에 호소하는 것을 원천적으로 막지는 않았다. 자신의 권리를 보호하고 재판을 통한 하나님의 정의 실현을 위해 공정하고, 선한 것을 추구하는 것만이 국가 소송을 허용하였다. 형제를 상대로 법에 호소하는 것은 소송을 올바른 목적으로 사용하는 경우에만 허락되는 것이지 미워하는 감정으로 자기 권력과 남의 권한을 사취할 욕망에 붙들려 상대를 괴롭힐 목적의 소송은 허용되지 않는다. 일부 극단적인 그리스도인들은 국가 소송은 절대 안 된다고 주장하기도 한다. 이에 대해 칼뱅은 "모든 법적인 싸움을 철저하게 정죄하는 자들은 그런 자세야말로 하나님의 거룩한 규례를 거부하는 것이요 깨끗한 자들이 깨끗하게 받을 수 있는 한 가지 부류의 선물을 거부하는 것이다"(『기독교강요』 제4권 제20장 19)라고 했다.

국가법에 호소하는 소송에 대한 바울의 태도를 보면 적극적인 변호는 물론 가이사의 법정에까지 호소(행 25:10-11)하였다. "자기를 고소하는 자들의 중상모략을 반박하며 그들의 악의와 간계를 폭로하였으며(행 24:12), 법정에서 로마의 시민권자임을 적극적으로 주장하였다(행 16:37, 22:1, 25). 따라서 고린도전서 6장 5-8절에 "형제가 형제와 더불어 고발할 뿐더러 믿지 아니하는 자들 앞에서 하느냐 너희가 피차 고발함으로 너희 가운데 이미 뚜렷한 허물이 있나니 차라리 불의를 당하는 것이 낫지 아니하며 차라리 속는 것이 낫지 아니하냐"는 말씀은 국가 법정에 호소하는 자체를 부정한 것이 아니라 과도한 소송으로 인하여 복음이 부끄러움을 당하는 것을 경고하는 것이다.

교회 정관의 이해*

"여자들 가운데에서 어여쁜 자야 네 사랑하는 자가 어디로 갔는가
네 사랑하는 자가 어디로 돌아갔는가 우리가 너와 함께 찾으리라."(아 6:1)

한국 교회에 교회 정관 제정 운동이 일어난 것은 비교적 최근의 일이다. 1990년대 이전에는 교단의 종헌(宗憲)[152]만으로도 교회를 운영하고 목회를 하는 데 큰 문제가 없었다. 그러나 교회 스스로 문제 해결 능력이 저하되면서 각종 교회 분쟁은 그 해결을 위해 국가의 사법 기관에 호소하는 일이 많아졌다. 이때 사법 기관은 교단의 헌법보다는 해당 교회의 정관을 중심으로 판결함으로 한국 교회는 우후죽순처럼 정관을 만들기 시작하였고 지금도 진행되고 있다.

이러한 정관 제정 운동이 일어나기 이전에는 일부 교회들이 교회 설립 혹은 교회 건축이나 은행 대출을 위해, 그리고 금융거래 실명제에

---

* 본 장은 필자가 2016.11.15 "한국 교회의 교회 정관에 대한 실천신학적 과제"로 「복음과 실천신학」 제41권에 게재한 논문임을 밝힙니다.
152 감리교회의 경우 「교리와 장정」, 성결교회는 「헌장」, 장로교회는 「헌법」 - 이하 헌법이라 약칭한다.

따라 교회 통장을 만들려고 할 때 자연스럽게 국가 기관에 정관을 제출하기 위하여 제정하였다. 비록 그것이 교인총회[153]의 결의를 거치지 않았다 하더라도 큰 문제없이 지내왔다. 그러나 교회의 분쟁이 격화되면서 국가의 법정에서 정관의 중요성이 드러나고 전국 교회는 정관을 개정하거나 새로 제정하기 시작하였다.

오늘날 한국 교회의 정관 개정 및 제정 운동과 담론은 국가의 실정법과 판례에 근거하여서만 진행되어 오고 있다. 그리고 교회 자체 내에서도 교회 운영의 민주화 내지 분쟁 예방의 차원에서만 진행되어 왔다. 한국 교회는 오직 국가 판사의 판결문에 주목하게 되었고 어느덧 교회는 '법원의 포로'가 되어 있는 것이 사실이다. 필자는 교회 정관이 기본적으로 예수 그리스도의 법에 기초하여 제정되어야 함을 전제하고 본 글을 전개한다.

이러한 전제 아래 필자는 정관 제정 혹은 개혁 운동의 현상에 대해 근본적인 질문을 하면서 실천신학적 과제를 제시하려고 한다. 실천신학은 학문적 연구 과정에서 일정한 과제를 안고 있다. 이 과제를 잘 수행하게 될 때 실천신학으로서 정체성을 확보하게 된다. 필자는 Richard R. Osmer와 Friedrich L. Schweitzer가 제시한 실천신학의 과제인 서술적 경험적 과제, 해석적 과제, 규범적 과제, 행동지침 이론의 과제 등을[154] 원용하여 교회 정관의 실천신학적 과제를 제시하려고 한다. 본 연구의 목적은 법적 분쟁을 해결하는 직접적인 방법론이나 '지혜 있는 자'

---

153 감리교회의 경우 '당회', 성결교회는 '사무총회', 장로교회의 경우 '공동의회'. - 이하 공동의회라 약칭한다.
154 Richard R. Osmer & Friedrich L. Schweitzer, *Developing a Public Faith: New Directions in Practical Theology* (Louis: Chalice Press, 2003), 2-5. Richard R. Osmer, *Practical Theology: An Introduction* (Gand Rapids: William B. Eerdmans Publishing Company, 2008), 4-11.

를 양육할 수 있는 방안, 그리고 교회법을 정비하고 제정하는 구체적인 실천 방안을 논하기 위한 선행 연구의 목표가 있다.[155] 왜냐하면 교회법상 정관 문제는 이 모든 실천의 핵심 고리이기 때문이다.

1. 교회 정관의 개념과 법적 의미

정관(定款, Satzung)이란 원래 법인의 조직과 권한, 의무와 책임 등을 정한 규칙을 의미한다. 법인(Juristische Person, 법인)이란 자연인 이외에 법률에 의하여 권리 능력(법인격)이 인정되는 사단(Verein, 社團) 또는 재단(Stiftung, 財團)을 뜻한다. 사단 법인은 일정한 목적으로 결합된 사람의 조직체로서 권력 능력이 부여된 법인이고, 재단 법인은 일정한 목적에 바쳐진 재산으로서 권리 능력이 부여된 법인이다. 교회는 신앙 단체의 차원과는 다른 법률 행위의 주체로서의 법적 지위가 있다. 현행 민법에 따른 대법원의 판례는 교회를 '비법인 사단'(非法人 社團) 혹은 '법인 아닌 사단'으로 규정하고 있다.[156] 민법상 정식으로 법인 등록을 하지 않아도 법률적으로 법인과 같이 취급하고 있다는 뜻이다.

따라서 교회 정관이란 일정한 교회의 목적으로 결합된 사람의 조직체로서 권력 능력이 부여된 사단 법인으로 보고 그 법인의 조직과 권한, 의무와 책임 등을 정한 규칙을 의미한다고 말할 수 있다. 교회는 종교 단체의 속성상 법인 등기를 원하지 않아 대부분 미등기 법인으로 남

---

155 현유광, "실천신학의 과제와 전망-한국복음주의 실천신학회를 중심으로", 한국복음주의 실천신학회, 「복음과 실천신학」 제26권 (2012년 가을호): 31-32.
156 대법원 1960. 2. 25 선고 4291민상467호 판결. 대법원 1962. 7. 12. 선고62다133호 판결. 대법원 1964. 4. 28. 선고63다722호 판결. 대법원 1991. 11. 26. 선고91다30675호 판결. 대법원 2006. 4. 20. 선고2004다37775호 전원합의체 판결. 대법원 2008년 10. 23. 선고2007다7973호 판결.

게 된다. 그러나 미등기 법인도 '비법인 사단'으로서 법률 관계에서 권리의 주체가 된다.[157] 물론 이때 교회의 법적인 회원이 근본 규칙인 정관을 합법적인 절차에 따라 작성하여야 비법인 사단으로서 인정을 받는다. 이때 정관은 민법상 법인의 조직과 권한, 의무와 책임 등을 정한 규칙 그 자체를 의미하기도 하고 그것을 기재한 서면(민법 제40조, 제43조)을 가리킨다.

교회와 정관을 연결하는 문제는 교회를 법인으로 보아야 하는가의 문제이기도 하다. 오늘날 국가 법원이 교회 사건을 재판할 때 당연시하는 교회 법인론은 법실증주의와 법현실주의 관점에서 보편적 통설로 받아들여지지만 법신학적 관점(the law-theological perspective)에서 완전히 해결된 것이 아니다. 즉 교회와 정관을 기계적으로 당연히 연결하는 법률적 사고는 현실에서 당연히 받아들인다고 하여도 교회의 입장에서는 논의의 여지가 있다는 말이다. 이는 법인이 가공 또는 허구의 실체인가 실재하는 인간적인 단체(menschliche Verbande)인가에 대한 법학계의 법인 본질론[158]과는 또 다른 차원의 문제이다. 일단 본 논문에서는 교회와 정관을 연결한다고 전제한다.

(1) 교회 정관의 법적 의미

교회 정관의 법적 의미에서 제일 먼저 논의해야 할 문제는 교회 정관이 법인가이다. 이 문제는 우선 법이 무엇이고 법이 아닌 것이 무엇인

---

157 우리나라의 판례와 학설은 이 비등기 사단 법인에 '비법인 사단'(非法人社團)이라는 호칭을 붙이고 있다. 그러나 김교창은 이 호칭을 반대하면서 비등기 사단 법인을 '준사단 법인'(準社團法人)이라고 지칭하였다. Cf. 김교창, "준사단 법인인 교회의 분할", 한국법학원, 「저스티스」 제98호 (2007. 6): 248.
158 박의근, "법인본질론에 관한 소고 - 법인 이론에서의 법인의 사회적 실재성과 권리 주체성에 대한 구별 및 사단 법인과 재단 법인에 관한 법인 이론의 분리적 검토를 중심으로", 한국비교사법학회, 「비교사법」 제22권 4호 (2015. 11): 1757-66.

가라는 법의 본질에 대한 것이다. 법이란 규범성, 강제성, 정의, 실정성(實定性), 가치성 등 다양한 측면에서 정의될 수 있다. 법의 본질은 고대 철학자들의 관심이었다. 예를 들면, 플라톤의 『법률』(Nomoi)의 『미노스』(Minos)는 "우리에게 법(nomos)[159]은 무엇인가?"[160]라는 소크라테스와 제자 사이의 대화로 시작한다.

> 법은 관례들 혹은 관습들(ta nomoizomena)도 아니며, 결의된 것들(dogmata)과 표결된 법령들(psēphismata)도 아니며, 무조건적으로 나라의 결의(dogmata poleōs)도 아니고 일종의 판단(doxa)이며 유익한 판단이며 참된 판단(hē alēthēs doxa)이다. 그 참된 판단은 "참으로 그런 것(to on)의 발견"이다.[161]

여기서 제자는 왜 같은 상황에서 같은 법률이 적용되지 않는가의 문제를 제기한다. 소크라테스는 법이 발견하고자 하는 것, 곧 참으로(사실이) '그런 것'을 언제나 발견할 수 없다고 한다.[162] 따라서 법은 사람에 따라 지역에 따라 달라질 수 없는 참으로 정의로운 것, 참으로 아름다운 것, 참으로 옳은 것에 기반을 두게 될 때 법의 정당성이 확보될 수 있다고 한다.[163] 그러므로 나라의 경영에서도 옳은 것(to orthon)은 왕도적인 법(nomos basilikos)이지만 옳지 않은 것(to mē orthon)은 비록 알지 못하는

---

159 원래 nomos는 관습이나 관례를 뜻하는 말이었다. 관습이나 관례가 공동체의 구성원들에 대해 강제적인 구속력을 갖게 되면 이른바 불문율(agraphos nomos)이 되고 공동체의 필요에 의해 법을 새롭게 제정하면 성문법(gegrammenos nomos)이 될 것이다.
160 Platon, *Nomoi*, 박종현 역주, 『법률』(파주: 서광사, 2009), 873. 「Minos」 313ᵃ.
161 Platon, Nomoi, 박종현 역주, 873-78. 「Minos」 315ᵃ.
162 「Minos」 315ᵇ
163 「Minos」 315ᵉ, 316ᵃ

자들이 법으로 여길지라도 그것은 불법이다.[164] 이와 같이 법에 대한 정의는 철학자들과 신학자들이나 자연법론자들이 주장하는 인간과 사회를 초월하는 법 개념에서부터 법사회학자들이나 법현실주의자들이 주장하는 법 개념까지 매우 넓은 스펙트럼이 존재한다.

오늘날 한국 교회에서 교회 정관을 전통적인 교회법보다 더 효력이 있는 법 개념으로 당연히 받아들이려는 경향은 '법규에 사실이 있으므로 판결이 있다'(Rule × Fact = Decision)는 법실증주의(legal positivism) 법학적 사고의 결과이다. 더 나아가 법현실주의(legal realism)에 의하면 법은 오직 사법적 행동(judical behavior)이기 때문에 법인 것이다. 더 극단적으로 규칙회의주의(rule skepticism)에 의하면 판결이 법규의 적용이 아니라 법관의 직감(hunch)에 의해 이루어지는 것이 법이다.[165] 오늘날 한국의 법조계에서 교회 정관이 판례로 자치법상 구속력을 가진 교회의 법률 관계를 규정하는 것은 이러한 사조의 영향으로 볼 수 있다. 문제는 법원의 교회 문제에 대한 판결이 항상 '법의 지배'(rule of law)[166]를 받았느냐이다.

또 교회 정관의 법적 의미는 그 정관의 성질이 교인 간의 계약(articles of association)이냐 아니면 단체의 자치 법규(bylaw)냐에 따라 달라진다. 판례의 입장은 다수설인 자치 법규설이다.[167] 계약설에 따르면 정관의 구속력은 정관을 작성할 당시 계약자들에게만 적용되고 정관 작성 이

---

164 「Minos」 317ᵉ
165 남기윤, 『법학방법론: 기초이론. 방법론의 역사. 비교법학방법론 · 한국 사법에 대한 유형론적 방법론의 적용』 (서울: 고려대학교출판부, 2014), 618.
166 '법의 지배'(rule of law)는 '법에 의한 지배'(rule by law) 혹은 '법을 통한 지배'(rule through law)와 다른 개념이다.
167 대법원 2000. 11. 24. 선고 99다12437 판결.

후의 교인은 정관의 내용에 승복하고 스스로 교회에 관련을 맺음으로 정관의 법적 효력이 발생한다. 자치 법규설에 의하면 교회 설립 당시 정관 작성에 참여한 자뿐만 아니라 계속해서 새로이 교회 조직에 가입하는 자까지도 구속력을 가짐으로 교회 내부의 자치법으로서 성격을 가진다는 입장이다.[168]

대법원 판결에 따르면, "법인 아닌 사단인 교회의 내부 관계는 일차적으로 정관의 적용을 받고, 정관의 규정이 없는 경우에는 사단 법인에 관한 민법의 규정이 유추 준용된다"[169]라고 판시하였다. 또 대법원은 지교회의 독립성이나 종교적 자유의 본질을 침해하지 않는 범위 내에서 교단 헌법에 구속된다고 하면서도 "지교회의 법률 관계에 대한 유효한 결정들은 지교회 자체의 정관, 규약, 장정에 따르거나 교인총회의 결의가 필요하다"[170]라고 판시하였다. 이러한 입장은 사단의 내부 관계는 그 사단의 규칙(정관)에 따르고 정관 기타 다른 규약에 다른 규정이 없으면 사원 총회의 결의에 의존한다는 입장이다. 이러한 결의는 개체 교회의 교단 탈퇴와 재산 관계까지 가능하게 한다.[171] 이것은 물론 법원이 교회 재판 등 교단 헌법의 효력을 부정하는 것은 아니지만 교단 내부 관계가 아닌 법률 관계의 경우 지교회 정관과 교단 헌법 혹은 교단 총회의 결의 등이 충돌할 때 정관이 우선한다는 입장이다. 그러므로 교회 정관의

---

168 소재열, "교회 정관에 관한 민사법적 연구; 교회 분쟁을 중심으로", (법학박사 학위논문: 조선대학교 대학원, 2014), 175-76.
169 대법원 1967. 7. 4. 선고 67다549 판결.
170 대법원 2006. 4. 20. 선고 2004다37775 전원합의체 판결. 대법원 2010. 5. 27. 선고 2006다72109 판결.
171 "교회의 규약 등에 정하여진 적법한 소집 절차를 거친 총회에서 의결권을 가진 교인 3분의 2이상의 결의로 소속 교단을 탈퇴, 변경할 수 있고, 이 경우 종전 교회의 실체는 교단을 탈퇴한 교회로서 존속하고 종전 교회 재산은 그 탈퇴한 교회 소속 교인들의 총유로 귀속된다."(대법원 2006. 4. 20. 선고 2004다37775 전원합의체 판결).

법적 의미는 실정법적으로 지교회의 자치법과 같은 법적 효력을 가짐으로 교회 정관의 필요성이 크게 부각되었다.

그러나 법원이 교단과 지교회와의 관계에서 법률 관계로 보지 않고 종교 내부 관계로 보는 것은 계약의 근원적 기원에서 볼 때 계약보다 더 높은 고대의 종교적 충성의 기본 개념을 법실증주의나 법현실주의 관점에서 교회의 입장을 무시하는 것이다. 교회법을 교인들 간의 민법적 계약 관계 혹은 자치 규범으로만 보는 교회 정관 중심주의는 교회 교단 헌법상에서 이루어지는 원시적 맹세와 같은 신적 서약 선서(promissory oath)[172]의 법신학적 의미를 완전히 무시할 우려가 있다. 법원의 정관 중심주의 판결은 교회의 개념을 부분사회론에 근거하여 아주 협소한 단체 혹은 집단 수준으로 보기 때문이다. 실제로 판사들이 근거하고 있는 교회 판례들의 법인 이론의 기원은 게르만법의 단체주의 성격이 로마법에 반영된 것이다. 이때 가톨릭교회가 발전 과정에서 생성되는 수도원, 수도회, 자선 단체 등 수많은 단체와 재단의 법적 성격에 영향을 준 법리가 게르만법의 법인 이론이었다. 교회법은 게르만법에서 단체에 관한 법 이론을 발전시키고 다시 그 교회법은 근대 민법의 법인 이론에 영향을 주게 되었다.[173] 물론 법원이 지교회가 교단 헌법을 정관에 준하는 자치 규범으로 받아들이는 경우와 지교회의 독립성이나 종교의 자유의 본질을 침해하지 않는 범위 내에서만 교단 헌법이 지교회 내에서 효력을 갖는 것은 현재 판례이다.[174] 이러한 정관중심주의 판

---

172 현재 장로교회는 목사 장로 집사 등 교회의 직원을 임직할 때 장로교회의 표준문서인 「장로회 신조」, 「웨스트민스터 신도게요」, 「대소요리문답」, 「장로회 정치」, 「권징조례」, 「예배모범」 등에 대해 믿고 따르기로 서약한다. 대한예수교장로회 헌법 제13장 3조, 제15장 10조 참조.
173 김상용, 『서양법사와 법정책』 (고양: 피앤씨미디어, 2014), 422.
174 대법원 2006. 4. 20. 선고 204다37775 전원합의체 판결.

례의 입장은 회중 정체를 취하는 교단에서나 타당하며 교회들의 연합성과 감독을 중요시하는 감리교회나 장로교회는 적절하지 못하다.

(2) 교회 정관의 교회법적 의미

교회 정관이 법인가(ist)의 문제 다음 고려할 문제는 교회 정관이 교회법인가의 문제이다. 왜냐하면 교회는 법적 단체 이전에 종교 단체이기 때문이다. 일반적으로 교회법(ius canonicum: Kanonisches Recht: canon law)이란 가톨릭 교회법을 의미한다. 'canon'의 초기 교회의 의미는 법이라는 의미보다는 기독교 신앙의 바른 준칙의 의미로 사용되다가 4세기 이후부터 교회법이라는 의미로 사용되었다.[175] 종교개혁 이후 개신교의 교회법은 '가톨릭 교회법'(katholisches)과 구별하여 '신교 교회법'(evangelisches Kirchenrecht)이라고 한다. Martin Luther는 교회를 법질서로 파악하지 않고 오직 '사랑의 질서'(Liebesordnung)로 파악하였다.[176] 그 후 개신교 교회법은 교단의 정체(政體, polity)에 따라 여러 가지 명칭으로 지칭되었다. 역사적으로 교회법은 개체 교회에서 제정한 것을 '교회법'으로 보지 않았다. '도르트 교회법'(Dordsche Kerkorde)이 1618-1619년에 네덜란드 도르트레흐트(Dordrecht)에서 개최된 도르트 대회(synode)에서 제정되었던 것처럼[177] 광대 회의에서 제정된 것만을 교회법이라고 한다.

---

[175] James A. Coriden, *Canon law as ministry : freedom and good order for the church* (New York : Paulist Press, 2000), 27-28. 캐논(Canon)은 법(law)과 같은 의미가 아니라 교회 안에서의 규준과 결정과 행동의 규칙을 의미하는 말이다. 법에 해당하는 그리스어는 'nomos'이다. 그리고 라틴어는 'lex'이다. 원래 Kanon이라는 말은 '측정하는 척도(자)'를 뜻한다.

[176] 김상용, 『서양법사와 법정책』, 362.

[177] 박태현, "H. Bavink의 『하나님의 큰 일(Magnalia Dei)』에 나타난 직분론과 한국 교회", 『복음과 실천신학』 제38권 (2016): 75.

교회법은 교회가 로마법을 계수(繼受)하여 기독교의 박애 정신으로 더욱 발전시켰다. 교회법과 로마법은 상호 영향을 많이 주고받았다. 근본적으로 교회법은 인류 보편의 가치를 담고 있었으므로 세속법의 법원칙으로 전환될 수 있었다. 신 앞에서 평등으로부터의 인간의 평등, 정의와 박애 및 자비의 결합, 도덕 신학의 법제도로의 전환, 폭리 행위의 금지, 일사부재리의 원칙, 인권 중심의 법제도, 법률 불소급의 금지, 내면의 선의를 중시하는 법사상과 제도, 다수결의 원리, 진실 발견을 위한 소송 절차 등이 세속법의 법원칙으로 전환되었다.[178] 교회법과 로마법처럼 상호 영향을 주고받지는 않았지만 게르만법에서 교회법이 가장 영향을 받은 법 분야는 법인(法人) 이론이다. 그리고 이 법인 이론은 다시 세속법에 영향을 주었다.[179]

이와 같이 교회법과 민법이 법의 기원에 있어서 상호 계수가 일어나 날카롭게 구분되는 것이 아님을 알 수 있다. 따라서 좁은 의미에서 교회 정관은 교회법이 아니다. 정관이 '법령집 속의 법'(law in books)이 아니라 '살아 있는 법'(law in action)으로서 '현실의 법'의 개념을 인정한다고 할지라도 그것이 교회법이냐의 문제는 다른 차원의 문제이다. 비록 교회 정관에는 영적 질서 유지를 위한 규정들이 존재한다고 할지라도 전통적 교회법 개념이 아니다. 최득신 변호사는 "현재의 정관의 제정이나 절차를 고려할 때 대부분의 교회 정관은 완전한 교회법은 아니며 국가법인 민법적 정신이 교회법에 침투해 들어오는 현상으로 이해함이 옳다"[180]고 보았다. 그러나 넓은 의미에서 교회 정관은 교회법적인 요소와

---

178 김상용, 『서양법사와 법정책』, 169.
179 김상용, 『서양법사와 법정책』, 368.
180 최득신, 『현대 교회를 위한 교회법개론』 (서울: 요나미디어, 2016), 305.

국가법적인 요소, 그리고 신학적인 신법(神法)의 요소 등이 혼재되어 있다고 볼 수 있다.

2. 교회 정관에 대한 실정법적 경험

실천신학적 과제에 비추어서 보면, 교회 정관에 대한 실정법적 경험은 실천신학의 서술 경험적 과제이다. 이것은 실천의 현장에 무엇이 일어나고 있는가의 과제이다. 한국 교회에서 교회 정관이 논란의 중심이 되고 갑자기 법조계의 관심이 되어왔는지에 대한 정확한 서술이 필요하다. 이러한 서술 경험적(descriptive empirical) 과제는 교회의 민주화나 평신도 운동의 차원에서 진행되는 정관 담론이 성경과 신학적 차원을 무시하고 있지는 않는지에 대한 서술이며, 교회 권력의 유지만을 위하여 조급히 정관을 제정하는 것은 아닌지에 대한 서술이다.

이 실천신학적 과제는 우리나라 전통 목회의 실제를 이해하고 분석함으로 특정한 사회적 상황 속에서 프락시스(praxis)의 실제적 실증적 상태를 파악하는 것이다. 이 실천신학 과제는 프락시스의 당위(sollen)보다는 실제 존재(sein)의 문제를 다루는 것이다. 이것을 다루려면 진리의 차원인 성경 텍스트의 의미(meaning)도 중요하지만 교회와 목회, 그리고 교인들의 상황(Umstände)을 이해해야 한다.

교회 정관에 대한 실정법적 경험은 하나님의 현존 안에서 교회법적인 특이성과 타자성에 대해 경청하는 '현존의 영성'(a spirituality of presence)에서 시작한다.[181] 이 과제는 전 공동체의 행위로서 법적인 분야

181　Osmer, *Practical Theology: An Introduction*, 34.

에서 '제사장적 경청'(priestly listening)에 근거하여 수행한다. 법적인 삶의 영역에서 기독교적 삶의 실천은 어떤 상태를 유지하고 있는가에 대한 정확한 서술의 과제이기도 하다. 이 과제를 수행하기 위해 실천신학은 사회과학적 조사 연구 방법론을 사용하기도 한다. 비교법학적, 그리고 비교법신학적 관점에서 각 교회들이 다양한 정체에서 경험하는 법적 타자성(他者性, Otherness)을 경청하고 서술해야 한다.[182] 구체적으로 교회 정관에 대한 실정법적 경험 서술의 과제는 다음과 같다.

첫째, 한국 교회에서 교회 정관 담론이 왜 갑자기 대두되었는지에 대해 밝혀야 한다. 미국이나 서구 교회는 정관이 없고 한국 교회에서도 정관 없이 목회 사역이 이루어지던 것이 1990년대 이후로 왜 갑자기 폭풍처럼 교회 정관 담론이 대두되었는지에 대한 해석이 있어야만 한다. 이 해석에는 목회사회학과 법사회학의 도움을 받아야 한다. 특히 1980년 초 '광주민주화 운동'의 사회학적 영향이 종교 특히 한국 교회 교인들에게 얼마나 영향을 끼쳤는지에 대한 분석이 있어야 한다. 왜냐하면 한국 사회에서 한국인으로서 그리스도인은 1980년대 민주화 운동과 그 영향에서 부정적이든 긍정적이든 결코 벗어날 수 없었기 때문이다. 그리고 그러한 사회 운동이 왜 평신도 운동과 동시에 맞물려 일어나게 되었는지에 대한 논의도 포함된다.[183] 물론 이 목회사회학적인 관점은 얼

---

182 예를 들면, 다양한 기독교 전통의 장단점을 비교법신학적 관점에서 서술하고 있다. Cf. Robert F. Cochran, "Christian Traditions, Culture, and Law", in *Christian perspectives on legal thought*, eds., Michael W. McConnell & Robert F. Cochran Jr. & Angela C. Carmella (New Haven: Yale University Press, 2001), 242-404.

183 민주화 운동과 교회 정관 운동 사이에 어떤 상관성이 있는지에 대한 목회사회학적 연구는 없지만 필자는 '5.18 광주민주화 운동'이 한국 정치는 물론 종교계에도 독재 및 권위주의 체제의 변동에 영향을 미쳤다고 전제하고 그 영향이 한국 교회의 목회의 구조와 객체에 변화에 영향을 주었고 법적으로 교회 정관 담론이 대두되었다고 본다. Cf. 안은찬, "목회의 구조에 대한 개혁주의적 관점", 총신대학교 신학지남사, 「신학지남」 통권 제318호 (2014. 3): 247.

마나 그동안 교회가 비민주적이고 비합리적으로 운영되어 왔는가에 대한 분석도 포함된다.

둘째, 종교법학계의 학술적 과제이다. 현재까지 교회 정관 경험에 대한 학술적 논의는 주로 법조계에서 먼저 시작되었다. 이것은 일면 당연한 이치이다. 교회의 분쟁의 종착역은 교회의 분열이고 교회의 분열의 끝은 결국 교회 재산을 누구에게 귀속시킬 것인가가 문제가 되기 때문이다. 대법원 판례를 중심으로 이루어진 재산 귀속에 대한 학술 논문들은 거의 민사법적 차원에서 수많은 논문들이 쏟아져 나왔다. 최근에는 법학 전공 목사나 기독교 법조인들에 의해 이루어진 논문들도 나타나기 시작하였다.[184] 이러한 논의들은 교회 분쟁이 현실화되고 보편화되면서 법인으로서 교회의 성격과 교회 분쟁 시 정관의 필요성을 한국 교회에 인식시키는 데 크게 공헌하였다. 교회 정관 경험에 대한 학술적 논의는 법과 교회를 연결하려는 법조인들과 목사들과 학자들에 의해 별도의 학회를 만들면서 더욱 심화되었다. 특히 교회와 법학을 연결하는 '한국교회법학회',[185] '종교법학회', '한국기독교화해중재원'[186] 등이 설립되면서 교회 정관의 문제가 자연스럽게 표면화되었다.

그러나 아쉬운 점은 기독교계의 정관에 대한 접근은 대부분 법조계의 법실증주의나 법현실주의의 입장을 대변하는 경향이 많았다. 보

---

184 유장춘, "교회 사건에 대한 국가법령 적용 범위와 한계에 관한 연구", (법학박사 학위논문: 단국대학교 대학원, 2012). 소재열, "교회 정관에 관한 민사법적 연구; 교회 분쟁을 중심으로", (법학박사 학위논문: 조선대학교 대학원, 2014). 황규란, "교회 분열 시 재산 귀속에 대한 한·미 비교연구", (법학박사 학위논문: 강원대학교 대학원, 2014).

185 '한국교회법학회'의 「교회와 법」 제2권 제2호 (2015. 2)에 게재된 논문에서 교회 정관에 대한 학술논문은 서헌제, "교회 운영과 교회 정관", 이석규, "교회 정관과 교회 재정", 장우건, "교회 정관의 판례법", 정재곤, "교회 정관의 법적 의의" 등이다.

186 '한국기독교화해중재원'이 2008년 설립되기 이전 2007년 중재기구 유용성에 대한 양적 연구는 다음 논문을 참고하라. Cf. 신은주, "한국 교회에 있어서 갈등 분쟁에 대한 대처 방안 및 기독 중재. 조정 기구의 유용성에 대한 조사연구", 「복음과 실천신학」 제15호 (2007년 겨울호): 86-92.

다 신학적인 접근이 미약하였고 국가와 교회의 관계에서 국가의 판례가 거의 '법의 지배'(rule of law)인양 치부되는 경향도 있었다. 교회 혹은 종교에도 엄연한 정치적 현실과 정치 신학이 있음에도 불구하고 법원의 사법적극주의(judicial activism) 혹은 정의의 사법화(judicialization of justice) 등을 비판 없이 받아들인다는 우려가 있다. 이러한 관점에서 '기독법률가회'(CLF)의 활동과 법신학적 접근들은 고무적이지만 실천신학적 방향이 요구된다.

마지막 과제는 기독교계 목회 현장 경험의 서술적 과제이다. 우선 교회 민주화 방향에서의 경험은 소수의 기독교 잡지와 언론에서 다루었다. 그러나 본격적인 목회사회학과 종교 사회학적 측면에서 양적 혹은 질적 연구 방법(qualitative research)으로 연구된 바는 없다. 기독교 언론계에서 「목회와 신학」 월간지와 권혁률의 간접적 경험으로서 기사 형식의 보고가 있다.[187] 이때 장로교회 중심의 몇몇 교회들의 정관 개혁 내용의 특징은 다음과 같다.

전통적인 목회의 주체 기관인 당회의 권한 축소와 구성원의 변화이다. 한국기독교장로회 향린교회 정관은 당회와 권한을 분산시켜 '목회운영위원회'라는 새로운 제도를 두고 있다. 평신도들이 교회 운영에 보다 적극적으로 참여할 수 있도록 정관에 규정하였다. 담임목사와 장로의 임기제(각각 7년과 6년)와 전체 시무장로 중 1/3 이상이 여성이어야 한다고 규정하고 있다.[188]

스스로 한국 교회 개혁 모델을 표방하는 대한예수교장로회(통합) 거

---

187 권혁률, "누구를 위한 교회 정관인가?", 대한기독교서회, 「기독교사상」 (2014. 5): 239-45.
188 한국기독교장로회 향린교회 정관, 제14조 및 제18조.

룩한빛광성교회 정관은 목사의 65세 정년 제한과 시무장로의 7년 담임제, 교인의 참여 확대로 요약된다.[189] 새민족교회도 당회 대신 '교회위원회'를 두고 있다.[190] 이것은 교회개혁실천연대가 벌이는 모범 정관 보급 운동의 차원이다.[191]

또 다른 방향에서의 정관 개정의 경험은 분쟁 예방 차원에서의 서술이다. 그 내용은 담임목사의 권한 강화, 당회가 주관하는 예배와 예배 장소 제한, 교인의 등록 제한, 회계장부 열람 제한 등이다. 이와 같은 정관 운동에 대해 진보 그룹에서는 권위주의와 폐쇄적 운영을 위한 개정이며 투명한 재정 운영의 원칙에 역행하는 개정이라고 보았다.[192]

그러나 교회 정관에 대한 실제 목회 현장의 경험론적 서술은 단순히 민주화에 역행하는 평가라고 보기 어렵다. 가장 논란이 되는 십일조 교인 자격 문제는 '신천지' 이단[193] 등 정관의 실정법적 맹점인 자치 법규 설을 악용하여 교인의 의무를 이행하지 않으면서 투표권 등 권리만 행사하려는 이단 잠입에 대한 방어책에서 나온 측면이 있다. 화란의 실천신학은 이미 교인의 양육을 넘어 교회를 지키고 보호하고 양육하는 '교회 양육학'(Oikodomics)이 대두되었고, 목회신학에서는 목회 신정론(pastoral theodicy)이 중요한 주제로 다루어진다. 실천신학적 입장에서

---

189 2016년 9월 10일 접속, 해당 사이트: http://kwangsung.org/page_WFBP26.
190 교회위원회는 담임목사와 장로 1인, 안수집사 2인, 제직부서장 3인, 교사 1인과 청년회장 등 총 9명으로 구성된다. 2016년 9월 10일 접속, 해당 싸이트: http://www.saeminjok.or.kr/ 새민족교회 규약.
191 교회개혁실천연대는 2003년 '사역자회의형' 모범 정관을 발표하였고, 2007년 '당회형' 모범 정관을 제정하였다. Cf. 교회개혁실천연대 편, 『민주적 교회 운영을 위한 자료집: 모범 정관과 재정에 관한 규정』(서울: 교회개혁실천연대, 2010). 교회개혁실천연대. 뉴스앤조이 취재팀, 『모범 정관』(서울: 뉴스앤조이, 2012).
192 권혁률, "누구를 위한 교회 정관인가?", 242-44.
193 현유광, "침체된 한국 교회의 활력회복 방안에 관한 연구 -교회당 문턱을 낮추고, 교회 문턱을 높여라!-", 『복음과 실천신학』 제33권(2014): 228-30.

교회 분쟁에 대한 해결과 예방의 차원에서 실시한 경험적 서술은 매우 중요하다.[194] 그것은 목회학적 차원에서 교회를 지키고 양들을 보호하는 교회 갈등론의 중요한 주제이기 때문이다.

3. 교회 정관 문제의 원인

교회 정관 문제의 원인에 대한 실천신학적 과제란 해석적 과제이다. 교회 정관 문제에 대한 해석적(interpretive) 과제는 실천 현장에 대한 서술과 실증적 결과들을 해석하는 과제이다. 이러한 일이 일어나는 까닭은 무엇인가라는 질문으로 요약할 수 있다. Osmer에 따르면 이 과제는 '현명한 지혜의 영성'(a spirituality of sagely wisdom)에 근거한다.[195] 이 현명한 지혜는 사려깊음(Thoughtfulness), 이론적 해석, 이스라엘 전통의 지혜, 그리고 하나님의 숨은 지혜인 예수 그리스도의 구속적 지혜 등으로 실천신학의 해석적 과제를 수행하게 한다. 해석적 과제에서 정교한 조사 연구 결과들과 그것을 해석하는 관계는 서로 상호적으로 영향을 받는다. 해석과 서술은 서로 영향을 미치고 교정하는 잠재력을 갖고 있다. 이 양자는 서로 주고받는 관계를 형성한다. 교회 정관 담론에 대한 해석적 과제는 다음과 같다.

첫째, 교회의 분쟁과 법원의 정관 중심 판결에 대한 해석적 과제이다. 한국 교회에서 정관 문제가 갑자기 대두된 이유는 먼저 교회 자신에게 있다. 교회가 갈등과 분쟁에 휩싸이면서 교회는 성경의 가르침대

194　이송배, "분당중앙교회 사태의 시작에서 종결까지", 최종천 외 공저, 『교회 위기 관리』(서울: 이지프린팅, 2014), 34-42. 위 내용은 2013년 9월 30일 전국목회자 초청세미나에서 사례 발표된 내용이다.
195　Osmer, *Practical Theology: An Introduction*, 81-82.

로(고전 6:1-8) 세속 법정에 자기의 문제를 가지고 가지 말아야 함에도 불구하고 가이사의 법정에 교회 자신의 문제를 내놓기 시작하였다. 이러한 교회 분쟁의 증가와 세상 법정으로의 제소의 증가는 교회 재산의 귀속 문제를 비롯하여 담임목사 등 교회 직원의 자격 문제에 대해 사법부의 개입이 불가피하게 요청되었다. 이 과정에서 법원은 교단의 헌법보다는 정관 중심 판결을 하게 됨으로 교회 정관은 교회 문제를 해결하는 결정적인 원인이 되었다. 여기서 해석적 과제는 법원의 정관 중심 판결을 맹종하는 것이 아니라 법신학적 지혜와 명철로 분석하고 해석하는 것이다.[196] 이 과제의 배경에는 법인의 기원이 게르만 민족의 '사유 교회'(Eigenkirche) 출현과 관련이 있음으로, 유럽과 달리 공교회 중심이 아닌 한국 교회만의 정관 현상을 해석해야 한다.

둘째, 교권의 집중과 민주화에 대한 해석적 과제이다. 교회 민주화 세력들은 교회 운영에 있어 교인들의 참여를 확대하고 목회자와 장로 중심의 일방통행적인 교회 운영을 개혁하여 교회의 권력 구조를 개편하고자 하였다. 이에 따라 항존직으로 규정되어 있던 교단 헌법의 핵심적 조항들인 목사 장로 임기제와 신임투표제도 도입, 담임목사와 당회의 권한의 축소, 당회 독재 방지를 위한 교회 운영위원회 구성, 평신도와 여성과 청년 등 다양한 기관의 참여, 공동의회의 권한 확대 등이 법적으로 각 교회 정관에 다양하게 반영되기 시작하였다. 법적인 관점에 변화의 핵심은 교인 주권의 확대와 권력 분립을 기초로 한 교회의 민주화와 평신도 운동이다. 특이한 점은 본래 전통적으로 구분되어 있던 교회 정체 간의 이동이나 교회의 정체 변화가 진행되는 것이 아니라 각

---

196 법신학적 정교함이 덜하지만 한국 교회 목사가 법원의 판결에 문제를 제기한 것은 높이 평가 받아야 한다. Cf. 박병진, 『대법원 판례의 문제점』(서울: 성광문화사, 1984). 96-128.

교단 안에서 교회 정관 운동이 진행되어 왔다는 점이다. 이는 교회 정체를 불문하고 본래 의미의 교회 정치를 각 정체에 맞게 한국 교회가 운영하지 않는다는 반증이기도 하다.

셋째, 교회 정치의 신학적 선택성에 대한 해석적 과제이다. 교회 정관 문제의 근본적인 원인은 신학적 원인에서 기인된다. 법을 질서의 선행 개념으로 이해한다면 법 이전의 정치적 질서는 선택적인가라는 문제는 정치와 법신학의 근본 문제이다. 어떤 교회의 정체가 단순히 성경에 나왔다는 것 때문에 그 제도가 오늘날 현대 교회에도 실천적 진리라고 말할 수 있느냐이다.[197] 오늘날 교회 정관을 주도하는 사람들은 신학적 관점에서 교회 정체의 불변성과 가변성의 양면성에서 불변성이 지나치게 권력화되었다는 점에 주목하고 있다. 오늘의 치리회의 과대한 주도권에 민주화를 주장하면서 광대 회의들의 결의로 제정한 헌법에 대응되는 국가법에 기반을 둔 정관에 기대도록 하였다. 성경적 계시성이 실천적 정치에 적용될 때 '가변성을 가지는가 불변성을 가지는가'에 따라 정관 문제에 영향을 미친다.

위와 같은 정치 신학적 문제는 목회신학적으로도 정관 문제에 영향을 미친다. 목회의 주체와 객체의 문제는 목회신학과 평신도 신학의 핵심적인 문제이기 때문이다. 전통적으로 목회의 주체는 감독 정체의 경우 감독, 장로 정체의 경우 대의기관인 당회, 회중 정체의 경우 교회 운영위원회 등이다. 그러나 이러한 전통적인 관점은 정체를 불문하고 파괴되고 있으며 자치법인 정관에 의해 규정되기 시작했다.

넷째, 한국 교회의 교회 재정의 불투명에 대한 해석적 과제이다. 교

---

197 William W. Klein, Craig L. Blomberg, Robert L. Hubbard, *Introduction to Biblical Interpretation*, 류호영 역, 『성경해석학 총론』 (서울: 생명의말씀사, 1997), 734-36.

회 정관 문제가 대두되기 시작한 것은 교회 재정의 투명성이 의심받기 시작하면서 부터이다. 교회 재정은 교회의 목적과 사명을 수행하는 데 반드시 필요한 교회 행정의 한 과정이지만 그 구성원들로부터 신뢰를 받지 못할 때 저항을 받게 된다. 교회 재무 행정의 성경적 기초는 예수께서 제자단에 재정을 관리하는 회계를 두었다는 사실에 기초하고 있다(요 12:6; 13:29). 교회 재정은 청지기 직무(stewardship)의 대상으로서 의미(눅 12:41-48)와 행정 관리의 대상으로서의 의미를 가지고 있다. 후자는 교회 재정을 적당히 관리하는 것이 아니라 행정의 능률성, 효과성, 민주성, 경제성, 합법성 등 제반 행정 가치들이 반영되어야 하는 행정 관리의 대상으로서의 의미를 가지고 있다.[198] 더 나아가 그 재무 행정 과정에 대한 당회 독재 혹은 목사의 전횡 등이 불거지면서 행정윤리적인 측면이 강조되기 시작하였다. 교회 정관은 교회 헌법이 교회 재정의 투명성을 확보하기 위해 목사와 장로들에 대한 교인들의 감시 시스템이 이루어지지 않았기 때문에 대두되었다.[199]

실제로 김진호 세무사는 여러 교회를 컨설팅하고 세무에 관련된 강의를 하면서 교회 안에 예산 분배와 집행을 둘러싼 교회 예산 갈등이 발생하고 있음을 확인하였다. 그가 확인한 예산 갈등 문제의 원인은 회계 기준과 원칙이 지켜지지 않는다는 점, 교회 예산이 통일되지 않는다는 점, 구체적이지 못한 총액 예산이 세워진다는 점, 그리고 예산이 무시되고 개인에 의해 과용 지출 된다는 점 등이다.[200] 이러한 이유로 현대 교회는 점점 재무 행정 과정을 투명화하기 위해 정관의 필요성이 대두되었다.

198　황성철, 『교회 정치 행정학』 (서울: 총신대학교출판부, 2004), 299-300.
199　황규학, "개교회 특별법 '정관' 장단점과 대안은 무엇인가?", 「목회와 신학」 vol. 272 (2012. 2): 136.
200　김진호, "정관 구축으로 예산 갈등 구조를 미연에 방지하라", 「교회 성장」 vol. 196 (2009. 10): 40-44.

마지막으로, 목회 대적자들과 이단들의 침투에 대한 해석적 과제이다. 교회 정관 문제의 원인은 교권의 집중과 민주화와는 또 다른 차원에서 제기되었다. 한국 교회의 정관 문제는 목회와 교회를 지키고 보존하려는 차원에서 대두되었다. 교회 갈등과 분쟁의 상황에서 목회 사역의 반대자들 내지 적대자들과 목사 킬러들을 의연히 대처하는 소위 목회에서의 '대적 사역'(confrontation ministry)[201]을 어떻게 할 것인가에 대해 대비책으로 대두되었다. 목회자를 특정한 정치 그룹들이 차지하려고 하고 교회 자체를 점령하려는 이단들의 내부 침투에 대해 교회를 보전하고 목회권을 지키려는 법적인 방어책으로 정관을 개정하거나 제정하는 운동으로 나타나기 시작하였다.

목회 사역에는 목회를 방해하거나 목회적 권위에 도전하는 차원에 대해 목회권과 교회를 보호하여야 하는 사역이 있다. 비본질적인 증거에 기초하여 습관적으로 다른 사람이나 다른 사람의 일을 공격함으로 부적절한 요구를 고의적인 방식으로 만들어가는 목회 방해자들인 앤태거니스트(antagonists)들과 목사를 표적 삼아 의도적으로 심각한 상처와 파괴를 주는 목사 킬러(clergy killers)들에 대한 법적인 대비책으로 정관에 그와 관련된 조항을 삽입하거나 개정하려는 움직임이 한국 목회자들 사이에서 일어났다. 앤태거니스트들은 일반적으로 처음부터 반대자들로 나타나지 않기 때문에 미리 대비하려는 차원과 그들과의 대적

---

201 대적 사역(confrontation ministry)은 목회 신정론(pastoral theodicy)의 관점에서 목회 사역에서 고의적으로 목사를 공격하거나 목회를 방해하는 사람들에 대한 대응적 목회 사역의 분야로 목회학의 중요한 연구 분야이다. Cf. 안은찬, "칼뱅의 교회 훈련에 대한 목회신학적 고찰", 한국칼빈학회, 「칼빈연구」 제6집 (2009. 1): 106-08. 대표적인 저서들은 다음과 같다: Hugh F. Halverstadt, *Managing Church Conflict* (Louisville: Westminster/ John Knox Press, 1991). Kenneth C. Haugk, *Antagonists in the Church* (Minneapolis: Augsburg Publishing House, 1988). G. Lloyd Rediger, *Clergy Killers* (Louisville: Westinster John Knox Press, 1997).

사역을 치르고 나서 경험적으로 사후에 정관을 정비하는 차원이 있다. Speed Leas에 의하면 이들은 교회 갈등의 수준과 발전 단계에서 제3단계인 논쟁 단계에서 활동하기 시작하기 때문이다.[202]

4. 교회 정관의 법신학적 과제

교회 정관의 법신학적 과제는 실천신학의 규범적 과제이다. 신학적이고 법적인 차원에서 무엇이 일어나야 하는가이다. 법신학(Rechtstheologie)[203]은 법에 대한 신학적 이해이다. 광의의 법신학은 법의 신학적 측면을 다루는 것이고 협의의 법신학은 교회법의 신학이다. 전자의 핵심적인 주요 주제는 신법(神法)과 자연법과의 관계이고 후자의 법신학은 교회법 자체의 신학을 다룬다. 위에서 살펴본 바와 같이 교회 정관이 세속법의 법원(法源)으로 인정되므로 교회 정관에 대한 법신학적 과제를 살펴보는 것은 필연적이다.

이것은 실천신학의 측면에서 교회 정관의 규범적(normative) 과제이다. 이 과제는 프락시스의 일면적 차원을 비판적으로 검토하고 안내하며 신학적이고 윤리적 기준들의 구성에 초점을 맞춘다. 이 과제는 '선지자적 안목의 영성'(a spirituality of prophetic discernment)에 뿌리를 두고 있

---

202 Haugk, *Antagonists in the Church*, 35. Speed B. Leas, *Moving Your Church Through Conflict* (Bethesda, MD: Alban Institute, 1985), 17-22.

203 법신학(Rechtstheologie)이란 용어는 1913년 독일 M. W. Rapaport에 의해 '종교적 법이론'(religiöse Rechtslehre)이란 뜻으로 처음 사용되었다. 한국에서는 생소한 개념이다. Cf. 신치재, "법신학의 전개와 과제-전후 독일의 상황에 대하여-", 한남대학교 기독교문화연구원, 「기독교문화연구」 제1집 (1994. 11): 55. 양명수, "법신학을 위한 몇 가지 길-정의 개념을 중심으로-", 「기독교사상」 제40권 제6호 (1996년 6월): 43-44. Erik Wolf, "프로테스탄트 법신학의 길-법에 있어서 인격성과 연대성-", 「기독교사상」 (1975. 11): 124-26.

다.²⁰⁴ 이 과제는 특정한 실천 현장 상황에 참여하는 프락시스는 어떤 형식이어야 하는가의 질문으로 요약할 수 있다. 이때 실천신학은 두 가지 방향인 전통 혹은 계시와 상황(Umstände) 양자를 주시한다. 실천신학은 특정한 상황 속에 있는 현대 종교적 프락시스의 문제점과 가능성을 바라보도록 한다. 이 부분에서 실천신학은 다른 신학과 윤리 분과들과 대화를 하지만 그 분야에서 제시하는 규범을 단순히 적용하지 않는다. 이것은 프락시스의 상황적 특수성을 고려하기 때문이다.

(1) 교회 정관의 신학적 과제

교회 정관에 대한 법적인 차원에서 무엇이 일어나야 하는가의 문제는 법신학적 관점에서 볼 때 근본적으로 신학적 차원에서부터 출발하여야만 한다. 왜냐하면 위에서 살펴본 바와 같이 철학적 차원에서도 단체 구성원들의 '결의된 것들'(dogmata)과 '표결된 법령들'(psēphismata)도 법이 아니기 때문이다. 그렇다면 신학적 차원에서는 더욱 법이 아닐 수 있다.

교회 정관의 신학적 과제는 이러한 인간들의 결의가 얼마나 신학적 정당성을 갖느냐의 문제이다. 우리는 과거 성경 역사 속의 "그들의 의미"(their meaning)만을 추구함으로 히스토리(Historie)만 강조할 수 있다. 그 반대로 Rudolf Bultmann과 같이 역사를 과소평가하고 케리그마적 선포의 의미만을 추구함으로 게쉬테(Geschichte)만을 강조할 수 있다. 성경 자체가 '해석된 하나의 사건'일지라도 분명히 계시는 성경 속의 역

---

204 Osmer, *Practical Theology: An Introduction*, 132-39.

사적 사건들과 동일하게 취급될 수 있다.[205] 또 정관의 신학적 담론은 교회의 정체(政體)와 목회신학적 구조가 신약과 구약 성경의 '통제적 연속체'(controlled continuum)[206]속에서 계시의 통일성을 어떻게 받아들여지느냐의 문제이기도 하다. 우리는 하나님의 집인 교회의 대들보가 하나님의 계시 없이 인간의 선택에 완전히 맡겨져 있는가 묻지 않을 수 없다.[207] 즉 교회 정관 문제는 결국 교회 구성원들의 계약 혹은 자치 법규의 문제만이 아니라는 말이다. 교회 정관의 신학적 담론은 반드시 신학적 과제에 기초하여야 한다.

(2) 교회 정관의 법신학적 정당성

교회 정관의 법신학적 정당성은 교회 정관이 법실증주의 관점에서 법이냐의 문제보다 훨씬 포괄적인 문제이다. 현실적으로 국가의 사법 기관에서 재판이 기준이 되고 판례를 남김으로 그 판례가 다음의 교회 사건에 영향을 미치는 법현실을 인정한다고 할지라도 교회 정관의 법신학적 과제를 물어야만 한다. 왜냐하면 국가가 아니라 교회의 입장에서 지교회 교인들이 만든 정관이 법인가라는 문제에 대해 국가의 판단에 모든 답이 있다고 보기는 어렵기 때문이다. 이러한 법신학적 과제는 신법과 자연법과의 관계, 법의 본질, 법의 기능, 법의 합목적성 등 수많은 파생적 과제가 발생한다.

첫째, 교회 정관의 법신학적 정당성은 법의 본질에서 확보된다. 법

---

205 James D. Smart, *The Interpretation of Scripture* (Philadelphia: The Westminster Press, 1961), 172-73.
206 R. Bultmann의 비신화화를 나타내는 '폐쇄된 연속체'(closed condinuum)에 대응하는 개념이다.
207 David W. Hall, ed., *Jus Divinum Regiminis Ecclesiastici or The Divine Right of Church Government, originally asserted by the Ministers of Sion College* (Dallas: Naphtali Press, 1995), Editor's Preface iv.

이란 무엇인가? Jacques Ellul에 의하면 "성서 안에서 하나님의 뜻에 부합하며, 성서에 의해서 선이 그어진 길을 따라가는 것이 우리가 말하는 법의 개념이다. 법적인 의미에서 살핀다면, 정의에 부합하는 것이 법이다."[208] 그러나 그 정의는 고정된 개념이 아니라 하나님의 심판을 통해 실현된다. "재판은 하나님께 속한 것인즉…"(신 1:17)이라는 성경의 진리는 법의 본질이 하나님의 의지임을 선언한 것이다.

둘째, 교회 정관의 법신학적 정의(正義)는 무엇인가이다. 법이 정의에 부합하는 것이라면 공동의회에서 결의하였기 때문에 그것이 법이 되는가? 그렇다면 교회 공동체의 구성원들은 성경 안에서 하나님의 뜻에 부합하는 '완전한 법'을 창조하였는가? Ellul에 의하면 '완전한 정의'란 결국 하나님의 정의를 말하며, 은혜 안에서 온전히 드러나는 정의를 의미한다(신 1:16-17).[209] 결국 하나님의 정의는 예수 그리스도의 삶과 죽음과 부활 안에서 실현된다. 결국 교회 정관의 법신학적 정의(正義)는 예수 그리스도 안에서 하나님의 정의가 살아 있을 때만 정당화된다는 의미이다.

(3) 국가법과 교회법으로서 신학적 정당성

국가법과 교회법으로서 신학적 정당성은 사법(私法)인 민법이 교회에 틀어 앉는 모양새를 어떻게 신학적으로 정당화시키느냐의 문제이다. 기독교인들은 국가법을 불신자들의 단순한 창작물로 가볍게 대할 수 없다. 이방인의 법은 율법보다 열등하지만 예루살렘이 따라야 하는

---

208 Jacques Ellul, *Le fondement théologique du droit*, 강만원 역, 『자연법의 신학적 의미』 (대전: 대장간, 2013), 71.
209 Jacques Ellul, 『자연법의 신학적 의미』, 59-60.

유효한 법이다(겔 5:6-12). 그것은 하나님의 법이 지혜에 속하는 것으로서 세상과 우주에 대해 열려 있기 때문이다.[210] 재판을 통해 하나님의 법이 인간에게 드러나고 인간의 법은 하나님의 심판을 받는다.

우리는 하나님의 법의 표현으로서 법의 총체성을 받아들여야 한다(롬 13:1-3). 정교분리를 주장하면서 국가의 법을 무시할 수 없다. 그러나 국가법과 교회법으로서 신학적 정당성은 Thomas Aquinas처럼 자연법 사상이나 인간의 이성에서 확보되는 것이 아니라 법신학적 합목적성에서 확보된다. 법신학적 합목적성이란 법이 존재하는 그 시대의 이념만이 아니라 성경적 공의와 사랑에 부합하여야 한다는 원칙을 말한다. 우리는 이러한 관점에서 교회 정관의 법신학적 합목적성이 무엇인가를 물어야 한다. 교회 민주주의를 위한 목적인가? 목회자의 전횡을 막고 교회 핵심 권세 기관의 권력을 나누는 분배적 정의를 이루기 위한 목적인가? 아니면 교회의 질서를 유지하기 위한 것인가? 국가법으로서 이러한 합목적성이 달성되면 자동적으로 교회법적으로 합목적성이 달성되는가? 예를 들면, 노동법에서 비정규직도 함부로 해고를 하지 못하는데 어떻게 교인들의 규약이라는 이유로 항존직인 목사의 7년 정년 제한을 신학적으로 정당화시킬 수 있을까? 우리는 국가가 '교회의 법'으로 인정하는 정관을 수락하되 정관을 사유화하거나 특정 그룹이 집단화시키는 자의적 수락을 경계해야만 한다.

법의 합목적성은 법 안에서 나타나는 하나님의 역사에 있다. 역대하 19장 6절은 하나님이 인간의 모든 재판에 간섭하신다는 의미가 아니라

---

210 김정우, 『성서 주석 잠언』 (서울: 대한기독교서회, 2007), 294. 벤시라 24장과 바룩 3장과 같은 후대 외경과는 다르게 '잠언'은 지혜가 이스라엘에게만 제한되는 것이 아니라 모든 나라의 관리들과 재판관들이 소유할 수 있음을 선포한다.

정의와 하나님의 법에 관한 모든 행위에 하나님이 임재하신다는 뜻이다. 법의 신학적 합목적성은 정의와 사랑에 관한 법신학적 가치와 효과를 잃지 않을 때 가능하다. 그러므로 법은 하나님의 정의에 대한 또 다른 예언이다(사 56:1). 그러므로 교회와 관련한 국가법상의 모든 재판의 공정성은 재판을 하면서 사람이 아니라 예수 그리스도를 생각하면서 하나님이 지니는 공정성을 생각하며 재판하는 것이다.[211] 이렇게 될 때 교회 정관은 국가법과 교회법으로서 신학적 정당성을 갖게 된다.

5. 교회 정관에 대한 실천적 과제

실천신학의 실천적 과제는 우리는 어떻게 반응할 것인가의 문제이다. 실천적 과제는 행동 지침에 관한 이론 형성의 과제이다. Friedrich Schleiermacher가 처음으로 제시한 행동의 법칙에 주목한다. 이것은 종교적 프락시스의 특정 형식으로 인도하거나 참여하는 사람들을 도와줄 수 있는 개방적 지침이다. 이 과제는 특정 경험의 상황에 속한 종교 전통의 규범적 수행을 보다 완벽하게 구현하려면 이 프락시스의 영역을 어떻게 구성할 수 있는가의 질문으로 요약할 수 있다. 여기서 실천신학의 과제는 방법(how to)의 문제에 관심을 갖는다. 그렇다면 교회 정관에 대한 실천적 과제는 무엇인가?

(1) '완전한 법'의 제정과 '지혜 있는 자'의 육성

실천신학의 입장에서 성경 합치적인 '완전한 법'의 제정과 개정의 과

---

211 Ellul, 『자연법의 신학적 의미』, 169-73.

제는 교회의 민주화의 방향에서만 진행되는 것이 좋은 방향은 아니다. 우리는 정치학계에서 말하는 민주주의와 법의 지배(rule of law)는 서로 다른 원리에서 기초한다는 사실에 유념할 필요가 있다. '법의 지배'의 실천 역사를 살펴보면 민주주의 핵심 원리를 통해 제정된 법에 의해 유지되는 경우도 있지만 그렇지 않는 경우도 있다.[212] 어떻게 '완전한 법'을 만들 것인가에 대한 실천신학적인 과제는 결국 '지혜 있는 자'의 육성과 법적 리더십(legal leadership) 고양의 문제로 요약된다. 법적 리더십이란 지도자가 법적 권위자의 제도화된 통제의 원리를 담지하고 하나님의 지혜에 근거한 조언과 의논을 거쳐 창조적 판단력으로 하나님의 백성을 인도하는 능력이다(왕상 12:6-7). 이런 법적 리더십은 목회 리더십의 함양을 위한 '교회법'에 관한 커리큘럼을 심도 있게 강화시킬 때 고양된다. 또 평신도들의 성숙도 향상을 위하여 그들이 먼저 '법적 마인드'가 형성되어 있어야 한다.[213] 교인들 가운데서는 교회 헌법과 정관이 있는지조차 모르는 경우가 허다하다. 성장하면서 교회의 책임 있는 성도로 육성되려면 반드시 평신도들의 교회법적 소양이 함양되어야 한다. 법적 리더십은 일방적이 아니라 쌍방적 권리의무 관계이기 때문이다. 그러므로 신학교와 개교회에서 목회자와 일반 교인을 위한 교회법 커리큘럼이 강화되어야 한다.

---

212 최장집, "법의 지배와 민주주의: 일반적 고찰", Adam Przeworski and Jose maria Maravall 외 공저, 안규남 송호창 외 공역, 『민주주의와 법의 지배』 (서울: 휴마니타스, 2008), 15. 예를 들면, 미국 민주주의 헌법 원리나 르네상스 공화주의 시기 등이 그렇고 법학계 쪽에서는 영국의 보통법(commom law)과 형평법(Equity)의 전통 등은 민주주의가 아닌 체제에서도 '법의 지배'가 있었다. 이것은 성경적으로도 지지를 받는다(신 17:18-19).

213 양병모, "상황적 리더십의 목회적 적용 연구", 『복음과 실천신학』 제34권 (2015. 2): 89-92.

(2) 교회에 대한 국가의 사법화 방지의 과제

오늘날 미국이나 유럽의 교회들은 교회 정관을 가지고 있지 않다. 그 이유는 서구의 교회들이 교단 헌법만으로도 충분히 교회 운영에 문제가 없기 때문이다. 스코틀랜드의 경우 개인이 교회를 세울 수 없기 때문에 교단 헌법의 지배를 받는다. 미국의 경우는 이미 교단 헌법이 개혁성을 가지고 있기 때문이다. 그리고 미국 연방대법원의 교회 관련 판례가 늘어가고 있는 것은 사실이지만 국가 사법부가 국가와 종교의 분립의 원칙을 지켜나가려고 한다. 예를 들면, 미국 법원은 교회 재산 분쟁 사건에 대해 교단 교회법을 존중하는 판결을 하고 있다. 미국 연방대법원은 Watson v. Jones 사건(1872) 이후 수정 헌법 제1조에 근거하여 '교회 헌법적인 접근'(polity approach)으로 판결하고 있다. 후에 비록 '중립 법리론'을 표방한다고 할지라도 결과적으로는 교단의 입장을 존중하는 판결하고 있다.[214]

민법의 특별법과 같은 실정법적 지위가 교회에 대한 사법화의 강화를 부추길 수 있다. 우선 교회 재판에서 법관들이 교회 재판을 신뢰할 수 있는 교회 사법 시스템을 확립하여야만 한다. 이를 위해 교회 재판 기록을 공개하여야 한다. 전부 공개할 수 없다면 익명 처리하여 재판 당사자나 권징 관련 당사자, 그리고 법조계나 교회법학자들에게 공개하여야 한다. 장로교회의 경우 교회 재판의 공개는 실천적으로 치리회의 공개로부터 시작하여야만 한다. 치리회의 공개는 비공개가 예외적이라는 사실이 교회법적 근거를 가지고 있다.[215]

---

214 황규학, "교회 분열 시 재산 귀속에 대한 한·미 비교연구", 51-118.
215 J. Aspinwall Hodge, *What is Presbyterian law as defined by the church courts?: containing the decisions of the General Assembly to 1885 inclusive* (Philadelphia: Presbyterian Board of Publication, 1886), 168. 대한예수교장로회 합동 교단은 1919년 제8회 총회에서 위 『정치문답조례』를 교단 헌법 참고서로 채택

교회에 대한 국가의 사법화 방지의 과제를 위해서는 교단 내에 개교회 정관이 교단 헌법에 위배되는지 여부를 심사하는 제도적 장치가 필요하다. 교단 헌법 개정을 통하여 각 교회 정관이 교단 헌법과 합치되는지 여부가 개교회의 자율성을 침해하는 것이라고 하지만 이미 교회의 직원들은 임직 시에 헌법 서약을 하므로 자율성을 침해하는 것이 아니다.

끝으로 교회에 대한 국가의 사법화 방지를 위한 실천적 과제는 기독교 법조계와 연계된 산학 교육프로그램에서 목회자뿐만 아니라 법대의 로스쿨에 '교회법' 관련 과목을 강화하여야 한다. 로스쿨과 사법연수원 과정에서도 법과 종교에 대한 과목을 이수하지 못하면 교회에 대한 본질을 이해하지 못하고 판례에 따라 기계적으로 교회 사건을 재판하게 될 것이다.

(3) 교회 정관의 정치 행정적 실천 과제

교회 정관의 정치적 실천 과제는 어떻게 하면 성경적이고 교단의 신학적 정체성과 정치적 정체성(polity)과 조화로운 정관을 만드느냐의 과제이다. 감리교 안에서는 감리교의 신학과 정치에 맞는 정관이 제정되어야 하고, 회중교회 소속 교회는 회중 정치에 맞는 정관을 작성하여야 하고, 장로교회는 장로교회의 정치와 행정에 맞는 정관을 작성하여야 한다. 교회 정치 제도의 '분류 기준'[216]에 따라 교단과 개교회가 서로 조화로운 목회 구조와 교회의 조직을 규정해야 한다. 정치 제도의 분류

결의하였다.
216　배광식·한기승·안은찬, 『대한예수교장로회 헌법해설서』 (서울: 익투스, 2015), 26-32.

기준은 사도성(the Apostolicity), 교회의 권세(Church Power) 혹은 교회권(Ecclesiastical Power), 그리고 교회권의 작용인 치리권, 교회의 주권 혹은 기본 주권 등이 있다. 이러한 기준에 따라 역사상 나타났고 현재까지 존재하는 교회 정체는 교황 정치(The Papal), 감독 정치(The Prelatical), 자유 정치(The Independent), 조합 정치(The Congregational), 그리고 장로회 정치(The Presbyterian)이다. 그러므로 민주정인 회중 정치를 지향하면서 장로교회나 감리교회를 비민주적이라고 혹평하거나 회중 정체를 우민 정치라고 교인들을 선동하는 식으로 정관을 제정하지 말아야 한다. 반면에 한국의 장로교회는 원리적 장로 정치가 제대로 작동하지 않는 상황을 만들면서 정관을 목사 중심주의와 당회 독재 방식으로 규정하지 말아야 한다.

교회 정관의 행정적 실천 과제는 행정의 기본 과정이 뚜렷하게 규정되어야 한다. 비전과 기획 등 정책 부분, 권한과 권력의 기본 조직과 직무 규정, 인사 행정의 기본 골격, 그리고 예산 등 재무 행정 등이 합리적이고 교단 헌법과 합헌적으로 잘 규정되어야 한다. 특히 예산의 기본 규정은 비교적 자세히 규정해야 하기 때문에 별도의 예결산 규정을 정관의 위임 규칙으로 두어야 한다. 특히 그 위임 규정에는 분쟁의 소지가 없도록 전결(專決) 규정, 예산의 탄력적 운영을 위한 예산의 이용(移用)과 전용(轉用) 규정을 비교적 자세히 정하여야 한다. 이 모든 과정들은 행정이라고 하여 단순히 기술적이고 사무적인 문제가 아니라 행정이 정치와 법과 밀접히 관련이 있으므로 법신학적이고 행정신학적 정신을 가지고 규정을 만들어야 한다.

(4) 개신교 교회법과 정관의 발전 과제

교회 정관은 교단의 헌법의 발전이 잘 되어 있을 때 그 필요성이 감소된다. 오늘날 법 발전의 4가지 요건은 법학자들의 창조적인 법 활동, 재판 제도의 정비, 전통법의 연구와 체계화, 인류 보편적 가치의 지향이다.[217] 첫째, 로마법과 게르만법의 법창조적인 상호 계수와 반계수(反繼受) 활동으로 법이 발전하였듯이 한국 교회 안에서도 일반 법학자나 교회법학자들의 왕성한 법 창조적 활동이 있어야 한다. 둘째, 법의 발전은 재판을 통해 법학자들의 창조적인 활동이 구체적인 법 제도를 통해 실현될 수 있어야 가능하다. 교회법과 국가법의 발전은 교회의 재판 제도와 국가의 재판 제도를 통해 법학자들의 창조적 법 활동이 반영되어야 한다. 한국 교회의 재판이 신뢰를 받지 못하는 이유를 밝히고 교회 재판 제도에 대한 연구가 필요하다. 셋째, 법은 전통의 중시와 현대화의 노력을 통해 그 국가와 사회의 고유성과 독자성, 그리고 정체성을 확립해 줌으로 발전한다. 교회법을 존중하지 않고 정관만을 존중하는 법제도하에서는 교회법이 발전할 수 없다. 반대로 교회법은 정관을 존중하도록 법을 제정하여야 한다. 마지막으로 법은 법의 기초와 이상이 인류 보편의 가치를 지향하여야 하고 그 가치를 담아내어야 한다. 로마법은 인도주의적이고 신의를 존중하는 보편적 가치를 지향하였기 때문에 세계의 법이 되었다. 한국 교회는 이러한 교회법의 발전을 염두에 두고 인류 보편적 가치를 담아내는 교회법 합치적인 자치 법규로 나아가야 한다.[218]

---

217 김상용, 『서양법사와 법정책』, 420-21.
218 최득신, 『마지막 재판: 교회와 법 이야기』 (서울: 요나미디어, 2016), 159-60.

교회 정관과 교회법 발전의 실천적 과제는 예술신학적인 관점에 해답이 있다. 캐논변주곡과 같이 대위법을 통하여 서로 다른 음이 하나의 화음으로 조화되듯이 국가를 배경으로 하는 정관과 하나님의 나라를 배경으로 하는 교회법은 조화로운 하나님의 음(音)으로 튜닝하면서 실천해 나가야 한다. 그 튜닝 실천의 길은 예수 그리스도의 아가페즘 (agapism)에 있다.[219]

"사람이 있는 곳에 법이 있다"(Ubi societas ibi ius)는 법언은 역시 교회 안에서도 마찬가지로 적용된다. Martin Luther는 종교개혁 당시 가톨릭교회의 '교회법대전'을 불태웠지만 오늘날 개신교회는 여전히 교회법을 가지고 있다. 서구 전통에서 법과 종교의 시스템은 처음부터 공존하였다. 어떤 점에서 서로 대립하기도 하고 융합하기도 하였다. 서구 전통에서 모든 종교는 신정적 율법주의와 도덕폐기론 - 종교의 과도한 법제화와 과도한 영성화, 그리고 모든 법적인 전통은 신정주의와 전체주의 - 법의 과도한 신성화와 세속화의 길을 걸어왔다.[220]

한국 교회는 국가에 대해 대등한 역사적 경험이 없다. 각종 교회의 분쟁 해결 능력이 국가법에 많이 의존되어 있음에도 불구하고 서구 전통을 타산지석으로 삼아 국가법과 판례 및 교회법과 정관을 잘 성숙한 모습으로 발전시켜야 할 것이다. 이런 배경하에서 필자는 현재 한국 교회에 일어나고 있는 교회 정관 담론에 대해 법적 의미와 법신학적 의미를 밝히고 실천신학적 과제들을 제시하였다. 그 과제들은 교회 정관의 서술적 경험적 과제, 교회 정관의 해석적 과제, 법신학적 과제, 그리

---

219 Nicholas Wolterstorff, *Justice in love* (Grand Rapids, Mich.: William B. Eerdmans, 2011), 41-49.
220 John Witte Jr., *God's joust, God's justice: law and religion in the Western tradition* (Grand Rapids, Mich.: William B. Eerdmans Pub., 2006), 4-5.

고 마지막 실천적 과제 등이다. 예수 그리스도는 하나님의 법과 인간의 법이 만나는 지점이다. 공의와 은총이 만나는 자리에 인간의 법은 항상 최소한에 그쳐야 한다. 이 과제들이 잘 실행이 되었을 때 교회 정관은 성경적이고 예수 그리스도의 법을 담지하는 자치 법규가 될 것이다.

제14장

교회 정관의 제·개정 실무 가이드

"네 일을 밖에서 다스리며 너를 위하여 밭에서 준비하고
그 후에 네 집을 세울지니라."(잠 24:27)

교회 정관의 제·개정 실무 가이드는 교회에서 정관을 제정 혹은 개정할 때 필요한 실제적인 로드맵이다. 전국 교회의 수많은 목회자와 신학대학원의 목회자 후보생들이 필자에게 이 로드맵을 문의해 왔었다. 필자는 그때그때 설명을 하고 대답을 하였지만 언제나 모든 교회에 한 가지 원리가 그대로 적용되는 것은 아니다. 현대 교회는 언제든지 갈등과 분쟁의 위기 가운데 놓여 있다. 교회 정관은 위기 관리가 오기 전에 갈등을 예방하는 효과가 있다. 필자는 이 장에서 앞장에서 설명한 교회 정관에 대한 이해를 바탕으로 실제적으로 어떻게 작성하고 개정하여야 하는지 구체적인 방법을 제시하고자 한다.

1. 기존 교회법들이 있는지 파악하기

모두에게 인정을 받을 수 있는 법적 근거를 가진 교회법들의 존재 유무를 먼저 파악하여야 한다. 예를 들면, 공동의회의 결의가 없는 담임목사와 당회원인 장로들의 정관은 실제로 분쟁이 격화되면 법적으로 무력한 휴지가 될 수 있다. 정관 외에 기준이나 규칙 특히 재무·회계처리 시행 세칙 및 각종 규정들의 법적 검토가 필요하다.

2. 교회 정관 제정과 개정에 대한 합의 이끌기

만약 교회 정관이 없거나 법적으로 문제가 된다면 이를 투명하게 교회 앞에 공개하여야 한다. 그러고 나서 제정 혹은 개정을 하여야 한다. 이때 중요한 것은 정관을 반드시 만들어야 하는가에 대한 합의가 있어야 한다. 시스템을 구축하는 일은 적법하고 절차를 지키며 적절한 공지가 교회 회원 모두에게 알려져야 한다.

3. 「정관개정위원회」의 조직과 정관 개정 프로세스 결정

위와 같은 합의를 기초로 「정관개정위원회」를 조직하고 정관 개정 프로세스를 정해야 한다. 이 프로세스는 장기간 설정하여야 한다. 조급하게 법을 제정하게 되면 반드시 문제가 발생한다. 초안을 만드는 과정도 매우 민감한 사항들이 논의될 때 정치 이슈화되어 오히려 교회 분쟁의 불씨를 낳게 할 수 있다. 앞으로 교회 정관을 제·개정할 과정을 투명하게 논의하여 담임목사는 물론 전 교회 기관과 교인 전체가 정관 제 · 개정 프로세스에 시비가 없도록 결정하여야 한다. 「정관개정위원회」는 계선 기관이 아니고 참모 조직(staff)이기 때문에 「개정안」 혹은 「제정안」을 만들고 당회에 보고하는 수준에서 끝내야 한다. 공동의회에 부의하는 것은 당회의 권한이다. 「정관개정위원회」를 구성할 때는 소위 '목사파'나 '장로파' 혹은 '권사파'를 중심으로 조직해서는 안 된다. 당회원은 물론 교회 조직 구성원이 다양하게 참여하여야 하며 반드시 담임목사가 위원장이 되어야 한다. 그 이유는 정관 개정이나 제정 운동이 담임목사를 몰아내기 위한 방편으로 악용될 소지가 있기 때문이다.

4. 모범 정관 사례 수집과 관련 법적 문헌 수집

모범 정관에 대한 자료 수집의 첫 단계는 민법총칙에서 열거한 법인 정관 규정을 면밀하게 살피고 파악하여야 한다. 교회 정관에 대한 판례도 수집하면 좋다. 그리고 전국 교회에는 서로 다른 교단과 신학적 정체성을 가진 교회들의 정관이 상존하고 있다. 다양한 조사를 통해 우리 교회와 교단의 신학과 정치에 맞는 정관을 찾아야 한다. 교회를 다스리는 방식인 정체(Polity)는 교단 혹은 교회마다 다르기 때문에 자신의 교회의 정체에 맞는 교회 정관을 만들어야 한다. 장로교회의 정체를 가지고 있는 교회가 내용은 회중교회 정체를 내용으로 하는 정관을 만들게 되면 큰 문제가 발생할 수 있다. 필자가 파악한 바로는 전국 교회 정관은 크게 두 가지 방향에서 수집이 가능하다. 하나는 교회 민주화의 측면에서 작성한 정관이다. 그리고 또 하나는 교회를 지키고 보호하기 위하여 작성한 정관이다. 이 두 가지 부류는 장단점이 있다. 어느 하나를 일방적으로 복사하듯이 사용하면 후일에 큰 문제가 생길 수 있다.

5. 교회 정관의 법신학적 맥락 파악하기

법은 사람들의 결의가 아니고 참으로 옳은 그 무엇이다. 그리스도인에게 참으로 옳은 그 무엇은 하나님의 말씀이다. 따라서 교회 정관의 제정과 개정은 신학적이며 법적이다. 이러한 이유 때문에 교회 정관 제·개정 위원장은 반드시 신학을 전공한 담임목사가 되어야 한다. 교회 정관 개정안 혹은 제정안을 작성할 때 신학적 맥락은 반드시 일정 분기별로 당회에 보고하여야 한다. 특히 국가법과 충돌하는 조항은 없는지 교단의 신학적 정체성을 해하는 비헌법적 요소는 없는지 파악하여야 한다. 최종안이 나올 때까지 분쟁의 소지가 없도록 법신학적 정당성을 충분히 토론을 통해 합의에 이르러 제·개정안을 만들어야 한다. 여기서 법신학적 정당성이란 교회 정관이 사람들의 결의만으로 성립되는 것이 아니라 교회 정관이 하나님의 뜻과 계시의 말씀, 그리고 하나님의 정의인 법의 본질을 잘 반영하고 있느냐를 충족하여야 한다는 의미이다. 그와 동시에 복음의 본질인 예수 그리스도의 삶과 죽음과 부활, 그리고 최종 심판에서 실현되는 구원의 본질을 교회 정관의 법규들이 잘 반영하고 있느냐의 문제이다.

6. 교회 정관 제·개정안 공청회 개최와 통지

법을 만들 때 교회가 비밀스럽게 하면 후일에 문제가 될 수 있다. 충분한 논의와 법적 신학적 검토를 거친 제·개정안이라 할지라도 교인 총회 혹은 공동의회에서 교인들을 거수기로 사용하여서는 안 된다. 공동의회에서 투표수만을 헤아림으로 법을 정하는 것은 후일에 교회 분쟁의 씨앗이 될 수 있다. 그러므로 공청회 개최에서 나온 논의를 다시 정관개정위원회와 당회가 논의 할 수 있다. 교회 정관 제·개정안 공지를 충분한 시일을 두고 공고하여야 한다. 민법 제71조와 제72조에 의거하여 정관이나 교단 헌법이나 장정에 다른 규정이 없는 한 교인총회는 일주일 전에 그 목적 사항을 기재한 통지를 하여 소집하여야 한다.[221] 현재 각 교단들은 지교회 정관 제정에 거의 손을 놓고 있다. 각 교단들은 지교회 정관 작성에 법적이고 신학적인 자문을 할 수 있는 자문 기구가 필요하다.

7. 법적 하자가 없는 기관의 결의

모든 논의를 마치고 최종 제·개정안이 결정되면 당회 혹은 법적으로 안건을 부의할 수 있는 책임기관이 교인총회 혹은 공동의회에 발의하여야 한다. 이 과정 이전에 교인들이 이해하지 못하는 조항들에 대해 설명하고 용인되었다면 큰 질문 없이 통과하게 된다. 교인들의 투표는 투표권자의 수를 명확히 특정하여야 분쟁의 소지가 없다. 투표권에 대한 최종적인 기준은 교인명부가 아니라 당회록이다. 교회 정관이 최종 결의되면 의장인 담임목사가 성부와 성자와 성령의 이름으로 공포하여야 한다. 주님의 교회가 질서 있게 든든히 서 갈 수 있도록 기도하고 마쳐야 한다.

---

221 대법원 2008. 9. 25. 선고 2008도3198 판결.

제15장

교회 갈등의 해결

"누가 현숙한 여인을 찾아 얻겠느냐
그의 값은 진주보다 더 하니라."(잠 31:10)

　구약 성경 잠언 31장의 '현숙한 여인'은 단순히 남성과 대비되는 여인이 아니다. 에덴 동산에서 불순종으로 죄가 세상에 들어오게 하였던 여자가 이제는 죄를 구속하는 예수 그리스도의 화신으로서의 '여인'으로 그 가치는 보석 혹은 루비와 같은 존재이다.
　세상의 갈등과 분쟁의 씨앗이 되는 죄악을 치유하는 해독제와 같은 '현숙한 여인'은 그리스도와 연합된 거룩한 교회요 성도이며 교회의 분쟁을 해결하는 보석과 같은 그리스도의 신부이며 여자이다.
　교회 갈등과 분쟁이 일어나면 마치 사나운 홍수에 의해 교회가 쓸려 내려갈 것 같이 느껴진다. 한국 교회 상황에서 가끔 그렇게 되기도 한다. 만일 교회가 갈등과 분쟁을 일으키는 다양한 원인들을 발견할 수만 있다면, 파괴적인 홍수물이 모아지기 전에 작은 지류들을 통제함으로 분쟁을 하류로 떠내려 보낼 수 있는 강물로 바꾸게 할 수 있을 것이다.

갈등과 분쟁의 해결의 첩경은 그 원인들의 지류를 찾아 하나씩 갈등의 물줄기를 약하게 하는 것이다. 즉 모든 문제를 한꺼번에 결정적으로 해결하는 것이 아니라 보다 낮은 단계로 갈등과 분쟁의 수준을 낮추는 것이다. 앞장에서 살펴보았듯이 갈등의 원인은 수없이 많다. 그 원인들에 의해 분쟁이 발생한 것을 필자가 여기서 일일이 어떻게 정상성을 찾아가야 하는지에 대해 본서에서는 논하지 않을 것이다. 다만 스피드 리이스(Speed Leas)의 4가지 해결 방식 등 몇 가지 해결 방안을 제시하기로 한다. 반드시 기억해야 할 점은 이러한 방법과 전략들은 가장 성경적인 방법인 기도보다 앞서지 않는다는 점이다.

1. Speed Leas의 원인별 해결 방안[222]

(1) 빈약한 관계는 친밀한 관계로 변화시킨다

스피드 리이스(Speed B. Leas)는 갈등은 4개의 영역에 뿌리를 두고 있다고 하였다. 즉 빈약한 관계(poor relationship), 인간적 결점(personal shortcomings), 미해결된 문제(unsolved problems), 그리고 회중의 행동 양식(congregational patterns of behavior) 등이다. 빈약한 관계(poor relationship)는 인간관계의 소원함으로부터 발생하는 오해와 배타성으로부터 갈등이 발생한다. 대부분의 갈등과 분쟁은 소원한 관계를 친밀한 관계로 바꾸어주기만 하여도 대부분 해결된다. 교회의 프로그램인 제자들을 재생산하는 교육 구조만으로는 이러한 친밀한 관계를 형성할 수 없다.

---

222 Edward G. Dobson, Speed B. Leas, Marshall Shelley, *Mastering Conflict & Controversy* (Portland: Multnomah Press, 1992), 95-108.

(2) 개인적 결점이 원인일 때는 결점을 제거한다.

교회 분쟁이 개인적 결점(individual shortcomings)이 원인일 때는 결점을 제거한다. 결점을 제거함으로 사람들의 두려움을 제거하고, 요구를 반영하고, 회개를 유도함으로 갈등의 불길을 잡을 수가 있다. 모든 개인적 결점이 교회 갈등의 원인은 아니지만 많은 경우 툭하면 싸우거나 시비조의 사람들이 교회 생활을 비참하게 만드는 경우가 있다. 개인적인 결점은 사람들 안으로부터 나온다. 그러나 문제들은 그곳 밖으로부터 교회 안으로 온다. 문제들은 주어진 사명을 감당하는 데 얼마의 비용이 들어가는지, 복사기를 살 것인지, 혹은 낙태의 기준은 무엇인지 등을 포함한다. 각각의 문제는 다양한 범주를 갖고 있으므로 해결점도 다른 접근이 필요하다.

(3) 미해결된 문제가 갈등을 일으킬 때

해결할 문제들(problems to solve)들이 있으면 갈등이 발생할 가능성이 높다. 여기에는 이슈, 양분화, 다른 가치가 있다.

1) 미해결된 문제가 이슈가 되어 갈등을 일으킬 때

미해결된 문제로 이슈(issues)가 될 때 갈등의 원인이 되기도 한다. 해결할 문제에 대해 논쟁자들은 대안을 갖고 있다. 그들은 이것이냐 저것이냐를 강요하는 것이 아니라 선택의 다양성을 가지고 있다. 미해결된 문제가 이슈가 되어 갈등을 일으킬 때 다음과 같은 프로세스를 거쳐 문제를 해결할 수 있도록 갈등 당사자들이 합의하는 것이 좋다.

① 문제를 명확하게 정의하라.

② 그 문제의 정의에 동의하라.
③ 대안적인 해결 방안을 탐색하라.
    (선택의 다양성 제시)
④ 대안 중의 하나를 선택하기 위해 기준을 개발하라.
⑤ 제휴 혹은 협상에 의하여 대안 중에 하나를 선택하라.

2) 미해결된 문제가 양분화 되어 갈등을 일으킬 때

양분화(dichotomies)에서는 가능한 해결점이 두 개로 한정된다. 회중들이 직면하는 선택은 논쟁의 양 측면을 만족시킬 가능성을 절대적으로 배제한다. 전형적인 양분화를 일으키는 문제는 다음과 같은 것들이다: 교회의 위치를 바꿀 것인가? 교회가 교단을 떠날 것인가? 오르가니스트를 교체할 것인가? 대답은 예나 아니오이다. 승자와 패자가 분명하다. 양분화는 이슈보다 다루기가 더 어렵다. 패자는 화를 낼 수도 있고 결정에 대해 인정하지 않으려는 경향이 있다. 때때로 그들은 합의사항을 파괴하고 교회를 떠나기도 한다. 실제로 관계에 대해 민감한 사람은 양분화와 같은 긴장을 싫어한다.

미해결된 문제가 양분화되어 갈등이 일어날 때 해결점은 먼저 교회 지도자가 다음과 같은 방법으로 나서야 한다. 교회 지도자는 그 문제의 새로운 비전을 만들어 낼 논쟁임을 납득시킨다. 그래서 논쟁자들을 부추긴다. 또 지도자는 반대 의견을 진지하게 다루어줌으로써 반대 그룹을 납득시킨다. 그래서 마지막 결정의 충격을 약화시킨다. 반대 그룹은 물론 아직도 찬성하지 않지만 자신들의 의견을 들어주었기 때문에 갈등을 최소화할 수 있다.

3) 미해결된 문제가 다른 가치로 갈등을 일으킬 때

다른 가치(value differences)는 이슈나 양분화와는 달리 교회에서 보이지 않는다. 왜냐하면 회중들은 그러한 종류의 문제들이 장래에 다가오지 않을 것이라고 확신하는 전문가로 행세하기 때문이다. 회중들은 가치 갈등이 본능적으로 뒤틀려 있다는 것을 안다. 그리고 일치점을 발견할 가능성이 낮다. 예를 들어, 어떤 소수의 사람만이 리더십 위치에 있는 사람이 되려고 할 때 이혼한 사람을 반대한다. 다른 이들은 이혼에 대한 용서는 회중들을 인도할 사람에게도 확대 적용해야 한다고 믿고 있다. 또 어떤 사람들은 최소한 교회 예산의 10%를 해외 선교비로 지출해야 한다고 믿는 사람이 있는가 하면 어떤 이들은 국내 선교가 우선적이라고 말한다. 교인들은 자신의 가치를 쉽게 포기하지 않는다. 그들은 가치를 쉽게 변경하지 않고 지킬 것을 교훈 받아 왔기 때문이다.

미해결된 문제가 다른 가치로 갈등을 일으킬 때는 문제를 다시 구성해야 한다. 목회자나 사역자의 전임이나 리더십이 변동될 때 미해결된 문제를 잘 다루어주어야 한다. 목표의 비중 변동에는 교회 구성원의 일정한 합의가 요구된다. 그리고 최소한 분쟁 기간 동안만이라도 논쟁 당사자들을 분할해야 한다. 이 경우 이슈를 다루는 데 찬성하지 말아야 한다. 무결정이 상책이다.

(4) 불일치한 행동 양식은 교회의 제도적 방식에 의해 해결한다.
(교단 헌법 등 교회법, 교회 정관 등)

다른 행동 양식(patterns of behavior)은 갈등의 원인이 된다. 각 교회는 불일치한 행동 양식에 대해 어떻게 해야 되는지 구체적인 규칙을 기록해 두지 않는다. 어떤 교회 안에서의 시시한 언쟁은 즉각적으로 목사에 의해 판단되어진다. 또 다른 교회에서는 공개적으로 다루어지는 것을 피하고 가십에 의해 다루어진다. 그러나 분쟁이 다루어진다고 하더라도 모두가 의식적으로 반드시 다루는 것은 아니다. 회중들은 행동 패턴이 유례가 없을 때 교회 생활의 심각한 상처를 입는다. 마태복음 18장은 갈등을 다루는 교회의 제도적 방식을 제시한 것이다(마 18:15-20).

2. Ron Susek의 교회 싸움의 소화[223]

불과 불의 싸움은 지혜로운 당회 혹은 원로들의 집단에서 적극적인 노력이 필요하다(잠 24:25; 22:10). 그 적용은 잠언에서 강조하는 지혜의 리더십이 필요하다. 또 칼뱅의 경우 교회 훈련(권징)의 방법대로 '목회적인 사랑의 교정책'을 순차적으로 제시했다. 왜냐하면 훈련은 회개의 부족 때문이며,[224] 죄를 대적하여 교회의 거룩성을 회복하기 위한 것이기 때문이다. 따라서 교회 훈련은 '교정'과 '회복'에 초점을 두어야 한다.[225] 그리고 성경이 마태복음 18장 15-27절에서 제시한 대로 교회 훈련의 단계를 지켜야 한다: 즉 첫 단계는 사적인 개인적 대면(private personal confrontation),[226] 둘째 단계는 사적인 그룹 대면(private group con- frontation), 셋째 단계는 공적인 협동적 대면(public corporate confrontation), 그리고 마지막은 공적인 협동적 행동(public corporate

---

223 Ron Susek, *Firestorm: Preventing and Overcoming Church Conflicts* (Grands Rapids: Baker Books, 1999), 125-34.
224 Joseph Flatt, Jr., "How Shall I Respond to Sin in the Church?: A Plea to Restore the Third Mark of the Church," in *Reforming Pastoral Ministry: Challenges for Ministry in Postmodern Times*, John H. Armstrong (Wheaton: Crossway Books, 2001), 226.
225 위의 책, 231.
226 위의 책, 228.

action)이다.[227] 유의할 점은 첫 단계에서 가능한 한 목사 자신이 훈육의 첫 시행자가 되는 것을 피하는 것이 목회적 지혜라는 점이다.

또 교회 분쟁의 해결의 핵심은 담대한 영적인 리더십 즉 목사의 해결이다. 결국 목사의 해결 의지에 달렸다. 목회자는 무엇보다도 교회 분쟁이 세속적인 분쟁과는 차원이 다르다는 점을 먼저 인식하여야 한다. 목사는 이러이러한 조치들이 인생을 해피엔딩으로 인도할 것이라는 계산을 하지 말아야 한다. 갈등과 분쟁의 한가운데서 담대한 영적인 리더십을 가지고 그리스도를 닮아가려는 모습을 보일 때 하나님께서 궁극적으로 그 목사를 보호해 주신다.[228] "모든 지킬 만한 것 중에 더욱 네 마음을 지키라"는 말씀은 바로 갈등의 현장에 마음 고생하는 목회자에게 주는 말씀이다(잠 4:23).

목회자는 양들을 어떻게 인도할 수 있는가? 교회 분쟁의 핵심에는 목회자의 리더십의 방식에 문제가 있기 때문이다. 교회의 해결 방식은 결국 목사의 섬김 리더십이다. 종의 리더십(servant leadership)은 굴종의 리더십이 아니다(마 20: 26-28). 교회를 분열하게 만드는 궁극적인 것은 종의 마음의 결핍이다. 종의 마음은 리더십의 권세를 얻기 위한 조건이다. 세속적인 권세는 거룩한 교회 안에 존재한다고 할지라도 결국 예수 그리스도의 '종의 권세'(The Power of the Towel)를 가지지 못한다.[229]

마지막으로 교회 분쟁의 뜨거운 불을 끄게 하는 것은 결국 죄의 고백과 회개이다. 그것은 지옥으로부터 뜨거운 바람을 그치게 한다. 악마를 다루는 최선의 방법은 그 어떤 것도 없다. 교회는 영혼을 다루는 곳

---

[227] 위의 책, 224.
[228] Susek, *Firestorm: Preventing and Overcoming Church Conflicts*, 136-38.
[229] 위의 책, 147-54.

이다. 갈등의 원인이 다양하지만 결국 지옥의 불은 마음에서 나온다. 교회 분쟁을 통하여 악마에게 영혼을 다루는 기회를 주지 말아야 한다. 그 방법은 죄의 고백과 회개이다(요일 1:9).[230]

교회 갈등과 분쟁이 해결의 기미가 보이지 않으면 결국 외부 기관이 개입하게 된다. 외부 컨설팅의 원리의 핵심은 중립을 유지하는 것이다. 수섹은 외부 기관이 중립을 유지하는 9가지 방법을 제시하였다.[231]

3. 친밀함의 수준별 해결(Level of Intimacy)[232]

사랑의 심리학자 존 포웰(John Powell)이 오래전에 대화의 깊이를 통하여 친밀함의 수준을 말한 적이 있다. 이 이론은 매우 기초적인 수준의 것이지만 오늘날 교회 갈등과 분쟁을 해결하는 중요한 안목을 제공하고 있다. 그는 대화의 깊이를 5단계로 구분하여 가장 친밀함을 나타내는 제5단계 대화를 통해 속마음을 터놓고 나누는 대화를 지향해야 함을 주장했다.

(1) 제1단계: 진부한 말의 단계(Cliche)

(2) 제2단계: 사실을 서로 보고하는 단계(Reporting the facts)

(3) 제3단계: 서로 생각을 교환하는 단계(Exchanging thoughts)

(4) 제4단계: 서로 감정을 나누는 단계(Sharing emotions)

(5) 제5단계: 하나가 되는 느낌(feeling oneness)

---

230 위의 책, 155-64.
231 같은 책, 169-71.
232 John Powell, *Why Am I Afraid to Tell You Who I Am?* (Chicago: Argus Commmunications, 1969), 54-62.

여기에서 교회 갈등과 분쟁의 해결은 높은 분쟁의 단계에서 낮은 분쟁의 분쟁으로 낮추고자 할 때 중요한 대화 기법으로 사용할 수 있다. 사실이 왜곡되는 분쟁 단계에서 2단계의 가짜 뉴스 논쟁을 해봐야 갈등이 해결되지 않는다. 오히려 그보다 낮은 1단계의 진부한 말을 서로에게 던지게 될 때 갈등 해소에 도움이 된다. 마찬가지로 서로의 생각을 나누지 못하는 분쟁 수준에서는 자신의 생각을 강요하는 것이 아니라 그보다 더 낮은 단계의 2단계의 사실 보고가 더욱 교회 갈등과 분쟁을 해결하는 데 도움이 되는 대화법이다.

4. 교회 분쟁의 해결 과정 모델

목회자는 교회 갈등의 주체가 되기도 하지만 갈등을 슬기롭게 예측하고 진단하고 관리하고 해결하는 갈등 매니저이다. 전문적인 갈등 매니저가 되기 위해서는 적절한 이론과 임상 훈련이 필요하다. 한국의 목회자들은 목회 사역에서 많은 시행 착오와 엄청난 대가를 치르고서 교회 갈등 전문 매니저가 되고 있다. 교회 갈등 매니저 훈련 과정에 관심을 갖고 이론을 개발한 사람은 할버스타트(Hugh F. Halverstadt)이다. 이 장에서는 그의 훈련 과정을 중심으로 갈등 해결 과정의 모델을 제시하고자 한다. 한국에서는 교회 갈등은 아니지만 갈등에 대한 전문적인 이론과 임상 훈련을 시켜 협상 조정전문가를 양성하는 곳은 사단 법인 한국조정중재협회가 있다.[233]

---

[233] (사) 한국조정중재협회는 노동부로부터 지원금을 받아 사적 조정 및 중재를 중심으로 노사 분쟁과 각종 사회적 갈등의 해결을 위한 협상 조정전문가(조정전문위원) 교육 과정을 운영하고 있다. 교육 과정은 미국 연방알선조정국(FMCS)이 개발 보급하고 있는 협상 조정 기법을 바탕으로 기본 과정, 전문 과정, 심화 과정을 운영하고 있다. www.ikama.org 참조.

할버스타트(Halverstadt)의 갈등 해결 과정 모델은 3단계로 구성되어 있다. 1단계: 갈등 매니저 되기와 2단계: 갈등 상황 평가하기, 그리고 3단계: 갈등 해결 다루기를 제시했다. 1단계에서는 두 과제를 제시하여 갈등의 핵심 신학을 다시 생각하도록 하고 기독교적 단호함을 실천하기를 통해 분명한 자기주장의 준비를 하도록 하였다. 그리고 마지막으로 3단계: 갈등 다루기를 통해 분쟁을 해결할 것을 제안했다.[234]

갈등을 다루는 두 번째 단계는 상황과 상대방을 조사함으로 갈등 상황을 평가하는 것이다. 평가의 초점은 상호 중재를 목표로 두고 상황을 파악하는 것이다. 갈등과 분쟁 상황을 평가할 때는 고정된 분쟁 핵심 인사들(a fixtheprincipals)이 분쟁과 관련된 사람들에게 좋은지 나쁜지를 평가해야 한다. 또 고착화된 이슈(a fixthe issues)가 갈등 당사자들에게 정당한 것인지 그릇된 것인지도 조사하여야 한다. 그리고 고정된 과정 (a fixthe process)이 갈등 핵심인사들 사이에서 건설적인지 파괴적인지를 평가해야 한다.[235]

갈등과 분쟁 해결의 3단계는 실제로 갈등을 다루는 것이다. 갈등과 분쟁을 다루려면 해결 전략으로 가야 하는지 강제적 전략을 택하여야 하는지 분별하여야 한다. 해결 전략으로서 관계 중재와 이슈 협상은 Win/Win이 가능한 경우이지만 교환 예방, 상황 변화, 원리 코치는 강제적 전략으로서 Win/Win이 불가능한 경우이다. 분쟁 해결 매니저들은 이슈들을 협상하고 관계를 중재힘으로 분쟁 해결 전략으로 가지 못할 경우 강제적인 전력을 사용하여야 한다. 특히 근본적인 원리가 연루

---

[234] Halverstadt, *Managing Church Conflict*, 201.
[235] Halverstadt, *Managing Church Conflict*, 59.

되었을 때는 교환이 불가능함에 유의하여야 한다.[236]

5. 장로교회와 교회 민주화와의 관계

교회 민주화는 세계적인 추세이다. 원로회 중심의 장로교회는 영원한 성경적 정체이다. 그와 동시에 현실 장로교회는 목사 독재, 당회 독재, 평신도 대중 횡포의 함정에 빠져 갈등을 겪고 있다. 원리적으로 장로교회는 교회 민주화와의 추세와 전혀 상관이 없는 것인가? 종교개혁시 가장 합리적이고 세계 민주화에 공헌한 장로교회가 어떻게 민주화의 추세와 조화를 이룰 것인가? 아니면 영원히 신정 정치식의 독재의 길이 성경적 길인가? 그 정답은 장로교회만이 진정한 민주화에 공헌할 수 있는 원리와 정치 철학을 실현하는 것이다. 그 방법은 어떻게 할 것인가? 오늘날 대의민주주의제도가 위기에 있다(교회 헌법학의 과제).

그러나 오늘날 대중적 민주 정치의 맹점도 반성해 보아야 한다. 인류가 만들어 낸 제도 중에 민주적 정치가 가장 탁월한 정치 제도지만 그러나 이 민주적 제도 때문에 이 사회는 망할 수도 있다. 하나님 한 표, 나도 한 표이기 때문이다. 다수의 지배가 아니라 다수의 횡포가 될 때 다수의 도덕적 타락이 제도로 반영되어 타락의 속도는 오히려 전제 군주 시대를 앞지르고 있기 때문이다. 민주주의 제도는 정치의 목표가 아니라 과정이다. 정치의 목표는 반부패 즉 정직과 진실이다.

민수기의 고라 사건은 성경적 관점에서 민주 정치를 어떻게 봐야 하는가에 대한 정치적 갈등 본문이다. 세상 나라의 역사는 신의 대표자

236　위의 책, 89-103.

라는 왕들의 지배에서 국민의 통치로 발전해 온 역사이다. 이런 발전은 긍정적인 것이다. 그 만큼 왕의 통치가 백성들에게 압제가 되었다는 말이다. 그러나 왕의 통치를 물리치고 민주 정치를 채택하고 있는 나라들이 세계적 표준이 되어버린 지금 하나님은 이 민주 정치를 어떻게 보시는가?

민수기 16장 3절은 교회 정치학의 핵심적인 본문이다. 모세와 아론은 선지자와 제사장의 표상이다. 다행인 것은 고라와 다단 등 당을 지은 무리들이 모세와 아론을 거슬러 두 직분을 끌어내리는 어법을 구사하지 않았다는 것이다. 그렇지만 그들은 거룩이란 말로서 백성들 한 사람 한 사람을 모두 모세나 아론의 반열에 끌어 올렸다. 백성 전체를 모세와 아론의 수준으로 높였다. 이것은 불란서 혁명에서, 그리고 볼세비키 혁명에서나 가능한 이야기이다. 그들은 평등의 정의를 빙자해서 체제를 뒤엎은 것이고 또 그 나름대로의 정당성이 있었지만 그러나 고라의 무리가 추구했던 것은 거룩의 평등을 빙자하여 이스라엘의 체제를 뒤엎으려 한 것이다.

더 나아가 다단과 아비람은 우민 정치를 추구한다고 다그친다(민 16:13-14). 그리고 자기들은 모세처럼 이 땅에서 저 땅으로 돌아다니게 하는 것이 아니라 적어도 이스라엘을 젖과 꿀이 흐르는 땅으로 인도하여 들이고 밭도 포도원도 준다는 정치적 구호가 그 뒤에 숨어 있다. 이들은 백성들을 속이고 있다. 백성들로 하여금 무엇을 착각하게 하고 있다. 그들이 가나안 정복의 거부 때문에 하나님의 징계 아래서 40년 동안 광야의 유랑에 들어갔다는 걸 까맣게 잊게 하고 있다. 이것이 민주 정치의 치명점이다. 민주 정치의 맹점은 국민이 주인이다 보니 국민이 항상 옳다는 전제하에서 문제를 풀어 나가려는 정치이다.

이스라엘 백성들은 하나님의 징계 아래 있다는 가장 근본적 현실을 간과한 정책을 들고 나온 것이다. 그들의 문제는 젖과 꿀이 흐르는 땅으로라는 사고방식의 배후에 정치란 윤리의 문제가 아니라 풍요에서 풍요로라는 경제 문제라는 것이다. 그것이 오늘 우리가 경험하는 민주 사회가 나아가는 길이다. 거기는 가나안이 없다. 애굽만 있을 뿐이다.

하나님은 이런 민주적 발상 자체를 거부하셨고 실현 자체를 거부하셨다. 이런 것은 세상 나라의 역사 발전에서 일어날 수 있는 체제일 수는 있어도 하나님 나라에서는 아니다. 하나님은 이스라엘 자체를 진멸해 버리려고 했다(민 16:21). 그만큼 오늘 우리가 보는 이런 사회를 거부하셨다는 말이다. 다단과 아비람과 온은 땅이 꺼져서 죽어갔다. 고라와 250명의 중진급 지도자들은 향로에서 불이 나와서 타서 죽었다. 그러자 이들을 지지하던 백성들이 모여들어 모세와 아론을 집단 폭행하기 시작했다(민 16:41-42). 백성들의 모세와 아론에 대한 구호나 집단 폭행은 모세와 아론이 여호와의 백성을 죽였기 때문에 거기에 자연발생적으로 일어나는 반발이었다. 민주와 평등은 사리를 가릴 필요도 없이 집단 폭력으로 나타날 수 있다. 하나님은 염병으로 이들을 치셨다. 14,000명이 죽었다. 죽음을 모면하고 살아남은 대다수의 백성들은 실패한 쿠데타로 가슴에 공백만 컸다(민 17:12-13). 현대는 고라와 250명의 지도자들이 판을 치는 사회이다. 현대 교회의 분쟁에서 다단과 아비람의 구호가 풍성한 사회이다. 물론 풍성한 사회는 기존의 교회 정권을 무너뜨려야 찾아온다고 선전한다. 정치란 풍요의 실현의 문제가 아니라 윤리의 문제이다. 현대 교회의 분쟁에서 윤리가 실종되는 현상은 분쟁 상대를 악의 세력으로 인식하기 때문이다.

장로교회의 갈등의 미래는 장로교회의 정체성의 위기와 관련을 맺고 있다. 장로교회의 정체는 변화하는 목회 환경 속에서 영국식 원로 정치만을 고수할 것인가 아니면 유럽식 개혁교회의 카운실 제도를 당회 정치의 보완책으로 수용할 것인가에 달려 있다.[237] 그러나 당회 정치의 불변성은 교회의 신적 질서의 차원에 개혁자들이 고수하였음을 잊어서는 안 된다.

6. 교회 갈등의 해결 주체자로서 목회 리더십의 변화

교회 갈등을 해결하기 위해서는 목회자의 리더십의 변화가 있어야 한다. 왕의 리더십과 종의 리더십은 서로 충돌되는 것이 아니라 조화되어야 한다. 왕의 리더십이 타락하면 군주 리더십이 되고 종의 리더십이 타락하면 굴종의 리더십이 되기 쉽다. 이것을 이해하기 위해서는 마샬 쉘리(Marshall Shelley)가 구약 성경의 대표적인 인물로부터 목회자의 두 가지 다른 역할 모델로 제시한 것을 고려할 필요가 있다.

쉘리는 다윗과 솔로몬의 사역과 삶의 은유(a metaphor)를 통해 두 가지 목회자의 모델을 보여준다. 이 은유를 통해 목회자는 전사(a warrior)로서의 역할과 성전 건축자(a temple builder)로서의 역할이 있다는 것이다. 다음은 쉘리가 다윗과 솔로몬의 사역을 통해 제시한 갈등의 두 측면을 살펴보고자 한다.[238]

---

237 유럽 개혁교회는 장로로만 구성된 좁은 당회(Consistory), 집사와 장로로 구성된 넓은 당회(Council), 그리고 독립성을 가진 집사회(Diaconate)로 교회를 운영한다.
238 Shelley, "David and Solomon: Two Sides of Conflict", 15-27.

(1) 다윗 모델과 솔로몬 모델 사이의 변화

목회는 두 가지 다른 역할 모델이 존재한다(대하 22:6-9). 다윗은 전사로서 이스라엘 왕국을 건설하는 데 결정적인 역할을 하였지만 그의 꿈은 예루살렘에 하나님을 위하여 성전을 건축하는 것이었다. 그러나 하나님은 그가 전쟁에서 피를 많이 흘렸기 때문에 성전은 그의 아들 솔로몬 대에서 건축하도록 하셨다. 그는 성전이 건축되어지는 모습을 바라보았고 지성소에서 하나님의 영광의 구름이 나타났을 때 헌당의 기쁨을 누렸다. 솔로몬은 평화 시대를 구가하며 번영을 누렸다.

목회자들의 경험에 비추어 보면 우리 각자는 사역하는 동안에 스스로 다윗과 솔로몬의 길을 따른다. 우리는 전사(a warrior)로서의 역할과 성전 건축자(a temple buider)로서의 역할을 한다. 아마도 이 양자는 하나님의 뜻 안에 있다. 확실히 각각은 어떤 이익과 위험을 그들 속에 내재하고 있다. 쉘리는 다윗과 솔로몬과 같은 목회자에게 일어나는 일들에 대해 다음과 같이 잘 정리해 주고 있다.

1) 다윗과 같은 목회자들에게 일어나는 일들

어떤 목사들은 자신을 다윗의 역할로 비유한다. 그들은 자신을 개척 전사로 인식하고 있다. 그러한 목회자는 교회의 미래 성장과 사역을 위한 분명한 방법으로 도덕적이고 영적인 문제들을 위해 갈등을 기꺼이 참아낸다. 다른 사람을 통제하고자 하는 망상에 사로잡혀 있거나 자신들의 삶을 순교자 같이 인식하는 것은 다윗의 특성이 아니다. 진정한 다윗은 교회 안에서 갈등을 발견하고 슬프고 고통스럽고 유감스러워한다. 다윗과 같은 사람에게 무슨 일이 일어나는가?

첫째, 교회 성장과 성숙, 그리고 번영의 미래를 위한 기초를 놓는다.

순교자의 피는 교회의 씨앗이라는 교회사의 교훈이 있다. 영적으로 건강한 교회는 희생과 고통에 대한 보상으로 오는 것이다. 진리를 진리답게 온전히 전하기 위해서 유수한 교회를 떠나는 목회자들이 있다. 그들은 고생을 자처하며 진리를 전하기 위해 모든 것들을 감수한다.

둘째, 다윗과 같은 개척자와 전사들은 살아 있는 역동적인 삶을 통해 하나님과의 교제를 통해 하나님의 역사하심을 배운다. 인생의 삶 자체가 바로 그들의 수업료이다. 개척자는 고통을 통하여 더욱 굳건한 반석 위에 서게 되어 주님을 배우게 된다. 다윗의 시편은 이런 인생의 훈련을 통해 나온 것이다. 우리도 다윗이 배웠던 것처럼 배운다. 하나님은 갈등을 통해 내가 미움을 받은 것과는 별개로 나를 배우게 하신다.

셋째, 다윗과 같은 전사들은 교회 핵심 지도자들과 함께 밀접하고 의미 있는 관계를 개발한다. 다윗의 아둘람 굴에는 가난한 자와 부자 등 신분의 차별이 없다. 환난이 있는 곳에 평신도와 목사의 경계선은 희미해지고 교회의 동역자들은 더욱 형제와 같이 사랑하게 되고 팀이 되고 친밀해진다.

넷째, 다윗과 같은 사람들은 때로는 갈등을 부정적으로 보는 사람들에 의해 오해를 받을 수 있다. 족장들, 선지자, 예수, 그리고 사도들의 사역에서 갈등이 나타난다. 그러나 그들에게서 나타나는 갈등은 잘못된 기존 시스템에 도전하면서 나타나는 현상이었다. 다윗과 같은 사람들은 개혁자로서 때로는 죄인 취급을 받을 상황이 생길 수 있다.

다섯째, 전사자로서 일단 각인되면 사람들의 인식을 바꾸기는 기의 불가능하다. 이것은 배우들이 일단 한 가지 인물로 배역을 끝내면 그 이후 그 배역에서 풍기는 인상을 지우기가 어려운 것과 마찬가지이다.

마지막으로, 갈등이 장기화되면 싸워야 할 대상이 바꾸어질 수 있다는 사실을 잊어버리는 경우가 있다. 싸워야 할 대상은 문제이지 사람이 아니라는 사실을 잊는다. 싸워야 할 사람들을 미워할 수밖에 없는 유혹을 견디지 못하는 것이다. '의로운 분노'로 자기기만의 유혹에 넘어가기가 쉽다.

2) 솔로몬과 같은 목회자들에게 일어나는 일들

첫째, 솔로몬과 같은 목회자들은 회중들로부터 확고한 지지를 받는다. 오해를 받거나 논쟁적인 다윗과는 반대로 솔로몬은 모든 사람들과 가까이 지낸다. 많은 사람들이 자신의 주변에 있다는 것은 결국 성장과 번영, 그리고 성공의 표시이다. 그들에게 혹시 많은 반대자가 있어도 한 교회를 떠나지 않는다.

둘째, 솔로몬처럼 교회 위에 하나님의 영광이 임재하는 것을 보게 된다. 사역에 대한 보상 중의 하나는 우리의 노력을 만지시는 하나님의 손길을 바라보는 것이다. 솔로몬의 미덕은 성전 헌당 시에 하나님의 영광이 내려왔다는 이유가 아니라 그러한 초자연적 사건에 참여하여 관찰하는 특권을 가졌다는 데 있다.

셋째, 솔로몬과 같은 목회자는 방문자들에게 매력적인 교회가 된다. 교회를 방문하는 사람들은 단 5분만에 그 교회의 분위기를 읽는다. 따스함, 수용성, 기쁨, 그리고 평안함과 안정감은 그 교회의 입구에서부터 뿜어 나온다. 그 반대로 어떤 방문자들은 진부한 느낌을 감지할 수도 있다.

넷째, 솔로몬과 같은 사람들은 성공에 대한 책임을 자신이 져야 한다는 유혹에 빠지기 쉽다. 교회의 사역이 확장되고 예산이 증가되는 것을 바라보는 것은 즐거운 일이지만 동시에 그것은 위험스럽다. 영웅은 사람들이 신이라고 주장할 때 대중들의 칭찬을 거절하지 않고 환영하는 사람이다. 어느덧 솔로몬과 같은 사람들은 대중의 인기를 먹고 사는 연예인이나 영웅이 되어 가고 있다.

다섯째, 솔로몬과 같은 사람들은 번영 신학에 빠지기 쉽다. 자신의 성공을 기반으로 모든 사역자들이 성공과 번영을 경험하는 것이 하나님의 뜻이라고 믿는 것이다. 교회 안에 거룩한 실용주의를 허용함으로 모든 프로그램을 좋게 보며 그 행사에 평균 이상의 참석자는 악마적인 것조차 그렇게 나쁘지 않게 생각하게 만든다.

여섯째, 솔로몬과 같은 사람들은 다른 사람의 고통에 덜 민감해지는 유혹을 받는다. 아랍 속담에 "모든 태양 빛은 사막을 만든다"라는 말이 있다. 이것은 솔로몬의 삶에서도 진실이다. 그것은 모든 고통 받는 사람들에 대한 감각이 조금씩 약해진다.

위와 같은 교회 갈등과 분쟁의 해결을 위하여 두 모델에서 일어나는 일들을 고려하여 목회자는 하나의 전사자가 되어야 하는가 아니면 성전 건축자가 되어야 하는가? 중요한 것은 어느 모델을 지지하든 한 모델을 지향하는 목회자와 회중이 서로 조화되지 못할 때 교회 갈등은 잠복되어 있다가 어느 결정적인 계기에 교회 분쟁이 증폭될 수 있다는 것이다. 특히 교회 갈등과 분쟁이 진행되어 이 문제가 본질이 될 때는 목회자와 장로 혹은 교회 중직자들, 그리고 회중들이 지지하는 목회의 모델이 새로운 리더십이나 교회 지도자로 교체하게 함으로 분쟁을 종식시키려 하면 더욱 분쟁이 악화될 수 있다. 목회자는 이 두 목회 모델을 고려하여 갈등과 분쟁의 해결 담지자가 되어야 한다.

(2) 목사와 교인 간의 균형적 변화

론 수섹(Ron Susek)은 목사의 4대 힘의 기둥과 교인들의 4대 욕구인 진리(Truth), 관계(Relationship), 진실성(Integrity), 사명(Mission)의 차원이 충돌할 때 교회 싸움이 일어난다고 보고 있다. 여기서 간과하지 말아야 하는 것은 특정 문제에 대해 흠이 없어 보이는 이사야, 예레미야, 바울과 같은 사람들에게도 갈등이 일어났다는 사실이다. 그러나 이것을 빌미로 갈등과 분쟁을 목사가 고착화시킬 수 없다. 교회 분쟁을 해결하기 위해서는 목사와 교인은 4차원적인 요소들이 TRIM 구조로 균형을 이루어야 한다.[239] 목사의 힘과 교인들의 영적 필요들이 다음과 같이 적절하게 채워져야 한다.

【목사와 교인의 TRIM 구조】

	목회자의 4대 힘의 기둥	교인들의 4대 영적 필요
Truth 진리	믿음의 대상과 가르침	그리스도에 대한 믿음과 연합 요구
Relationship 관계	하나님과의 교제	하나님과 교인들 사이의 관계 요구
Integrity 진실성	실천적 거룩성	적절한 인격과 행위의 요구
Mission 사명	비전-목적	삶의 정체성과 목적 요구

특히 세 번째 진실성의 변화는 교회 분쟁의 해결에 매우 중요하다. 교인들은 목사의 적절한 인격과 행위를 요구하는데 진리를 세우기보다는 파워의 소유자로서 이미지화되면 현대 교회에서는 교인들이 저항하게 된다. 특히 현유광도 현상적 원인으로 파워(power)는 사람들이 좋아

---

239 Ron Susek, *Firestorm: Preventing and Overcoming Church Conflicts* (Grands Rapids: Baker Books, 1999), 69-80.

하는 것이며 파워의 소유자에게 자존감과 만족감을 주기 때문에 다음과 같은 경우에 갈등이 발생한다고 보았다.[240] 첫째, 파워가 보장되어 있는 직분이 공석일 때. 둘째, 공식적 파워와 실질적 파워가 불일치할 때(원로목사/신임목사)(삼상 11:27, 벧전 5:6). 셋째, 파워의 남용이 있을 때. 넷째, 파워의 분배 과정에 문제가 있을 때 등이다. 그러므로 교회는 파워가 공석으로 있는 기간을 장기화시키지 말아야 한다. 그리고 목사는 성급하게 파워를 가지려고 해서는 안 된다. 갈등과 분쟁을 해결하려면 권위는 가지되 권위주의자는 되지 말라. '절대 권력은 절대 부패한다'는 격언은 동서고금의 진리이다.

(3) 목회관의 유형적 변화

교회 갈등과 분쟁을 잘 해결하려면 목회관의 유형적 변화가 일어나야 한다. 일반적으로 현대의 목회관들은 그 유형이 설교와 교리 교육의 말씀 사역과 성만찬 사역이라는 정통 실천(orthodox praxis)에서 벗어나면서 시작되었다. 특히 한국 교회의 경우 서구의 오랜 역사적 전통의 경험을 단기간에 접목함으로 목회 유형에 단절, 혼합, 왜곡 등이 일어나는 경우가 있다. 물론 긍정적인 측면도 있었다. 황성철은 70년대 이후 21세기 직전의 목회신학의 특징을 다음과 같이 여덟 가지 큰 흐름으로 정리하였다.[241]

첫째, 70년대 초부터 기존의 경험을 중시하는 제임스 전통보다는 성경과 전통을 강조하는 목회신학이 대두되었다.

240　현유광, 『목사와 갈등』 (서울: 본문과현장사이, 2001), 91-98.
241　황성철, 『개혁주의 목회학』 (서울: 총신대학교출판부, 2004), 290-99.

셋째, 영성신학과 목회신학을 접목하는 영성 목회의 흐름이다. 70년대 이후 성경과 전통을 중시하는 목회신학자들의 도전과 맞물려 새로운 목회신학 사상이 큰 흐름을 주도하게 되었다.

넷째, 전인성(wellbeing)을 강조하는 목회이다. 이러한 흐름은 20세기 중반기에 풍미했던 정신분석학적 접근과 내담자 중심의 목회 상담 시대의 한계를 보완하고자 했던 목회적 흐름이다.

다섯째, 제사장적 목회와 예언자적 목회의 조화의 흐름이다. 목회 상담 중심의 제사장적 목회와 70년대의 사회악의 구조를 개선하는 예언자적 목회가 80년대 이후 이 양자의 목회가 통합되어가는 흐름으로 가고 있다.

여섯째, 구속신학적 목회와 창조신학적 목회의 조화이다. 2000년간 기독교회는 구속론적 목회관을 중심으로 전개되어왔다고 하여도 과언이 아니다. 그러나 70년대 이후부터 대두된 창조 신학이 환경 신학으로 확산되어 목회에 반영되기 시작했다.

일곱째, 제자화 목회를 중심으로 한 소그룹 목회와 셀 목회와 성령 운동을 접목하여 목회 구조의 변화를 추구하려는 경향이 있다.

마지막으로 대표 사역(representative ministry) 중심의 목회와 일반 사역(general ministry) 중심의 목회이다. 안수 목회와 평신도 사역의 통합 흐름이다. 현대 목회신학의 모든 하나님의 사역은 대표 사역의 바탕 위에 세워져야 함과 아울러 평신도의 사역을 극대화하여 안수 목회의 경직화를 경계하는 방향으로 나아가고 있다.

이러한 목회의 모델은 그 외에도 목양 모델, 제사장 모델, 군사 모델, 봉건 모델, 비즈니스 모델, 진단자 모델, 의사 모델, 종의 모델, 변화 모델, 그리고 셀 모델 등이 있다. 이러한 목회의 모델들은 현대 목회관의 다변화와 맞물리면서 교회가 큰 소용돌이에 휘말릴 수 있다. 목회자와 교인들의 갈등은 일견 작은 사건에 불과한 것 같지만 그 이면에서 목회신학적 충돌이 있을 수 있다. 교회 갈등과 분쟁의 해결은 이러한 목회신학적 충돌을 해소하여야 근본적으로 해결된다.

7. 앤태거니스트들에 대한 대적 사역

교회 갈등과 분쟁은 하나님의 심판과 악에 대하여 교회 훈련(권징)을 통해 진리와 목양을 보호하여야 하는 책무와 관련이 있다. 이것은 목회자의 '대적 사역'으로 나타난다. 목회 사역에서 대적 사역(confrontation ministry)[242]은 '여호와 샬롬'의 차원에서 사탄의 궤계와 전략에 대항하여 적극적으로 대응하는 측면이다. 이것은 교회의 목양적 차원을 넘어 목회를 방해하거나 교회의 권위에 대한 도전에 대응하는 차원이다. 그러므로 교회 갈등과 분쟁의 원인을 분석하는 사람들은 교회 안에 존재하는 영적인 '여호와 샬롬' 개념에 유의하여야 하며, 그것을 이루기 위한 하나님의 섭리와 그 대적자 사탄의 궤계와 전술에 대해 조심하여야 한다. 교회 안에는 사탄의 궤계에 따라 자신도 모르게 교회 갈등을 일으키는 소위 '목사 킬러들'(clergy killers)과 '적대자들'(antagonists)이 있음에 유의해야 한다.[243] 쉘리(Shelley)는 목회자를 시험에 빠뜨려 교회를 떠나게 하는 "선의의 용"(Well Intentioned Dragons)들이 있음을 전제하고(욥

---

[242] 대적 사역(confrontation ministry)이란 개념은 한국 신학계에 새로운 개념이 아니라 필자의 박사학위 논문 "장 칼뱅의 목회신학과 그 적용 가능성 연구"(2006년)에서 이미 밝힌바 있으며, 한국칼빈학회에서 "칼뱅의 교회 훈련에 대한 목회신학적 고찰"(2009년)에서 밝힌 바 있다.

[243] Marshall Shelley, *Well-intentioned dragons: ministering to problem people in the church* (Minneapolis: Bethany House Publishers, 1994), 37-41

41:1, 21), 그 용들의 다양성에 대해 10가지로 분류하고 있다: 새 사냥개형, 젖은 담요형, 기업가형, 엄포선장형, 변덕물주형, 간섭형, 저격수형, 장부계형, 배설물형, 그리고 법률가형 등이다.

교회 분쟁 시에 앤태거니스트들은 단순한 비평이나 건강한 건의의 차원을 넘는 수준이다. 그리고 목사 킬러들은 교회의 중요한 직분과 직책을 가진 교인일 수 있으며 오히려 교회에서 오래된 신자일 수도 있다. 심지어 종교 윤리적으로 심각한 문제가 있는 이단들이 신분을 숨기고 '트로이의 목마'(Trojan Horse)처럼 숨어 들어와 일정 기간 잠복하고 있다가 다수의 세력을 확보한 다음 실정법의 허점을 노려 교회 재산을 뺏으려는 의도적인 적대자들이 있을 수 있다.

앤태거니스트들은 교회 갈등의 초기 단계에서 나타나지 않는다. 스피드 리이스(Speed Leas)에 의하면 이들은 교회 갈등의 수준과 발전 단계에서 제3단계인 논쟁 단계에서 활동하기 시작한다.[244] 3단계에서의 싸움은 문제 해결과 좋은 방향으로의 해결점보다는 자신의 방식대로 오직 승리를 원할 뿐이기 때문이다.

케네츠 하욱(Kenneth C. Haugk)은 회중 가운데 적대 관계가 일어나는 이유는 앤태거니스트들의 적대적 본성과 다른 사람으로부터 지지를 얻으려는 본성, 그리고 그들이 추구하기 쉬운 회중의 구조 때문이라고 보았다. 교회의 회중 구조는 앤태거니스트들의 온상이 되기 쉬운 구조로 되어 있다. 그들은 교회 밖에서 대개 성공적이지 못하다. 왜냐하면 교회 밖의 구조는 모든 것을 참아주는 구조가 아니기 때문이다. 그러나

---

244 Leas, "The Varieties of Religious Strife," 83-94. Leas에 의하면 교회 갈등의 수준은 1단계: 곤경(predicaments), 2단계: 불일치(disagreement), 3단계: 논쟁(contest), 4단계: 싸움과 떠남(fight/flight), 5단계: 고집과 불치(intractable) 단계로 구분된다.

교인들의 구조는 반대자들을 적절히 참아주는 구조적 특성을 가지고 있다. 적대자들은 이러한 "가족 감정"(family feeling)을 쉽게 남용한다.[245] 교회 갈등과 분쟁의 해결은 이런 구조를 없애거나 그들의 온상이 될 수 있는 환경을 정치 행정 문화 모든 면에서 약화시켜야 한다.

---

245 Haugk, *Antagonists in the Church*, 39-40.

교회 싸움으로 인한 상처의 치유

"모든 지킬 만한 것 중에 더욱 네 마음을 지키라
생명의 근원이 이에서 남이니라."(잠 4:23)

교회 싸움 후 상처의 치유와 관리는 매우 중요하다. 교회 자체나 목회자 혹은 교인들이 교회 싸움 후 상처를 치유하지 못할 때 신앙과 교회에 심각한 위기가 올 수 있다. 목회자는 교회 갈등을 일으키는 소위 '목사 킬러들'(clergy killers)와 '적대자들'(antagonists)에 대해 교회를 보호하고 양들을 보호하기 위한 용기가 필요하다. 이 과정에서 이들의 공격으로 '상처 입은 목회자'(The Wounded Minister)가 되기 쉽다. 그린필드(Guy Greenfield)는 수많은 목회자들이 신앙의 상처를 받아 목회를 그만두거나 아예 교회를 떠난 사람도 많다고 분석했다.[246] '상처 입은 목회자'와 그 가족들이 받는 상처는 실로 심각하다. 60대 이상의 목회자 10명 가운데 8명은 환자라는 말이 목회 현장에 있는 목회자들의 현실이

---

[246] Guy Greenfield, *The Wounded Minister: Healing from and Preventing Personal Attacks*, 황성철 역, 「상처 입은 목회자」(서울: 그리심, 2004), 133-150.

다. 일부이기는 하지만 결혼생활의 파탄도 있다. 정신적 육체적 건강의 상실, 우울증, 스트레스, 불면증, 무기력감, 자책감 등 수많은 증상들에 시달리고 있다고 한다. 목회의 충격으로 하나님만이 통치하시는 교회에 이렇게 신랄한 반대자들이 어떻게 교회 안에 있을 수 있을까의 문제에서 헤어나오지 못하는 것이다. 이들의 목회 과정에서 가장 큰 문제는 교회와 목회를 너무 순진하게 본다는 점이다. 그들은 소위 '사소한 실수를 찾으려는 교회' '학대하는 교회' '목사를 내쫓는 교회'에 대해 경험해보지 않았다는 것이다. 이들은 교회를 너무 순진하게 대했다가 목회적 소명과 꿈이 좌절되기까지 한다. 그들은 그리스도의 은혜의 법이 충만한 교회의 양들이 왜 이리처럼 되는지에 대해 이해를 하지 못하고 있다. 사실은 신학교에 입문하면 처음부터 배우는 것인데도 말이다. 인간은 전적으로 타락하였다는 진리를 귀가 따갑도록 배우고 들었다.

교회 싸움 후 상처의 치유와 관리는 매우 포괄적이고 전략적으로 진행되어야 한다. Ron Susek은 그의 저서 『Firestorm: Preventing and Overcoming Church Conflicts』 제4편에서 다음과 같은 과정이 필요하다고 보았다.

1. 상처의 평가

분쟁 당사자들의 상처를 먼저 진단하는 것이 필요하다. 특히 상처 입은 목회자(The Wounded Minister)와 교인, 그리고 교회의 실상을 적절하게 평가하는 것이 중요하다. 이를 위해서는 상처 입은 목회자를 위한 전문 상담 기관이 필요하다. 여기에는 반드시 전문 의료인이 포함되어야 한다. 심리적인 문제만이 아니라 육적인 문제까지 돕는 조직과 인력이 필요하다. Ron Susek은 목회자들이 흘리는 보이지 않는 피와 불명예스럽게 치욕을 당한 그의 아내(사모), 그리고 배신감을 느끼는 목회자 자녀들에 대한 온전한 평가가 있어야 한다고 강조한다. 물론 목회자만 상처를 입는 것이 아니라 회중도 상처를 입기는 마찬가지이다. Susek은 대체로 회중들이 여러 가지 심각한 상처를 입는다고 보았다. 그동안 봉헌한 재정적인 손실은 물론 정신적인 피해와 그들의 가족들의 상처는 이루 말할 수 없다. 특히 자녀들은 믿음의 체계를 버리는 경우도 있다.[247]

특히 교회 분쟁 이후에 새로 부임하는 교역자는 이전의 상황을 너무나 어느 한 쪽으로 매도하지 말아야 한다. 이전 목회자를 설교 도중 비판하고 자신만이 이 상처를 치유하고 새로운 비전을 제시할 수 있는 목회자라고 내세우는 것은 올바른 접근이 아니다.

2. 분쟁 당사자에 대한 교회의 책임

교회는 분쟁 당사자들의 상처에 대해 영혼 돌봄의 책임을 회피하지 말아야 한다. 상대 파트너를 무조건 몰아내어야 하나님의 정의를 종결하는 것이라는 생각은 영적 교만이다. 특히 상처 입은 목회자에 대해서는 교회에서 관점을 갖고 치유할 책임이 있다. 이 부분은 당회나 집사회 등 중직들의 직무 훈련 기회에 적절한 프로그램으로 교육하여야 한다. Guy Greenfield는 지교회 안에 목회 지원그룹으로서 "목회자문위원회" 설치를 제시하였다. 그러나 이것은 유의해야 할 점이 있다. 목회

---

[247] Ron Susek, *Firestorm: Preventing and Overcoming Church Conflicts* (Grands Rapids: Baker Books, 1999), 177-85.

자가 대접을 받으려고만 한다는 분위기 속에서는 오히려 역풍을 맞을 수 있다. 목회자도 멘토가 필요하며 목회자에게 해를 입힌 알렉산더보다 브리스가와 아굴라 같은 동역자들의 돌봄이 필요하다.

역시 목회자가 아닌 장로나 집사 등 교인들의 상처에 대해서도 교회가 관심을 가져야 한다. 특정 교인 그룹이 분쟁의 파트너였다면 그들을 소외시키는 목회 정책을 교회가 시행할 것이 아니라 설교와 목양의 방향이 그리스도 안에서 사랑과 용서, 그리고 연합을 강조하며 양 파트너들을 품어주는 목회 방향으로 나아가가야 한다.

3. 나쁘게 타버린 분쟁 당사자에 대한 돌봄

무엇보다도 목사가 상처를 입으면 해결할 수 없다는 편견을 없애야 한다. 어떤 의미에서 목사도 그리스도의 양이다. 목사는 목사가 책망하고 징계할 수 있으며, 그 반대로 돌볼 수 있다.

필자가 경험한 것이지만 어느 도시의 지하교회 사모님이 너무 아프다고 하여 방문한 적이 있다. 모 대학병원의 내과 과장님과 연결되어 사모님을 보여드렸는데, 과장님이 남편 목사를 부르더니 "세상에 자기 아내를 이 지경까지 내박쳐 놓은 남자가 어디 있느냐"고 구박을 하였다. 목회 현장에는 이렇게 죽음의 직전까지 돌봄을 받지 못하는 가련한 '목사 양들'이 상존하고 있다.

또한 교인들이 겪는 교회 분쟁의 상처와 후유증은 실로 심각하다. 우선 분쟁 기간 교인수는 급격하게 감소한다. 그들이 신앙생활을 하던 교회에 마음을 두지 않았기 때문에 그 교회를 떠난다고 속단하여선 안 된다. 마음을 두었든 과분한 헌신을 하였든 자신이 교적을 두고 신앙생활을 하였던 교회를 떠난다는 것은 인생의 큰 위기이며 아픔 그 자체이다. 교회 갈등과 분쟁에서 교인들이 겪는 가장 큰 상처는 신앙의 상처이다. 그것은 소위 신앙의 역사회화(逆社會化) 현상이 발생한다는 점이다. 대개 분쟁은 평신도들의 문제라기보다는 목회자들이나 장로들의 문제가 많다.

교인들은 교회 갈등과 분쟁을 통해 교회 생활의 중심부에 있는 중직자들의 민낯과 신앙의 행태를 보고 기독교 신앙에 대해 실망하게 된다. 마치 에벤에셀로 가는 하나님의 법궤 안을 본 자들이 다 죽었듯이 교회 가까이, 그리고 깊숙이 교회 속을 들여다 본 신자들은 자신의 신앙으로 교회 분쟁을 감당하지 못하고 오히려 교회를 멀리하는 현상이 발생한다. 마치 불에 가까이 오면 데이듯이 교회로 인하여 상처를 받고 교회를 떠나게 되면 당분간 혹은 장기간 교회를 출석하지 않거나 출석한다고 하더라도 그 어떤 교회의 사역을 하려고 하지 않는다. 그리고 교회 사람들과도 정상적인 교제를 하기를 꺼려하게 된다. 이것은 이미 일반 교인이 교회 안에서 역사회화가 발생한 것이다. 교회는 이렇게 나쁘게 타버린 목사와 교인들의 상처를 치유하는 데 온 힘을 쏟아야 한다.

4. 나쁘게 타버린 분쟁 당사자의 자기 도움: 마음 지킴

나쁘게 타버린 분쟁 당사자들은 마음을 지키는 자기 도움이 매우 필요하다. 잠언의 지혜대로 마음을 잘 지키기 위해서는 양 분쟁 당사자들은 물론 간접적으로 영향을 받은 교인들 모두는 목회적 신정론(pastoral theodicy)의 이해가 있어야 한다. 나쁘게 타버린 목사들의 문제는 목회

신학적으로 '목회 신정론'(pastoral theodicy)의 문제이다.[248] 이렇게 신랄한 반대자들이 어떻게 자신의 교회 안에 있을 수 있는가에 대한 깊은 이해가 있어야 한다. 이것은 교인들의 입장에서도 마찬가지이다. 어떻게 거룩한 주님의 교회에 저렇게 추악한 목회자와 장로가 자신들의 영혼을 책임진다고 나설 수 있을까라는 회의감이 온 몸에 엄습한다. 하나님의 교회를 놓고 마음을 지키는 것이 무엇보다 중요하다. "모든 지킬 만한 것 중에 더욱 네 마음을 지키라 생명의 근원이 이에서 남이니라"(잠 4:23).

5. 나쁘게 타버린 분쟁 당사자에 대한 돌봄: 다시 세움

나쁘게 타버린 분쟁 당사자들에 대한 돌봄은 새로 부임하거나 기존 목회자에게 절대적인 책임이 따른다. 목회자 자신이 분쟁 당사자였다면 무엇보다도 겸손함이 요구되고 자신의 영적인 문제로 교회가 분쟁에 휩싸였다는 점에 대해 늘 영적인 책임감을 가져야 한다. 교인들은 물론 오늘날 목회자 돌봄 시스템은 너무나 빈약하다. 목회자들은 주로 많은 봉급과 은퇴금을 받고 소위 '교회 세습'으로 많은 이득을 얻는 것처럼 일부 대형 교회 목사를 대상으로 나쁜 이미지로 변한 경우가 많다. 하지만 대부분의 목회자들은 돌봄이 필요하다. 목회자들을 위해 단순히 문제를 진단하는 상담 기관이 아니라 「총체적 목회자 돌봄 기관」이 필요하다. 인생의 라이프 사이클에서 적절하게 통합 기능이 발휘될 수 있도록 돕는 기구가 필요하다. 무엇보다도 하나님의 말씀이 식지 않

---

248 John Gilmore, *Pastoral Politics: Why Ministers Resign* (AMG Publishers, 2002). 146.

도록 다시 세움을 받는 새로운 형태의 리트릿 기관의 설립이 필요하다.

오늘날 한국 교회 안에는 선교사들을 위한 재충전의 안식 기관의 쉼터가 턱없이 모자랄 뿐만 아니라 국내 목회자들의 돌봄을 위한 새로운 사역의 영감 '호프 스팟'(Hope Spot)을 불어넣어주는 '다시 세움'의 기관 설립이 절실히 요구되고 있다.

제17장

교회 갈등의 예방과 관리

"… 여호와께서 외삼촌에게 복을 주셨나이다
그러나 나는 언제나 내 집을 세우리이까."(창 30:30)

1. 갈등관의 변화

현대는 갈등관에 있어서 많은 변천이 있었다. 고전적인 갈등관은 갈등은 죄악된 것이라는 반갈등적 가치(anticonflict value)를 반영하여 왔다. 그러나 현대적 갈등관은 갈등과 분쟁이 하나님의 학습, 훈련, 성숙의 도구라는 견해를 반영하고 있다. 갈등은 변화의 기회이며 적응과 변혁의 변수이다.

2. 갈등의 유익

교회 안에서의 갈등이 반드시 나쁘다고 단정적으로 말할 수 없다. 교회 갈등은 나쁜 건강의 표시가 아니다. 리이스(Speed Leas)는 갈등의 유익으로 문제가 완전히 탐색되어지고, 보다 나은 결정을 유도하며, 결정에 있어서 많은 위임이 일어난다는 점을 제시했다. 실제로 교회 분쟁을 경험한 교회들의 변화는 교회 행정에서 많은 위임이 일어나고 있다.[249]

갈등은 차이점, 다른 정보, 신념 등과 다른 이익, 다른 욕구, 다른 가치 등, 그리고 필요한 자원을 확보하기 위한 다른 능력 위에서 벌이는 권력 투쟁이다. 그리하여 갈등은 무슨 이유이든 간에 서로 힘으로 접촉하고 있는 당파 사이에 현존하는 차이점에 의해 야기될 수 있는 감정적이고 본질적인 환경으로 정의되기도 한다.

3. 교회 갈등 관리의 개념과 방편

교회 갈등 관리의 개념은 갈등을 해소하는 차원을 넘어 갈등을 신앙의 성숙과 교회를 온전케 하는 계기로 다루는 것이다. 교회 갈등 관리의 원리와 방법은 성경으로부터 나와야 한다. 그러나 성경 외에 갈등의 상황을 확인하고 경험을 측정하는 도구들이 사용될 수 있다. 이것은 일반 은총에 속한 지혜와 하나님이 주시는 지혜를 사용하되 일반 학문적 연구들이 성경보다 더 권위를 가지지는 못한다. 다만 그러한 학문들은 성경적 진리를 확인하고 그 진리를 구체적으로 실천하는 보조적인 도구가 될 수 있을 것이다.

---

[249] 최종천 외, 『교회 위기 관리』 (서울: 이지프린팅, 2014), 28-30.

4. 교회 갈등의 관리 과정

(1) 그리스도 중심의 갈등 매니저로서의 사명의식

먼저 목회나 교회의 신앙생활은 일상적이고 교회 갈등과 분쟁은 특별하다는 인식을 버려야 한다. 교회 갈등의 관리 과정은 교회가 분쟁하는 순간에 시작되는 것이 아니라 평안할 때부터 준비하는 것이다. 위기관리 시점부터 시작할 때는 이미 늦은 것이다. 평소에 교회지도자들이나 교인들은 그리스도 중심의 갈등 매니저로서의 사명의식을 느껴야 한다. 그것은 교회의 주인이 예수 그리스도이기 때문이다.

(2) 교회 갈등의 예측

목사는 교회 갈등을 예견하고 대비하여야 한다. 대비를 하지 않으면 후회하게 된다. 갈등이 오고 있다는 사실과 언제 오는가에 대한 예측 능력에 따라 지혜로운 목회자가 된다. "모든 것은 때가 있다"는 전도서의 말씀처럼 교회 갈등도 때가 있다. 스피드 리이스(Speed Leas)는 교회 갈등 예측의 10대 요소를 제시하였다. 다음 10가지는 회중들의 삶에 10가지 특별한 조짐이 생길 때 그들을 미리 도울 수 있다.[250]

① 교회의 대형 행사나 프로그램의 진행 전후

부활절, 크리스마스 등 교회력 중 가장 바쁜 시즌이 되면 교회의 예배 및 각종 프로그램이 많아진다. 교인 참석수도 늘어난다. 스트레스와 긴장이 조성된다. 평소에 잠재되어 있던 갈등이 쉽게 표면화된다. 한국

---

250 Edward G. Dobson, Speed B. Leas, Marshall Shelley, *Mastering Conflict & Controversy* (Portland: Multnomah Press, 1992), chapter 8.

적 상황에서는 부흥회 후가 위험하다.

② 청지기직 캠페인 / 예산 편성 기간

매년 청지기직을 강조하는 기간이나 예산 편성 기간에는 갈등이 폭발한다. 교회 직원이 작성한 헌금 문제로 전화를 하면 교회 측과 교인들 간의 관계가 불편해지기 일쑤이다. 그리고 모든 교회 선거는 교회 안의 깊은 문제를 감추지 못한다. 당회나 제직회는 교인들이 일반적으로 자신들의 감정을 다른 사람들에게 평소에 직접적으로 나타내지 않는다는 점을 알지 못한다. 그들이 유일하게 불만을 터뜨리는 통로는 교회 선거 기간임을 명심하여야 한다.

③ 새로운 직원 채용

교회 안에 전형적인 갈등 유형은 목사와 핵심 리더들과의 관계에서 발생한다. 특히 새로운 스태프들이 들어오게 될 때 그렇다. 새로운 스태프들은 관계와 과정뿐만 아니라 방향과 우선순위를 변화시킨다.

④ 리더십 스타일의 변화

신임목사의 부임 등 담임목사의 리더십의 변화는 갈등을 조장한다. 이전 담임목사가 너무 내향적이거나 외향적이었을 때 새로운 목사와의 관계에서 긴장이 발생한다. 리더십은 "팔로우십"의 문제이다. 가끔 회중들은 새로운 리더십을 원할 경우가 있다. 그러나 회중 사이에 새로운 갈등이 일어나게 되면 옛날 패턴의 목사를 다시 원한다. 이렇게 되면 모든 사람이 혼란에 빠진다.

⑤ 목사의 휴가

목사의 휴가 기간에는 사람들이 무의식적으로 공황 상태에 빠질 가능성이 있다. 한 그룹은 다른 상대 그룹에 대해 시시한 일로 다투게 된다. 목사의 리더십에 대해 이야기하거나 교회의 문제들이 불거진다. 평소의 설교들이 다른 사람을 공격하는 말로 쓰여진다. 예를 들면, 당신이 십일조를 내지 않았다면 그리스도로부터 완전히 위임받지 못했다는 식으로 타인을 공격한다.

⑥ 목회자의 가족의 변화

목회자 가족의 변화는 그것이 좋은 방향으로의 변화라 할지라도 교회의 갈등을 일으키는 원인이 되기도 한다. 예를 들어, 목사의 딸이 10대에 진입하면 목사는 보다 많은 시간을 가정에 신경을 쓰게 된다. 특히 학교에서 문제를 일으키는 딸이라면 목사는 더욱 신경을 쓰게 된다. 목사는 여전히 교회에 많은 시간을 교회 사역에 치중하고 있음에도 불구하고 교인들은 다소 부진해진 목사의 직무 스타일에 불만을 품게 된다. 특히 사모의 직장생활, 목회자 가정의 자녀들의 옷과 음식 스타일 등이 문제가 되기도 한다.

⑦ 교회 안에 새로운 세대의 유입

교회 안에 새로운 세대의 유입은 기존 세대를 성나게 함으로 갈등을 유발시킨다. 특히 미국에서의 지난 80년대부터 10년간 교회 안에 베이비 부머들이 대거 들어왔다. 그들은 보다 자유스럽고 기존 멤버들과는 다른 라이프 스타일을 가지고 있다. 이것은 교회 안에 문제를 제공한다.

⑧ 새로운 교회 건축의 완공

알반연구소(Aban Institute)의 연구 결과에 따르면 목회적 갈등이 폭발하는 때는 교회 건축을 완공하고 난 후라는 점이 발견되었다. 리더십은 특별한 과업에 집중되어 있다. 일반적으로 리더십은 프로그램에 초점이 맞추어진다. 교회 건축은 교회의 모든 역량이 집중되는 프로젝트로 리더십이 그러한 초점을 반영하여야 한다. 만약 새로운 초점이 발견되지 않는다면 교회 건축으로 인한 좌절은 곧 교회 갈등으로 연결된다.

⑨ 교회 교인 수의 상실

교회 멤버십의 감소는 개인이나 그룹의 차원을 넘어 교회 갈등을 일으키는 중요한 요소이다. 교인들이 감소하면 교인들은 목사 개인이나 그룹들에 대해 비난하는 경향이 있다. 최근 한국 교회의 성장 둔화에 따라 교인수가 목회자의 노력만큼 증가하지 않음으로 목회자가 피부로 느끼는 스트레스는 이만 저만이 아니다. 실제로 많은 목회자들이 당회나 제직회 혹은 중직 그룹에서 자신이 계속해서 목회할 수 있게 한 것에 대한 고마움을 표현하는 말을 하는 경우가 있으나 이는 하나님이 파송한 '주의 종'의 길을 스스로 망각하여 어느 순간에는 분쟁의 씨앗으로 남는다.

⑩ 교회 교인 수의 증가

교인들이 증가한다고 모두가 좋아하는 것은 아니다. 기존의 사람들과 같은 성격을 좋아하는 교인들은 그런 류의 교인들이 들어오는 것을 좋아하지만 새로운 인격을 출현하여 많아지는 것을 달가워하지 않는 교인들도 있다. 반대로 교인수가 감소함으로 목회자의 목회 역량에 문제를 제기하면서 새로운 교회 갈등의 불씨가 될 수 있다.

(3) 예방적 활동

교회 갈등과 분쟁은 준비하지 않으면 후회하게 된다. 교회가 성장해 감에 따라 목사를 반대하는 반대파가 생기게 된다. 특정 세력은 목회 자체를 방해하려는 경우가 허다하다. 그들의 공격을 방어하기 위해 교회는 평시에 준비하여야 한다. 특히 앤태거니스트들과 목사 킬러들은 고소와 고발로 교회와 목회자를 공격함으로 이를 평소에 준비해야 한다.

교회 갈등의 예방은 법적인 것만으로 충분하지 않다. 가장 큰 예방은 은혜로운 목회를 하는 것이다. 목사를 비롯하여 교회 중직자들이 일심 일체가 되어 목회자로부터 은혜로운 말씀을 들어야 한다. 그래야 그들이 교회를 흔드는 세력이 기승할 때 교회를 지키게 된다. 그 다음 큰 예방은 교인의 주권으로 대변되는 교회의 민주화와 교회 직원의 교회권 및 목회권이 적절하게 균형을 이루어야 한다. 감리교회라 할지라도 정치적으로 감독이 권한을 가지더라도 반드시 교인들의 의견이 수렴되는 창구가 있어야 한다.

구체적인 예방적 활동으로는 교회 헌법과 교회 정관을 적법하게 구비하여 법적 근거를 가지고 교회의 행위를 해야 한다. 그 외 각종 재무회계 규칙, 각종 규정과 기준 지침을 마련하여야 한다. 법과 규정만 만들어 놓으면 되는 것이 아니라 적법성을 근거로 재정을 집행하고 교회 행정 전반을 운영하고 그 근거 자료를 반드시 남겨야 한다. 결재 문서와 증빙 자료 및 영수증은 물론 회의록까지 완벽하게 준비해 놓을 때 후일 앤태거니스트들의 고소 고발이 들어올 때 방어할 수 있다.

(4) 갈등 상황의 파악 : 교회 조사 활동

① 교인 갈등 유형 지표조사(CCTI)

갈등 관리에 관한 교회 조사 활동으로는 "교인 갈등 유형 지표"(CCTI; Congregation Conflict Type Indicator)가 있다. CCTI는 교회 안에서 자주 일어나는 5가지 서로 다른 영역 즉 경계선(Boundaries), 커뮤니케이션(Communication), 의사 결정(Decision), 상호 관계(Interpersonal Relationships), 그리고 리더십(leadership) 등의 영역에서 교인들이 어떤 갈등 상황에 있는지 조사하는 도구이다. 이 툴은 Mennonite Publishing House 웹사이트에서 구할 수 있다.[251]

② 갈등 수준 평가(LCE)

갈등 관리는 갈등의 수위를 정확하게 측정했을 때 그에 대한 해결 방안이 나온다. 갈등의 수준을 평가하는 도구로는 Marlin E. Thomas의 "갈등 수준 평가조사"(LCE; "Level of Conflict" Evaluator)가 있다. 교인들이 경험하는 갈등의 유형과 강도를 이해하는 또 다른 도구이다.

③ 갈등 관리 행태조사서(Conflict Management Styles Instrument)

갈등 상황에 부닥치면 사람들은 여러 가지 형태로 반응한다. 이러한 반응의 차이는 갈등 당사자들의 개인적 신앙 및 사회 경험과 해석, 가정 환경, 교육적 배경, 사회적 환경, 그리고 현재와 미래에 대한 전망 등에 의해 다르게 나타난다. 이 때 각자의 갈등 대응 행태는 일관된 스타일을 보여준다. 이러한 스타일을 조사하는 도구가 갈등 관리 행태

---

251 www.mph.org/books/transformingconflict.htm 참조

조사서(Conflict Management Styles Instrument)이다. 이러한 도구는 현재 미국에서 대략 6개체 교회 갈등 전문 기관에서 사용되고 있는데 한국에 소개된 도구는 "토마스-킬먼 갈등 관리 행태조사서"(Thomas-Kilmann Conflict Management Mode Instrument)이다. 이 도구는 현재 서울성경신학대학원대학교 총장 현유광이 한국의 실정에 맞게 개발하여 소개하고 있다.252

(5) 중재를 위한 미팅 기법

본래 갈등과 분쟁을 해결하는 넓은 의미의 화해 사역은 상담, 교섭, 협상이 일차적이다. 그 후 조정과 화해가 이루어지고 최종적으로 중재를 하게 된다. 법적으로 중재는 분쟁의 해결을 법원의 판결에 의하지 않고 제3자인 중재인의 판정에 맡겨 해결하는 제도이다. 그러나 중재법에 의한 공식적인 중재는 대법원의 설립허가를 받은 「한국기독교화해중재원」과 같은 사단 법인에서 중재하여야 한다. 자주법정제도(自主法廷制度) 성격인 중재원의 중재 판정은 소송 외 분쟁 해결의 일종(ADR)으로서 대안소송 제도의 대표적인 사례이다.253

하지만 대부분의 교회 분쟁의 중재자는 이런 법적 근거가 아니라 교단과 교회의 원로 혹은 교회 관련 인사들이 감당하는 경우가 있다. 이들이 갈등 스타일을 파악하지 않고 바로 문제를 해결한다고 하면서 더 문제를 고착화하는 경우가 종종 있다. 여기서 중재자라는 용어는 상기 법적인 중재(Arbitration)를 의미하는 것이 아니라 상담부터 중재합의서

---

252 현유광, 「목사와 갈등」 (서울: 본문과현장사이, 2001), 234.
253 참고, www.PeaceCenter.kr

를 도출하는 것은 물론 사후 관리까지를 포함하는 넓은 개념이다.

이런 사적인 중재자들이라 할지라도 갈등과 분쟁의 유형과 수준, 그리고 핵심 이슈를 잘 이해하고 분쟁 당사자 사이의 차이점을 극복하기 위한 가이드라인을 제시해주어야 한다. 이때 가이드라인은 갈등이 그 교회를 건강하게 할 수 있다는 점과 사람들이 다른 사람들과 다른 견해를 갖는 것은 너무나 당연하다는 점, 그리고 섣부른 일치를 위한 해결책은 좋지 않다는 점을 제시하여야 한다. 그 뒤 중재자는 충분한 대화와 상담, 교섭, 협상, 그리고 자료 제출 등을 통해 시간을 갖고 분쟁 이슈를 다루어야 한다. 이때 문제를 피상적으로 파악하지 않고 문제의 모든 차원을 탐색하는 것이 중요하다. 한 가지 중요한 사실은 갈등 중재 기간에 사용하여야 할 언어의 범주를 정하여야 한다는 점이다. 말꼬리를 잡지 않기 위해서이다.

갈등 해결을 위한 대화 기법은 중재자와 갈등 당사자 모두 섬기는 자세로 대화를 하여야 하며 상대방의 이야기를 먼저 경청하여야 한다. 예절과 교양을 갖추고 자신의 주장을 기독교적 단호함(christian Assertiveness)으로 밝혀야 한다. 물론 전체적인 주제는 하나님 중심, 교회 중심, 성경 중심에서 대화를 이끌어야 한다. 의견을 교환할 때는 중간 중간에 요약을 하고 질문하여야 한다. 감정을 적절하게 표현한다. 언어는 You-message가 아니라 I-Message를 하여야 한다(잠 25:9).

(6) 갈등 정책의 결정: 갈등 관리안의 작성

중재자와 분쟁 양측이 상담과 교섭, 그리고 협상을 통해 이슈의 본질을 파악하였다면 갈등 정책을 세워야 한다. 자유로운 토론과 합의를 바탕으로 어떤 방식으로 조정과 화해가 이루어야 할지 갈등 관리안을 작성하여 앞으로 중재 종결까지 로드맵을 정하고 문서로 남겨야 한다.

(7) 해결책 토의와 결정된 사항의 문서화

일반 갈등론에서는 문제 해결, 자원의 증대, 설득, 회피, 타협, 협상, 권위적 명령, 의무, 완화, 공동의 적 확인, 인적 변수의 변화, 구조적 변수의 변화, 갈등 당사자의 태도 변화 등 다양하게 제시되고 있다. 그러나 교회 갈등의 해결은 갈등의 원인별로 보다 다양하게 말할 수 있을 것이다. 갈등의 해결은 원인별로 그 원인을 제거, 완화, 회복시키되 성경적인 방법으로 해결하여야 한다. 당사자들의 자발적이고 충분한 해결책에 대한 논의가 이루어져 최종 결론이 도출되면 합의문서를 작성한다.

(8) 갈등 해결의 평가와 사후 관리

위와 같은 합의문서는 이행 여부의 확인과 그 사후 조치가 중요하다. 전반적인 갈등 해결을 평가하여 양 당사자의 의견을 들어보고 시정 조치가 필요한 부분은 합의서대로 시행되도록 노력하여야 한다. 분쟁 이후 법적 소송이 남아 있는 경우 법보다 앞서가는 일이 없도록 하여야 한다.

5. 갈등의 촉진 관리

일반적 갈등 관리론에는 조직의 쇄신을 위해 갈등 조성을 할 필요성이 있다는 것이 현대적 갈등 관리 방향이다. 그러한 방법으로는 의사전달 통로의 변경, 정보 전달의 억제와 과다 조정, 구조적 분화, 구성원의 재배치와 직위 간의 관계의 재설정, 리더십의 변경, 구성원의 태도 변화 등을 들고 있다. 그러나 교회 갈등에서는 의도적 갈등 촉진 관리는 하나님의 비전을 적극적으로 실현하고자 할 때 변화를 거부하는 사람들에게 사용할 수 있을 것이다. 궁극적으로 교회의 분쟁은 역사가 평가할 것이다.

제18장

변화 담당자로서 목회자의 정체성과 역할

"보좌에 앉으신 이가 가라사대 보라 내가 만물을 새롭게 하노라."(계 21:5)

교회 갈등과 분쟁의 마지막은 변화이다. 그리고 그 변화를 주도하고 영향을 미치는 사람은 변화 담당자로서 분쟁의 종말을 하나님의 나라로 인도하여야 한다. 그 사역이 바로 변화의 사역이며 변화 담당자인 목사의 소명이고 사명이다. 성경 마지막 말씀도 이 종말론적 말씀은 만물이 새롭게 되는 비전으로 결론짓고 있다. 예수 그리스도를 통한 "새 하늘과 새 땅"의 재창조를 소망하는 기독교의 종말론은 예수 그리스도의 복음에 기초한 모든 사역자들의 종착역이다. 예수 그리스도의 복음은 삶을 변화시키는 능력이 있다. 예수 그리스도의 복음에 기초한 목회(ministry)의 본질도 인간과 환경을 포함한 만물의 삶을 변화시키는 것이다.

그러한 관점에서 볼 때 오늘날 예수 그리스도의 사역은 한마디로 요약하면 변화의 사역(a ministry of change)이며 새로운 창조 속에 모든 것들을 변혁시키는 목회이다. 그 교회는 세상을 향한 변혁의 중심체로서 서 있고, 목사는 변화 담당자(an agent of change)로서 사역의 핵이라고 해도 과언이 아니다. 이 사역은 "변화에 대처하는 사역"(a ministry through change)을 의미하지 않는다. 이런 종류의 논의는 이미 있었다.[254] 필자의 논점은 "변혁시키는 목회"이다.[255] 박근원은 개방적 목회를 전제로 변화의 촉매자(change agents)로서 목사가 지향해야 할 목회철학을 제시하고 있다. 그러나 우리가 여기서 말하는 "변화 담당자"로서 목사는 그의 개념과는 다르다. 그는 현대 교역의 특징을 개방성으로 규정하고 그 근거로 변화 자체를 긍정적으로 보는 "변화의 신학"에 두고 있기 때문이다.[256]

하지만 오늘날 교회는 가장 변화하기를 거부하는 사회적 하부 시스템이 되고, 목사는 변화 담당자로서의 이미지보다 현상 유지자라는 이미지가 사회 속에 각인되어 있는 듯하다. 그러나 목사는 새로운 것들이 비난 받는 분위기 속에서 경직된 구조에 저항하고 신앙의 전통과 혁신을 적절히 담아낼 목회 리더십의 중요한 과제를 안고 있다. "목회자들이 복음이 가져오는 새로운 것을 어떻게 담아낼 것인가?" 이것은 목회 사역의 가장 중요한 질문이다. 이것은 이 시대에 변화 담당자로서 목사의 정체성과 역할을 묻는 중요한 목회신학적 물음이다.

전통적인 목양 개념이 개인의 변화를 추구하고 더 나아가 사회의 구조 변화와 목회 환경을 둘러싸고 있는 것을 갱신시키는 의미를 어느 정

---

254 Douglas A. Walrath, *Leading Churches through Change*, 고명수 역, 『변화에 대처하는 교회』 (서울: 대한기독교서회, 1983).

255 이런 종류의 논의는 많지 않지만 다음을 참고하라. Cf. Richard Bondi, *Leading God's People: Ethics for the Practice of Ministry*, 하해룡 역, 『목회와 지도력』 (서울: 한국장로교출판사, 1994), 71-91.

256 박근원, 『오늘의 교역론』 (서울: 대한기독교서회, 1982), 229-231. 박근원, 『오늘의 목사론』 (서울: 대한기독교서회, 1993), 59-69.

도 담고 있는 것은 사실이지만 그 개념만으로는 현대 목회자의 정체성과 역할을 다 담아내지 못한다고 필자는 생각한다. 따라서 이에 필자는 변화 담당자로서 목사의 정체성과 역할을 새롭게 조명하고자 한다. 이렇게 하는 이유는 모든 교회 갱신에서 먼저 변화 담당자로서 목회자의 자기 인식이 이루어져야만 가능하기 때문이다. 교회 갱신이란 물량적 관점에서 성장이나 성공, 조직의 탁월한 운영, 프로그램의 첨삭 등이 아니라 성경과 전통에 근거한 새로운 아이디어의 적용으로 교회의 계획적인 변화의 과정으로 필자는 이해하고자 한다.[257] 여기서 목사에게 초점을 맞추는 이유는 목회자는 하나님의 목회에 있어서 모든 사역자의 대표 사역자이기 때문이다. 그의 변화는 곧 모든 사역자의 변화이며 사역자들의 변화는 회중의 변화이며 회중의 변화는 곧 이웃과 사회의 변화이다. 그러므로 "목사" "목회"라는 의미는 대표성을 가진다. 평신도를 포함한 모든 "사역자"와 "사역"에도 그대로 적용된다고 볼 수 있다. "사역자"와 "사역"이라는 용어를 사용하지 않는 이유는 안수 목회의 독특성을 드러내기 위함이다. 현대 목회가 과도한 '목사주의'로 집중성을 가진다는 면이 21세기 사역 신학에서 비판을 받고 있다. 도날드 메서 (Donald E. Messer)는 오늘날 하나님의 전 사역 신학이 목사 신학으로 축소되어 "성직 패러다임"을 고착화 시켰다고 비판했다.[258] 이러한 비판이 일면 타당성이 있으나 그렇다고 안수 목회의 대표 사역성을 간과해서는 안 될 것이다. 목사주의에 대한 과도한 비판은 역으로 평신도주의에 빠진다. 모든 사역은 하나님의 목회이며 다만 그것이 질서 속에서 통전

---

257 James E. Means, *Effective Pastors for a New Century*, 배헌석·김용국 역, 『21세기에는 목회자가 변해야 교회도 변한다』 (서울: 나침반사, 1998), 252.

258 Donald E. Messer, *Contemporary, Images of Christian Ministry* (Nashville: Abingdon Press, 1989), 62.

성을 가질 뿐이다.

1. 변화의 목회 모델의 본질

개혁신학과 실천신학 분과의 하나로서 목회신학을 바라본다면 우리의 목회신학은 목사의 성직 패러다임을 넘어 하나님의 전 사역의 신학을 아우르는 실천적 비전을 본질적으로 내포한다. 이러한 실천적 비전 속에는 하나님의 주권이 모든 영역에서 이루어지도록 하는 변화 목회적 비전이 담겨 있다. 필자는 이 목회 비전을 그동안의 목회 모델에 추가하여 새로운 모델로 제시하고자 한다.

그동안의 목회 모델은 다음과 같은 목회 모델이 존재했다. 즉 목양 모델(The Shepherd Model), 군사 모델(The Military Model), 봉건 모델(The Feudal Model), 그리고 사업 모델(The Business Model) 등이다.[259] 여기서 "목양 모델"에서 "부모 모델"을 분리하여 성부 하나님의 사역을 설명하는 분도 있으나 필자는 이것을 통합된 개념 모델로 이해하고자 한다. 물론 여기에 2차 대전 이후 풍미했던 진단자 모델(The Diagnostician Model)과 종의 모델(The Servant Model) 등을 추가할 수 있을 것이다.[260] 진단자 모델은 의사 모델로 목회를 목회 상담의 영역으로 보고 목회를 치유(healing) 개념으로 이해하는 것이다.[261] 종의 모델은 디아코니아 목

---

[259] E. Glenn Hinson, "The Church and Its Ministry," in *Formation for Christian Ministry*, ed. Anne Davis and Wade Rowatt, Jr. (Louisville: Southern Baptist Theological Seminary, 1988), 20-25.

[260] William H. Willimon은 현대 목사의 이미지를 Media Mogul, Political Negotiator, Therapist, Manager, Activist, Preacher, Servant 등으로 정리했다. cf. William H. Willimon, Pastor: *The theology and practice of Ordained Ministry* (Nashville: Abingdon Press, 2002), 56-74.

[261] Paul W. Pruyser, *The Minister as Diagnostician*, 유희동 역, 『진단자로서의 목사』(서울: 기독교문사, 2002).

회를 지지하기에 적합한 모델이다.[262]

목양 모델은 가장 전통적인 모델로 히브리인들의 전통과 교회의 역사와 함께 한다(눅 15:3-7, 요 10:27). 이 모델이 성경적으로 가장 적절한 목회 모델이기는 하지만 문제는 고대 목민 문화의 비유(metaphor) 이미지를 담고 있다는 것이다. 21세기 현대인들은 양이나 염소나 목축의 이미지에 공감하지 못한다는 데 문제가 있다. 실제로 이것은 교회 정치 논쟁에서 이슈가 되기도 했다. 위임목사 제도를 비성경적 제도라고 개혁할 것을 주장하는 이창승 장로는 목사는 "목자"가 아니라고 주장한다. "그러므로 목사가 교회를 봉사하는 것은 시무하는 것이지 목회가 아니다. 가령 목사가 목회자이고 성도가 양이면 이는 사람과 동물의 관계가 된다"라고까지 주장하면서 목사의 목자됨과 성도의 양됨을 부정했다.[263]

군사 모델은 이방인 그리스도인들을 위해 나타났다. 그것은 로마의 군사 이미지와 구약 성경, 그리고 쿰란 공동체의 이미지로부터 왔다.[264] 이 모델은 "악의 군대"(Militia Diaboli)에 대한 "그리스도의 군대"(Militia Christi)로서 이방인 선교 모델로서는 적절하지만 목양 모델이 가지고 있는 섬김과 돌봄의 이미지보다는 힘과 권위를 지나치게 강조하고 목사의 권위주의를 배태시킬 우려가 있다. 봉건 모델은 중세 봉건주의 상황에서 군사 모델이 권위주의화 되면서 중세 목회에서 채용된 개념이다. 이 모델은 일견 안정적인 모델이기는 하지만 평신도의 기능을 지나

---

262 Wesley Carr, *Handbook of Pastoral Studies* (London: Society for Promoting Christian Knowledge, 2002), 187-89.
263 이창승, 『개혁』 제4권 (서울: 노벨문화사, 1955), 67.
264 Hinson, "The Church and Its Ministry," in *Formation for Christian Ministry*, 22.

치게 왜곡한 역사적 경험을 가지고 있다.

  종교개혁자들은 초대 교회의 목양 모델로 다시 돌아왔다. 그러나 오늘날 미국의 목회 모델은 비즈니스 모델(The Business Model)로 규정할 수 있고[265] 한국의 모델도 이 모델에 크게 영향을 받고 있다. 이 모델은 산업 사회의 이후 출현한 기업의 모델을 그대로 교회가 모방하고 있다. 이 모델에 대한 현실적 수용도는 통계적으로 증명된다. 현대 목회자의 역할에 대해 블리자드(Samuel W. Blizzard)는 다음과 같이 이미 통계를 제시한 바 있다.[266] - 행정가 39%, 설교와 예배인도자 18%, 조직가 12%, 교사 5%, 목자 26%. 이것은 현대 목회 모델이 사업 모델임을 논증하는 것이다. 이 모델이 성경적이냐는 문화와 관계에서 논쟁이 있을 수 있다. 세속적 실용주의의 물결을 거부해야 하지만 현대 사회의 목회적 환경에서 그 모델 자체를 무조건 거부하는 것도 문제가 있다.

  그렇다면 오늘의 시대에 변화 모델(The Change Model)은 왜 필요한가? 위의 모델들이 문화적 상황을 반영한다면 변화 모델도 포스트모던 시대와 급변하는 정보화 사회의 문화적 상황을 포괄하면서 과거의 성경적 전통과 종교개혁적 전통을 새롭게 접목해야 할 필요성 때문이다. 그것은 크리스천이 가져야 할 변화의 신학(a theology of change)에 근거를 두고 있다. 그것은 예수 그리스도의 사역이 변화의 사역이며 그것을 기초로 한 목회 사역은 변화를 그 본질로 하고 있기 때문이다. 그러므로 사도 바울은 "새로운 피조물"로 변화시키는 복음의 능력의 기초 위에서 "화목하게 하는 직책"을 말하고 있다(고전 5:18). 변화의 목회 모델

---

265 위의 책, 24.
266 Samuel W. Blizzard, "The Minister's Dilemma," *The Christian Century*, April 25. 1956. 재인용, Hinson, "The Church and Its Ministry," 25.

은 세상을 변화시키는 데 목사 자신을 담대하게 참여시키는 신학적 근거와 개혁적 전통의 크리스천의 정체성에서 이해할 수 있다. 여기서 말하는 개혁 전통이란 반드시 미국의 개혁주의의 다양성 안에서 문화주의적 전통만을 지칭하는 것이 아니다. George M. Marsden이 제시한 것처럼 미국의 개혁주의를 교리주의적 전통, 문화주의적 전통, 경건주의적 전통으로 분류할 수 있다. 필자는 변화 목회 모델은 이 세 가지 전통에 근거를 둔 것이다.[267]

이러한 변화 목회 모델은 반문화적 목회, 문화 지향적 목회, 대안문화적 목회라기보다는 성육신적 목회이다. 대안문화적 목회의 한계는 교회를 세상 속의 "전초기지" "교두보"로 만들어 세상과 교회를 분리한다는 것이다. 성육신적 목회는 문화 지향이나 문화 변용(acculturation)을 지향하지 않고 성경적 진리의 타 문화적 전달인 상황화를 지향하지만 성경적 진리가 시대정신과 함께하면서도 새로운 시대정신을 창조한다. 그것이 이루어지기 위해서는 "溫故而知新型 오리엔티어링(orienteering)"[268] 목회가 필요하다. 오리엔티어링(orienteering)이란 벌판에 설정된 몇 개의 목표물을 지도와 컴파스를 사용하여 찾아가면서 목적지에 이르는 경주를 목회 개념에 채용한 것으로 포스트모던 시대에는 분명한 목회 지도(牧會地圖)가 없다는 전제하에 전통을 새롭게 재해석하며 오늘의 牧會地圖를 재작성(remapping)하는 목회 방식을 의미한다. 오리엔티어링 목회 모델에서 중요한 것은 과거로부터 전통을 되살려내어 21세기 사역 환경에 적합하도록 다시 최적화하는 것이다. 불행하게도

---

[267] George Marsden, "Reformed and American," in *Reformed Theology in America*, ed., David F. Wells (Grands Rapids: Eerdmans Publishing Company, 1985), 3-11.

[268] Leonard Sweet, *Aqua Church*, 김영래 역, 『모던 시대는 가라: 포스트모던 시대의 교회리더십 기술』 (서울: 좋은씨앗, 2004), 115.

우리는 교회에 붙어있는 비계(飛階: scaffold)와 성자들의 전통을 구분하지 못하고 전통을 일방적으로 무시하는 데 있다.[269] 초현실주의 미술계의 거장 살바도르 달리(S. Dali)는 초현실주의는 전통의 변신이라고 말했다. 어떻게 초현실과 전통이 만나는가? 그의 작품 세계에서 가능했다. 예술 작품은 하나의 세계관이다. 목회도 예술이다. 그러므로 변화 목회 모델은 아쿠아교회(Aqua Church)의 선장이 전통의 닻을 내리는 것을 의미한다. 아쿠아교회(Aqua Church)란 포스트모던 시대의 교회 환경인 바다(Aqua) 위를 항해하는 교회를 지칭하는 말로 미국의 교회 미래학자 Leonard Sweet가 사용한 말이다.

2. 변화 담당자로서 목사의 정체성

(1) 변화에 대한 소명자로서의 정체성

목사는 변화를 위해 부름 받았다. 목사는 변화 담당자로서 책임을 가지고 살아가도록 부름 받은 존재이다. 만약 목사가 이에 대해 충분한 결심이나 사명감이 없다면 그는 틀에 박힌 종교인으로 살아갈 것이다. 그에게는 변화를 위한 하나님의 소명에 대한 인식과 그가 위임받은 특별한 형태로서 인격적인 정체감이 있어야 한다. 리턴 포드(Leighton Ford)는 자신이 누구라는 사실을 아는 정체감이야말로 리더십의 핵심이라고 지적함으로 예수 그리스도의 리더십이 무엇보다도 어떤 일을 하느냐의 문제라기보다는 어떤 사람이냐에 관한 문제였음을 지적하고

---

269 위의 책, 117.

있다.[270] 그러므로 목사는 자신이 먼저 변화 담당자로서 정체성을 가져야 한다.

변화 담당자로서 목사의 정체성은 성경과 교회의 역사, 현대 교회의 필요성, 그리고 목사직에 대한 소명 속에서 하나님께서 계시하시는 뜻과 일치하는 변화를 구하는 그런 종류의 책임(commitment)을 요구한다. 그것은 변화의 한계를 의미한다. 변화는 아침 신문의 최근 뉴스에 반응하는 사람과 같은 세속적 가치의 흐름에 민감하게 움직이는 것을 의미하지 않는다. 오히려 목회자의 변화 직무는 궁극적 삶의 문제에 대한 의제(agenda)에 답하는 실존적 물음에 말씀과 삶으로써 응답하는 좁은 개념의 혁명가이다.

예수는 인간 역사에서 가장 변화지향적인 사람이었다. 그가 가는 곳마다 인간의 삶 속에 하나님 나라의 실재를 가져왔다. 그리하여 그의 접촉은 마음과 몸과 영혼의 치유를 가져왔다. 그의 말은 냉담한 자기만족과 율법적인 경직성에 도전을 주었다. 그의 삶은 다른 사람들의 삶을 하나님의 실재 앞에 확실하게 하고 그들의 삶을 통전적이고 의롭게 만드는 하나님 나라의 한 인격을 보여주었다. 그의 말과 행동은 역사를 침입하시는 하나님의 메시지가 되어 세상은 변혁되었다. 목사는 바로 이러한 예수 그리스도의 변화 담당자로서 정체성을 담지하도록 부름 받은 존재이다.

그러므로 변화 담당자로서의 소명자는 어떤 존재로 부름 받았는가? 그것은 선지자적 비평(prophetic critique)의 소유자로 부름 받았다. 전통적으로 선지자적 비평 의식은 진보적 자유주의자들이 과도하게 그 개

---

270 Leighton Ford, *Transforming Leadership*, 김기찬 역, 『변화를 일으키는 리더십』 (서울: 생명의 말씀사, 1994), 40.

념을 민중적 사회 참여 방식으로 이해해 왔다. 그러나 만일 목사의 삶이 십자가의 삶과 죽음의 사건을 통한 삶의 실재에서 사람들과 공동체를 향한 하나님의 뜻을 구하는 데 중점이 있다면, 거기에는 하나님 나라에 대항하는 모든 부적절한 삶의 실재에 저항하기 마련이다.

선지자적 비평은 목회신학적으로 보면 목사가 삶의 해석자(interpreters)[271]로 나서는 것을 의미한다. 목사는 교인들에게 그들의 삶에 대해 적절한 의미 구조와 보다 폭넓은 해석의 지평을 열어주는 자이다. 그는 말씀의 계시를 통한 선지자적 영성을 통해 개인과 공동체와 사회적 수준에서 변화의 필요성에 대한 인식과 호소를 말씀과 삶을 통해 보여주는 것이다. 존재하는 것들에 대한 이러한 판단 행위는 목회적 판단으로서 어떤 경우에는 필연적으로 오만하게 보일지 모른다. 왜냐하면 현상 유지를 수용할 수 없다는 강한 도덕적 신학적 확신을 요구받기 때문이다. 목사는 변화 과정에서 하나님의 대변자가 된다. 이러한 자세는 하나님의 뜻에 근거한 분명한 비전에 뿌리를 두고 있지 않다면 대단히 위험한 상황이 될 수도 있다. 목사와 모든 크리스천의 변화 담당자로서의 책임은 하나님의 뜻 앞에 마주대하고 있는 모든 것들에 대한 존재의 근본적 물음에 대해 이름을 붙여주는 "재지정"(rename)[272] 행위이다. 그것은 개인과 교회와 사회의 모든 행동과 삶의 실재의 성격을 밝히는 것이다. 아담의 작명 행위에 대한 신학적 해석은 여러 가지로 해석되지만 우리는 해석학적 목회신학으로 이해하고 한다. 선지자적 판단은 변화를 필요

---

271 해석학적 관점에서의 목회신학 사상은 다음 저서를 참고하라. Charles Gerkin, *Prophetic Pastoral Practice* (Nashville: Abingdon Press, 1991), *An Introduction to Pastoral Care* (Nashville: Abingdon Press, 1997). 재인용, 황성철, 『개혁주의 목회신학』, 292.

272 Buttrick은 설교자가 이야기를 통해 하나님과 세상을 지정(name)하는 것이라고 했다. Buttrick, *Homiletic* (Philadelphia: Fortress Press, 1987), 17.

로 하는 사람에 대해 인내하도록 한다. 그러므로 성경은 목사에게 가장 요구되는 자질로 인내를 요구하고 있다. 사실 선지자적 선포는 백성을 가장 사랑하는 마음에서 우러나온 것이다. 목사가 가장 주의 깊게 스스로를 경계해야만 하는 이유가 바로 여기에 있다. 그는 선지자적 책임이 부여되었다는 권위의식 때문에 부정적으로 판단 받을 수 있다. 그와 동시에 그는 자신의 입장에서 하나님의 판단을 무시할 수도 있다. 그러나 선지자 없이 변화는 없다.[273]

(2) 변화의 대표적 사역자로서의 정체성

모든 크리스천이 변화와 연관된 복음의 사역자로서 다시 태어난 "새로운 피조물"임이 틀림없다. 하지만 세계 구원을 위한 성부 하나님의 목회 활동은 일정한 질서 속에 교회에 위임되었다. 이것은 사역의 권위의 문제이다. 변화 목회 모델에서 패러독스적인 것이 있다면 가장 타락하여 변화하기 힘든 한 인간을 가장 거룩한 변화의 사역 중심점에 두었다는 것이다. 일찍이 교회의 역사는 교회 정치적으로 "감독 없이 교회 없다"는 표현으로 이 점을 강조하였다. 이 점이 중세의 과도한 사제주의를 낳는 역할을 하지 않은 바 없지만 그 근본 강조점을 놓쳐서는 안 될 것이다. 이것은 현실적으로 목회의 중심성(centering)에 관한 질문이다. 평신도 신학의 "일반교역성"(the general ministry) 관점에서 과도한 목사 신학을 비판하고 "얼어붙은 평신도"를 일으켜 세우지만 그렇다고 현대 목회가 목사의 "대표 사역성"(the representative ministry)을 부정할 수는

273　Mark W. Lee, *The Minister and His Ministry* (Grands Rapids: Zondervan Publishing, 1960), 68-74.

없다.[274]

목사는 대표 사역자이다. 모든 하나님의 백성이 다 하나님의 사역자임에도 불구하고 목사는 하나님이 대표 사역자로 세우셨다는 것이다. 안수는 그에 대한 물리적 표시이다. 사도행전에서 오순절 성령강림보다 더 먼저 유다를 대신하여 맛디아를 사도로 뽑은 사실은 대표 사역자의 중요성을 말해주는 것이다. 이 부분에 대해 평신도들이나 목사 자신들이 다음과 같이 상당한 오해를 가지고 있다.

즉 안수 사역에 대한 오해이다. 어떤 목사는 안수를 받은 자신이 하나님의 기름 부음을 받은 제사장으로서 역할을 한다고 생각한다. Wayne E. Oates는 목사는 하나님의 대표이지 하나님을 대신하는 자가 아님을 강조하면서 목사는 항상 하나님을 대신하려는 유혹에 빠진다고 하였다.[275] 그러나 성경적으로나 개혁자들의 삼중직에 비유하면 제사장 직분은 오히려 집사직이다. 목사는 선지자직, 장로는 왕직에 해당한다는 비유는 존재론이 아니라 사역론이다. 가끔 목사들은 안수직에 대한 제사장적 역할 오해로 자신들의 권위를 정당화하는 도구로 사용한다. 그 반대로 평신도들이나 일부 목사들은 이 둘 사이의 구분은 교회가 가지는 은사적 기능의 구분일 따름이라고 강변한다. 과연 목사는 신학적으로 평신도와 차이가 없고 단순한 은사의 차이일 뿐일까? 이러한 견해는 분명 성경적으로 바른 입장이 아니다. 목사는 기능적 은사로만 규정되는 것이 아니라 목사 자신의 존재론적 자격으로 규정되는 면이 있음을 간과해서는 안 된다. 목사의 축도권 등은 목사의 은사적 순기능주의

---

274 오성춘, "일반교역의 입장에서 본 목회신학의 동향," 「교회와 신학」, 제26집, (1994), 433-453. Wayne E. Oates, *The Christian Pastor*, 김득룡 역 『기독교목회학』 (서울: 생명의말씀사, 1974), 44-47. Thomas C. Oden, *Pastoral Theology* (New York: HarperCollins Publisher, 1983), 26.

275 Oates, 위의 책, 31.

적 관점으로만 설명되지 못한다. 그러나 주의해야 할 점은 목사들은 자신의 존재론적 직무관과 순기능주의적 직무관 사이에 긴장 관계가 있다는 점을 잊어서는 안 된다. 자신이 목사로서 바르게 기능하지 못할 때 목사의 존재는 항상 비난과 비판의 표적이 됨을 잊어서는 안 된다. 하나님은 대표 사역자와 일반 사역자가 조화를 이루면서 서로 도움을 받으면서 자신의 몸 된 교회를 통해 구원의 사역이 이루어 가도록 정해 주셨다.

변화 담당자로서 소명을 받은 목사는 교회의 대표 사역자로서 변화 과정의 중심체로서 정체성을 가진다. 그는 모든 변화 운동의 핵이다. 만물을 새롭게 하라는 복음적 변화의 사명을 위임받은 하나님의 사역의 중심으로서 서 있다. 그러므로 그의 얼어붙음은 교회의 모든 사역의 얼어붙음이요, 그의 깨어남은 교회의 모든 사역에 있어서 변화를 향한 새로움의 싹틈이다. 왜 하나님은 이렇게 변화 목회의 중심성(centering)을 목사에게 두었는가? 그것은 하나님의 사역의 신적 질서로부터 나오기 때문이다.[276]

(3) 변화의 리더로서 정체성

목사는 변화의 리더이다. 목사는 변화 담당자로 부름을 받았고, 교회의 모든 사역의 대표자로서 변화의 중심체에 서 있는 사람이다. 이것은 더 실천적으로 말한다면 하나님의 나라의 복음이 요구하는 변화의 삶을 위해 하나님께서 의도하신(intentional) 사람이다. 목사는 예수 그리

---

[276] 이 점에 대해서는 조직신학적 측면과 실천신학적 측면에서 논증이 가능하나 이 논문의 범위를 벗어난다. 다만 조직신학적 관점에서 이미 성삼위 하나님의 사역은 그 주도성(the initiative)이 계시되었으며, 실천신학적 측면에서는 리더십 프락시스의 기원론과 필연성으로 설명될 수 있을 것이다.

스도처럼 십자가의 삶과 죽음과 부활을 통해 변화를 적극적으로 이끌어가는 사람이다. 이것을 실천신학적으로 말하면 목사는 "프락시스적 변화의 리더"라고 표현할 수 있다. 리더십은 관리[277]와 다르다. 존 코터(John P. Kotter)는 "어떤 의미의 변화이든 성공적인 변화를 이끄는 주요한 힘은 리더십이지 관리가 아니다"[278]라고 말했다. Doug Murren의 지적대로 목사는 패러다임 개척자(The Paradigm Pioneer)이다.[279]

이러한 맥락은 이미 인간에게 주어진 창조 문화 명령 속에 나타난다. 생육하고 번성하라는 명령은 첫 사람 아담에게 주어진 하나님의 왕권 위임자로서 세상을 관리하고 돌보라는 목회신학적 사명으로 이해할 수 있다. 그러므로 21세기 현대 목회신학은 이 점을 중시하여 기존의 전통적인 구속론적 목회와 조화를 이루는 창조론적 목회가 강조되기 시작한 것이다. 90년대 이후 나타난 창조신학적 목회는 교인들 한 사람 한 사람들에게 평신도로서 하나님의 왕권을 부여받은 자로서 사명을 완수하도록 도와주는 목회임을 강조하고 있다. 그러므로 현대 교회의 목사는 이 사회의 작은 하부 구조의 종교 지도자로 머무르는 것이 아니라 하나님의 새로운 피조물로 변화된 교회를 통해 창조 세계를 이끌고 돌보는 환경생태학적인 목회까지 아우르는 정체성을 가지고 있다.

일부 사람들은 목사는 "설교자"로서 설교만 하면 된다는 생각이 있어 왔다. 그러나 이 말이 언뜻 보면 성경적인 것 같지만 목회 리더십을 부정하는 말임을 알 수 있다. 우리가 여기서 말하는 변화의 리더로서 목

---

[277] 여기서 관리란 경영학이나 행정학에서 전통적인 고전기의 관리자의 기능을 말한다. 즉 "POSDCORB"로 계획(Planning), 조직(Organizing), 인사(Staffing), 지휘(Directing), 조정(Coordinating), 보고(Reporting), 예산(Budgeting) 등의 합성어이다.

[278] John P. Kotter, *What Leaders Really Do*, 신태균 역, 『변화의 리더십』 (서울: 북21, 2003), 28.

[279] Doug Murren, *Leader Shift* (Ventura: Regal Books, 1994), 122.

사의 정체성은 목사가 모든 일을 다 해야 한다는 뜻이 아니다. "말씀의 봉사자"로서 목사는 평신도의 "말씀에 반응하는 봉사"가 균형 있게 이루어지도록 하나님의 전 사역자와 백성들을 일깨우고 지도해 나가는 "목회 지도자"이다. 그러므로 말씀의 봉사와 말씀에 반응하는 봉사는 변화의 리더로서 목사가 있을 때 적절히 균형을 이루고 세상을 변화시키는 하나님의 교회를 이루어갈 수 있다.

변화의 리더로서 목사에게 중요한 것은 지식보다 상상력과 창조성이다. 실존주의 기독교 교육학자 James E. Loder는 과학적 인식이나 심미적 인식, 그리고 치료적 인식마저도 상상력과 직관에 의해 진리가 인식되어진다고 보았다. 그는 기독교 종교 체험의 본질을 변형의 논리로 설명함으로 기독교 교육에서의 신앙발달론의 한계를 극복하고자 했다.[280] 창조성은 감성과 지성과 영성이 교차하는 지점에서 피어난다. 새로운 시대의 리더십의 핵심은 복제가 아니라 혁신이며, 실행(implementation)보다는 상상력(imagination)이다. 목사는 창조의 근본이신 창조주 하나님을 예배하면서 창조성을 억압하는 종교 지도자가 되어서는 안 된다.

(4) 저항과 갈등 관리 매니저로서의 정체성

목사는 갈등 관리 매니저이다. 목회에서 갈등은 피할 수 없다(R.I.P). 성경적 변화를 성취하려면 반드시 갈등을 유발한다. 모든 교회 갈등이 교회 갱신과 연관된 것은 아니지만 복음의 속성에 나오는 변화는 이 세상에 속한 것과 같은 갈등을 유발한다. 특히 하나님의 비전을 이루려고

---

280 James E. Loder, *The Transforming Moment: Understanding Convictional Experiences* (Colorado Spring: Helmers & Howard, 1989). Chapter 2.

하는 사람들은 항상 저항에 직면한다. 변화 담당자는 개인이나 조직에 내면화되어 있는 변화에 대한 저항을 필연적으로 다루어야 한다. 변화의 상황에서 이미 주어진 변화에 대해 저항하는 세력과 변화를 주도적으로 제공하는 세력이 존재하기 마련이다. 만일 변화시키는 행동이 하나님의 뜻이라고 확신하지 않는다면 교회적인 환경에서 변화는 시도되지 못할 것이다. 왜냐하면 교회는 독특한 종교 문화 집단으로서 보수적인 성격을 가지고 있기 때문이다. 변화를 원하는 교회 혁신가는 극소수이다.[281] 그래서 많은 목회자들은 교회 안에서 어떤 변화도 시도하지 않음으로써 갈등을 회피하려고 한다. 그리고 갈등 자체가 신학적으로 필연적임을 인지하지 못하고 있다. 그것이 필연적인 관계 신학에 기초함에도 불구하고 현실적 안정감 때문에 갈등과 저항을 회피하려고 한다.

목사가 갈등 매니저로서 정체성을 갖는다는 것은 성경에 나타난 갈등의 존재[282]와 삼위일체론 및 인간의 창조 행위의 신학적 의미에 근거를 두고 있다. 윌리엄 힐(William C. Hill)에 의하면 요한계시록을 제외한 신약 성경 중 인간관계에 대한 갈등 사건을 서술하고 있는 부분은 약 25%나 된다. 약 15% 정도가 갈등에 대한 가르침과 연관되어 있다고

---

[281] 교회 또는 어느 조직에서 혁신가가 차지하는 비율은 다음 그림과 같이 겨우 2.5%에 불과하다고 지적했다. Cf. Evertt M. Rogers, *Diffusion of Innovation*, 3rd ed. (New York: The Free Press, 1983), 248.

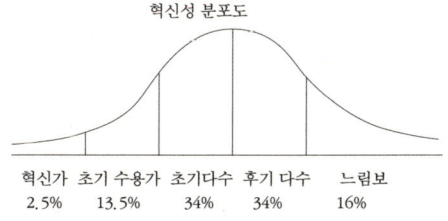

[282] William C. Hill, *The Theme of Interpersonal Conflict Traced Through the New Testament* (Wheaton, IL: Wheaton College, 1978), 2. 재인용, 현유광, 『목사와 갈등』 (서울: 본문과현장사이, 2001), 25.

보았다. 이것은 성경이 요한계시록을 제외한 약 40%가 인간관계의 갈등을 다루고 있음을 보여주는 것이며 성경의 중요한 주제가 관계 즉 하나님과 사람과의 관계, 사람과 사람의 관계, 사람과 만물과의 관계임을 말해주는 것이다. 갈등의 대칭적 원형은 성부 성자 성령 삼위일체 하나님 본체이시다. 그분 안에서만 완전한 관계를 볼 수 있다. 그러나 그 관계는 신비이므로 누구도 완전히 볼 수 없다. 그런고로 하나님은 인간을 창조하실 때 두 가지 유비(analogy)를 통해 자신을 계시하셨다. 존재 유비는 아담의 형상 안에 하나님의 신적 속성으로 나타나고, 관계 유비는 인간의 존재 양식 속에 나타났다. 아담은 홀로 창조된 것이 아니라 남자와 여자라는 관계 속에서 창조되었다. 따라서 인간은 근본적으로 신적 관계성이 인간의 존재 양식 속에 담겨져 있다. 그러나 아담의 존재적 형상과 관계적 형상은 전체적으로 타락되었고 그것은 점점 확대되어 사회적 실재 속에 나타나기 시작했다. 이러한 인간의 존재론적 타락 현상은 모든 사회적 갈등과 분쟁의 원인이 되며 신적 관계성의 타락과 함께 증폭되어 인간은 비참한 상태에 빠졌다. 그러나 하나님은 예수 그리스도를 통한 이러한 관계뿐만 아니라 타락한 존재의 형상까지 새로운 존재로 회복시키셨다. 이러한 회복은 단선적이고 일회성으로 모든 사람들에게 동시에 효력이 나타나는 것이 아니므로 교회는 끊임없는 육의 본성과 성령의 본성이 혼재되면서 갈등이 계속적으로 유발된다.

이러한 관계 신학은 존재론적 형상의 변화와 세상의 변화에 대한 연결 고리로서 교회의 각종 갈등과 분쟁과 모순 등을 해결하는 갈등 관리 매니저로서의 목사에 대한 신학적 기초가 된다. 그리고 더 나아가 하나님의 나라를 완성하는 광범위한 규범적 기초가 된다. 이러한 관계 신학의 유형론적 모습은 성찬에서 그 본질이 함축되어 있다. 성찬은 그 이름 자체대로 "신비"(sakramentum)이며 그 신비는 삼위일체적 신비를 함축하고 있다. 그러므로 성찬은 그리스도의 신비로서 교회론의 유비적 결론이며 성령 공동체가 주님의 몸과 연합하는 교회 갈등론의 마침표이다. 갈등 매니저로서 목사는 이러한 존재와 관계에 있어서 완성과 미완성의 패러독스적 존재 양식의 중간 지점에서 제사장적 목회 사역을 감당하는 하나님의 사람이다. 결국 아쿠아교회의 목사의 목회 전략은 비선형적이고 불확실하고 비국지적인 포스트모던 문화 속에서 "어느 한 쪽/ 또는"이 아니라 "그리고 또한"의 이중 고리와 이중 비전으로 역설을 껴안는 갈등 관리자가 되어야 한다.[283]

3. 변화 담당자로서의 목사의 역할

우리는 이제까지 변화 담당자로서 목사의 정체성에 대해 살펴보았다. 이 정체성은 변화 담당자로서 목사의 실천신학적 이론(theorie)이라고 볼 수 있다. 목회신학은 이론과 실제가 나선형적으로 교류하는 것으로 이제 실천신학적 프락시스(praxis)를 살펴보자. 그것은 변화 담당자로서 목사의 실천적 역할을 의미한다. 여기서는 세 가지 측면에서 고찰하고자 한다. 즉 변화 대상의 수준에 따른 목사의 역할, 변화의 전략가로서 목사의 역할, 변화에 대한 저항 관리자로서 목사의 역할 등으로 살펴보기로 한다.

---

283 Sweet, 『모던 시대는 가라: 포스트모던 시대의 교회리더십 기술』, 195.

(1) 변화 대상의 수준에 따른 목사의 역할

목사는 변화를 어떻게 성취할 것인가? 이 문제로 바로 들어가기 전에 우리는 변화의 대상에 대한 목회의 수준을 가늠해야 한다. 고전적인 목회신학에서는 목회의 범위를 협소하게 보려는 경향이 있어왔다. 우리가 말하려고 하는 변화 담당자로서의 목사의 역할을 기존의 목회신학에서는 목사의 역할을 단지 목양의 범위 안에서 선지자적 사역(prophetic ministry)의 범주로 묶어두려는 사람도 있다.[284] 그러나 현대 목회신학의 범위는 이미 전통적인 목사의 직무와 기능의 수준을 넘어서고 있다.

그렇다면 변화 대상의 수준은 무엇인가? 목사가 할 수 있는 첫 번째 결단은 변화 대상의 수준에 대한 관심을 갖는 것이다. 그것을 여러 가지로 분류할 수 있을 것이다. 우리는 행동(behavior)과 관계(relationships)와 사상(ideas), 그리고 문화(cultures)를 들 수 있다. 목회는 이 4가지 변화 대상과 관련된다. 물론 목사는 이 대상들 중 어느 하나에 집중할 수 있다. 목사는 이 네 가지 대상들을 각각 사람과 그룹과 구조의 수준에서 만난다. 변화 대상은 목회자를 비롯하여 모든 사역자가 각자 사역의 특별한 형태 안에서 다양화 될 수 있다.

첫 번째 변화 대상의 수준은 개인적 수준이다. 어떤 변화 담당자들은 자신의 노력을 전적으로 개인적 수준의 변화로 제한한다. 복음의 사역자들은 이러한 수준의 기능으로 가장 많은 시간을 보낼 것이다. 전통적인 목회의 모든 기능에서 일대일 인간관계는 개인의 변화에 영향을 주기 위한 것이다. 거의 모든 사역의 형태들은 개인의 변화에 초점을 둔

---

[284] Bruce Larson, Paul Anderson, Doug Self, *Mastering Pastoral Care*, 박성혁 역 『현대 목양 어떻게 할 것인가?』(서울: 도서출판햇불, 1994), 41.

기능들을 요구한다.[285]

그러나 불행하게도 목회의 전통적 개념은 전문적 사역을 개인적 변화의 수준으로 제한하고 있다는 것이다.[286] 모든 변화는 개인의 수준을 어떻게 할 것인가에 의존되어 있다. 그리하여 복음의 능력은 개인의 회심과 성장의 사역에 한정되어진다. 아마 거기에는 그들이 사회적 질서에 침투해 들어갈 것이라는 가정이 전제되어 있을 것이다. 그러나 이것은 관계 신학의 관점에서 보면 개인이 선하다고 관계가 선해지는 것은 아니다. 따라서 변화 담당자로서 현대 목회자는 개인을 넘어서는 이해와 기술을 가져야 한다.

변화의 두 번째 수준인 그룹을 다루어야만 한다. 회중의 맥락에서 변화시키려는 사역은 집단 스킬(group skills)이 요구된다. 현대 목회의 중요한 문제 중의 하나는 보다 큰 조직에서의 사역이 일대일 관계의 사역에 초점을 맞출 수 있다는 가정이다. 회중 안에서의 변화는 회중 특유의 그룹적 맥락 안에서 성취되어져야만 한다. 공동체 형성, 목표 설정, 오픈 커뮤니케이션, 그리고 그룹 과정 등의 기술들은 회중의 변화를 위해 필수적이다.[287]

세 번째 변화의 수준은 구조(system) 안에서 일어난다. 구조란 서로 서로 상호 작용하는 다양한 그룹 환경이다. 시스템 안에서 변화의 사역

285　Larry L. McSwain, "The Minister as an Agent of Change," ed., Anne Davis & Wade Rowatt, Jr. *Formation for Christian Ministry*, 211.
286　이러한 목회 영역을 보여주는 것으로는 Jay E. Adams의 전통적인 목양 모델이다. 그는 개인과 회중, 그리고 병원과 같은 방문 사역 등으로 목회 영역을 제한하고 있다. Cf. Jay E. Adams, Shephering God's Flock, Vol. one (Philadelphia: Presbyterian and Reformed Publishing Company, 1976), 82.

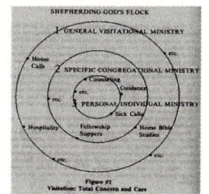

은 조직, 공동체, 교단, 국가, 그리고 국제적 수준 등 몇 가지 차원에 초점을 둘 수 있다. 시스템 이론의 관점은 구조적 차원의 변화에 적용할 수 있을 것이다.[288]

변화의 목표가 개인, 그룹, 시스템이라는 수준에서 자리매김 되어질 수 있는 것처럼 변화 담당자도 그렇게 자리매김 되어질 수 있다. 그가 개인에서 시스템으로 변화의 목표를 이동하면 할수록 변화의 직무의 수준은 보다 복잡해진다. 개인이라는 독립된 개체는 변화에 영향을 주는 하나의 시스템으로서 기능하는 다른 개인 네트워크와 연관되어 있을 때 보다 큰 시스템을 변화시킬 수 있다. 그리하여 변화 담당자의 직무는 팀 사역, 연합체 형성, 그리고 그룹 네트워킹 개발과 조직에 관한 훈련 등이 요구된다. 변화 담당자로서 목사는 변화를 유도하는 의도적 공동체를 개발하는 기술을 가져야만 한다.

위와 같은 개인, 그룹, 구조의 수준이 행동(behavior)과 관계(relationships)와 사상(ideas), 그리고 문화(cultures)의 차원에서 변화되어야 한다. 여기서는 문화만을 보면, 문화는 개인과 그룹, 그리고 구조의 차원을 넘어 전 지구적 지역적 문화 경제까지 포함한다. 21세기의 전 지구적 문화의 흐름인 에스노스케이프(ethnoscapes),[289] 미디어스케이프(mediascapes), 테그노스케이프(technoscapes), 파이낸스스케이프(financescapes), 그리고 이

---

287 위의 책, 212.
288 위의 책, 213.
289 에스노스케이프(ethnoscapes)란 우리가 살아가고 있는 변화는 세계 속의 사람들의 풍경을 의미하는 것으로 안정된 삶의 풍경에 대비되는 개념이다. 여행자, 이주민, 피난민, 탈출자, 임시노동자, 기타 이동하는 집단 등을 말하며 사람들의 삶이란 씨줄인 안정된 공동체와 관계망과 날줄인 에스노스케이프의 움직임과 엮어져 있는 것이다. Cf. Arjun Appadurai, *Modernity at Large*, 차원현·채호석·배개화 공역, 『고삐 풀린 현대성』 (서울: 현실문화연구, 2004), 62.

데오스케이프(ideoscapes)[290] 등의 풍경에 복음의 새로움이란 무엇인가? 사람과 기계, 돈, 이미지와 관념들이 만들어내는 이러한 풍경은 현대 소비주의의 열쇠인 쾌락과 결합되어 하나님 나라를 압박하고 있다. 변화 담당자로서 목사는 21세기 포스트모던 시대의 아쿠아교회의 선장으로서 이러한 풍경 속에서 하나님의 백성을 어떻게 자리매김할 것인가와 그 풍경을 어떻게 복음화할 것인가에 대한 지남적(指南的) 항해를 해야 한다.[291]

근대 시대의 목회는 육지의 풍경(landscapes) 속에서 하였지만 포스트모던 시대의 목회는 바다의 풍경(wavescapes) 속에서 목회한다. 거기에는 경계가 없다. 그리고 확실한 항해 지도(航海地圖)가 없다. 따라서 아쿠아교회의 목사는 자기 자신만의 목회 지도(牧會地圖)를 만드는 리맵핑(remapping)이 있어야 한다. 특히 변화 담당자로서 아쿠아교회의 목사는 커뮤니케이션을 통한 변화에 주목하여야 한다. 인터넷 목회를 통해 그리스도의 복음이 어떻게 총체적인 풍경 속에 변화되어야 하는지 관심을 가져야 한다.

(2) 변화의 전략가로서 목사의 역할

교회 갱신에 있어서 변화는 효과적인 방법론과 전략을 필수로 한다. 실천신학에서 프락시스는 의미의 차원에서 진리(truth)를 넘어선다. 프락시스는 행동의 차원에서 진리의 설계도를 단순히 집행하는 기술자가 아니다. 행동자는 하나님의 왕권 대리자로서 창조적인 자연체이다.

---

290 이데오스케이프(ideoscapes)는 자유, 행복, 주권, 민주주의 같은 이미지들의 연쇄이다. 위의 책, 66.
291 글로벌 환경에서의 목회 사역에 대해서는 다음을 참고하라. cf. David F. D'Amico, "Christian Ministry in Global Context," in *Preparing for Christian Ministry: Formation for Ministry in the 21st Century*, ed., Vavid P. Gushee & Walter C. Jackson (Wheaton: Victor Books, 1996), 295-306.

행동의 차원에서 중심 되는 관심사는 타당성(appropriateness)과 미학적 산출과 기술과 능력이다. 따라서 변화 담당자로서 목사는 행동의 차원에서 모든 교회의 사역들이 적절한 타당성을 가지는가 아름다움을 만들어내고 있는가 효과적인 기술과 과정인가, 그리고 그 행동들이 얼마나 능력을 가지고 있는가를 평가할 수 있다. 그런 의미에서 James E. Means는 효과적인 방법론은 교회 갱신을 자극한다고 말한 것이다.[292]

변화의 목회를 위한 실천적 전략과 방법론은 무엇인가? 이것은 변화를 어떻게 성취할 것인가의 문제이다. 예수 그리스도의 전략은 새로운 실재인 하나님 나라를 이 땅에 성취하시는 전략이었다. 그 하나님 나라의 전략은 범세계적 전략이었으며 그 전략은 인간을 향한 전략이었고 그것은 인간들의 속죄의 경험으로 구체화되었다. 예수의 전략은 많은 사람들 가운데 소수의 전략이었으며 고난과 영광의 전략이었다.[293] 그런 의미에서 예수 그리스도는 "세계적 전술가"[294]였다.

일반 조직학에서는 변혁의 전략 이론들이 정교하게 발달되어 있다.[295] 우리는 하워드 데이비스(Howard Davis)의 변화 모델을 원용한 Merton P. Strommen의 혁신 이론을 채용하고자 한다. Howard Davis는 변화와 관련한 전문 서적 1,200권을 연구한 결과 변화를 어떻게 일으키느냐에 관한 전략의 문제에 있어서 반드시 물어야 할 질문을 8가지로 압축했다.[296]

---

292 Means, 『21세기에는 목회자가 변해야 교회도 변한다』, 177.
293 Ford, 『변화를 일으키는 리더십』, 53-94.
294 Means, 『21세기에는 목회자가 변해야 교회도 변한다』, 147.
295 조직학에서 일반적으로 말하는 개혁 전략의 방법론은 과정적 접근, 사업중심적 접근, 인간 행태적 접근, 문화적 접근, 통합적 접근 전략들이 제시되고, 그 전략들이 구체적으로 시행되는 개혁 단계 이론들이 수없이 존재한다. Cf. 오석홍, 『조직이론』 (서울: 박영사, 2002), 693-702.
296 Merton P. Strommen, *The Innovative Church: Seven Steps to Positive Change in your Congregation*, 안

1) 능력: 우리 교회는 시도하려고 하는 변화에 대해 실행할 능력과 자원이 있는가?
2) 가치: 시도하려는 변화가 우리 교회의 가치와 신앙 체계와 일치하는가?
3) 아이디어: 제안된 변화에 대해 사람들이 충분히 이해하고 알고 있는가?
4) 환경: 우리 교회의 내적 외적 환경이 시작하려고 하는 변화를 지지해주고 있는가?
5) 타이밍: 현재 상황으로 볼 때 지금이 변화를 시작하는 가장 좋은 시간인가?
6) 의무: 변화에 영향을 줄 수 있는 위치에 있는 사람이 변화의 필요성을 느끼는가?
7) 반대: 변화에 대해 달가워하지 않거나 무관심한 반응을 보이거나 반대자는 없는가?
8) 유익: 교인들은 혁신의 결과로 얻게 될 유익과 잠정적인 보상에 대해 충분히 알고 있는가?

이러한 질문과 함께 변화의 전략은 먼저 갱신의 열쇠가 되는 과업 팀(task force) 혹은 애드호크라시(adhocracy)를 만들어야 한다. 태스크포스는 기존 구조 안에서 갱신의 동력이 나오지 않는다는 전제에서 출발하는 탈관료제 혹은 반관료제 모형에 근거한다. 애드호크라시는 Warren G. Bennis의 '적응적 유기적 구조'에서 온 말로 창의성을 도모하기 위한 임시 체제이다. 예수 그리스도의 제자화 전략은 이러한 혁신 조직으로 사실 현대 조직학자들의 사상보다 앞서는 것임을 보여주고 있다. 문

성근 역, 『교회 혁신을 위한 7단계 전략』 (포항: 예본출판사, 2000), 230-38.

제는 당회와 같은 기존 시스템 속에서 목사가 어떻게 그러한 과업 팀을 둘 수 있느냐이다. 목사는 바로 교회 갱신에서 위의 8가지 전제 조건을 고려하여 지혜로운 전략가로서 과업 팀을 둘 수 있어야 한다. 교회 컨설턴트 Kennon Callahan은 변화 그룹의 필요성을 강조했다.[297] 목사가 갱신을 한다고 교회의 핵심적인 트러블 메이커가 되어서는 안 된다. 현재 제자화 목회가 이러한 변화 그룹의 전초 단계로 악용되어질 때 교회는 전통 목회 패러더임을 지지하는 장로와 큰 충돌을 일으킬 수 있다. 어떤 경우에는 "비전 실행"(vision-into-action) 워크숍 등을 통해 기존 당회나 위원회가 과업 팀으로 더 적절하다는 결론이 나는 경우가 있다.

이러한 핵심 변화 그룹이 설치되면 그 다음의 전략은 그 과업 팀이 비전과 변화를 단계적으로 추진하는 지혜를 발휘하여야 한다. 복음의 능력이 현장화 되기 위해서는 이런 구체적인 프락시스가 필요하다. 물론 이 모든 과정에 성령을 의지하고 기도로 준비하는 것은 목사의 기본적 역할이다. 우리는 Merton P. Strommen의 혁신 과정을 다음과 같이 원용할 수 있다.[298]

297　Kennon Callahan, *Effective Church Leadership : Building on the Twelves Keys* (San Francisco: Harper & Row, 1990), 210.
298　Strommen, 『교회 혁신을 위한 7단계 전략』, 25.

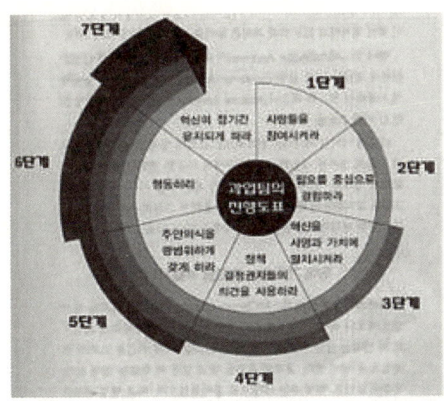
【 Merton P. Strommenn의 변화 전략 모델 】

여기서 유의할 것은 포스트모던 시대의 리더십은 과정을 따라하기가 아니라 상상하고 창조하기이기 때문에 여기에 제시하는 단계들은 기계적인 과정론이 아니라 동시적 체크 목록으로 이해해야 한다는 것이다.

1단계: 과업 팀은 변화에 영향을 주도록 사람들을 참여시켜야 한다. 혁신을 준비함에 있어서 첫 번째 필수적인 조건은 환경이다. 즉 변화에 영향을 주기 위해 사람들을 참여시키는 교회의 분위기이다. 여기서 중요한 것은 혁신적인 리더십이다. 리더십은 교회의 문화와 관련하여 독립 변수적이기도 하고 종속 변수적이기도 하기 때문에 변화 담당자로서 목사의 역할은 변화를 위해 문화를 바꾸는 일이다.[299]

2단계: 과업 팀은 필요에 대한 자각을 일으켜 모든 사람들이 그 필요

---

299 위의 책, 80.

한 것이 무엇인지를 내적으로 확신해야 한다.[300] 이때 목사는 그러한 필요들이 교회의 비전과 사명과 관련됨을 설교나 교육을 통해 동기부여할 수 있다. 특히 설교는 변화를 주도하는 "리더십 언어"이다.[301]

3단계: 과업 팀은 혁신을 교회의 사명과 가치에 일치시켜야 한다. 가치란 우리가 어떻게 행동하는지를 결정하는 정신적 행태이다. 목사는 교회의 사명을 근거로 비전을 창출하여야 한다.[302] 목사는 자신의 교회를 통해 하나님께서 무엇을 하실 수 있는지에 대한 혁신적 비전을 교육과 설교와 목회적 대화를 통해 교회의 사명과 가치에 일치시켜야 하며 과업 팀을 이끌어야 한다.

4단계: 교회의 정책 결정권자들은 교회의 모든 출입을 책임지는 파수꾼이다. 그러므로 그들의 승인 없이는 그 어떠한 변화도 이끌어내지 못한다. 그들의 반대와 망설임을 극복하고 지지를 확보하려면 변화의 과정에 참여시켜야 한다. 목사는 그들의 의견을 들어야 한다. 과업 팀은 교회의 수문장들과 의사 결정권자들에게 자문을 구하고, 혁신이 어떻게 교회의 사명을 더욱 발전시키는지 보여주고, 더 나아가 혁신에 영향을 받는 모든 이들의 의견을 들어야 한다.[303]

5단계: 과업 팀은 주인 의식을 광범위하게 갖도록 해야 한다. 목사와 과업 팀은 사람들이 참여하는 것이 말로만 참여하는 수준에서 깊은 헌신의 단계까지 다양한 차원이 있음을 인식하고 후원자들이 광범위하게

---

300 위의 책, 105.
301 James Emory White, "Preaching and Administration," in *Handbook of Comtemporary Preaching*, ed. Michael Duduit, Nashville: Broadman Press, 1992.
302 Strommen, 『교회 혁신을 위한 7단계 전략』, 135.
303 위의 책, 161.

주인 의식을 갖도록 격려하여야 한다.[304]

6단계: 과업 팀은 행동으로 옮겨야 한다. 변화는 행동으로 이루어진다. 여기서 주의할 점은 과업 팀의 혁신은 그 일을 시작한 팀이 실행하여야 한다는 것이다.[305] 기존 위원회나 조직에서 하게 되면 실패할 가능성이 많다. 또 사람들은 새로운 것에 대한 반응이 늦기 때문에 목사는 과업 팀의 실행이 당장 결과가 나오지 않더라도 기다리면서 후원자가 되어주어야 한다. 현대 리더십은 실행에 집중한다.[306] 모든 리더십 이론은 실천을 위해 존재하는 것이다. 산더미 같은 리더십 이론들이 많이 있지만 실천이 없다면 무용지물이다. 위대한 리더들은 본능적으로 실천 정신을 중시했다.

7단계: 변화를 수용하는 것이 끝이 되어서는 안 된다. 오히려 처음 계획보다 더 좋은 것으로 이끌어 가는 지속적인 과정의 출발점이 되어야 한다. 변화의 초기 수용이 반드시 성공적인 결실을 의미하지 않는다.[307] 갱신이 장기간 유지되게 하려면 이 단계는 성취된 변화를 새로운 방향에서 계속성을 확보하도록 정책, 사람, 구조, 그리고 제도로 공고히 하는 것이다. 타성(inertia)은 다시 돌아가는 경향이 있다. Larry L. McSwain은 이 차원을 구축(construction)이라고 불렀다.[308] 구축이란 크리스천 공동체에서 어떻게 살아야 하는가에 대한 가르침이다. 목사는 삶으로 그것을 보여주는 변화의 종말론적 종결점이다.

304　위의 책, 182.
305　위의 책, 204.
306　Larry Bossidy & Ram Charan, *Execution*, 김광수 역 『실행에 집중하라』 (서울: 21세기북스, 2004), 33.
307　위의 책, 216.
308　Larry L. McSwain, "The Minister as an Agent of Change," ed., Anne Davis & Wade Rowatt, Jr., *Formation for Christian Ministry* (Review and Expositor; 3rd , 1988), 209.

(3) 변화에 대한 갈등과 저항 관리자로서 목사의 역할

목사는 변혁시키는 리더십의 가능성이 갈등과 저항 속에서 이루어짐을 경험을 통해 알 수 있다. 변화에 있어서 갈등은 위기가 아니다. 갈등은 분열과 비통합의 위험성을 가지고 있는 동시에 통합과 화해의 전체성을 가능하게 하는 기회가 될 수 있다. 따라서 변화 담당자로서 목사는 변화에 대한 저항 관리자로서의 역할을 해야 한다. 성경에서 가장 모델적인 갈등 관리자는 느헤미야이다.[309]

한 연구조사에 따르면 회중들에 대한 변화의 과정에는 4가지가 있음을 확인했다. 첫 단계는 지도자가 설교와 교육을 통해 변화의 필요성에 대한 회중의 의식을 고양시키는 데 초점을 맞추는 가치 단계(value stage)이다. 두 번째 단계는 계획 단계(planning stage)이다. 이 단계는 사역 혹은 구조가 어떻게 변화를 시도할 것인가에 대한 시험의 논리적 과정이다. 세 번째 단계는 갈등 단계(conflict)이다. 만일 변화 과정으로부터 파생되는 갈등이 부정적이라면 거기에는 현상 유지에 대한 강화 혹은 변화에 대한 반동적인 움직임이 실제적으로 존재한다. 그러나 만일 갈등이 적극적으로 관리될 수만 있다면 변화 과정에서 파생되는 긴장은 창조적이고 상황을 개선하는 데 보다 생산적일 수 있다. 변화 과정에서 마지막 단계는 그룹이나 조직이 변화 과정에서 주도되었던 새로운 수준으로 그 책임이 맡겨지는 단계이다.

목회에서 갈등 관리의 개념은 갈등을 해소하는 차원을 넘어 갈등을 신앙의 성숙과 교회를 온전케 하는 계기로 다루는 것이다. 할버스타트(Hugh F. Halverstadt)는 교회 갈등 매니저 훈련 방법으로 제시한 대로 1

---

309 비전과 저항 관리자로서 느헤미야에 대한 논의는 Dan Southerland, *Transitioning* (Grands Rapids: Zondervan Publishing House, 2000), 110-28.

단계 갈등 매니저 되기, 2단계 갈등 상황 평가하기, 3단계 갈등 다루기로 다시 요약할 수 있다. 변화 과정에서 갈등 매니저로서 목사는 갈등 관리 전 과정을 먼저 이해하고 각 단계에서 역할을 해야 한다. 1단계에서 갈등 매니저 되기에서 목사는 먼저 변화에 따른 갈등의 핵심 신학을 이해하여야 한다. 그리고 "여호와 샬롬"에 근거한 기독교적 단호함(assertiveness)을 소유하여야 한다. 2단계에서 목사는 갈등 상황을 평가할 때 상황적 요소를 규명하고 원리들을 평가하는 데 도움을 줄 수 있다. 3단계에서 특히 유의해야 하는 것은 하나님의 비전과 뜻을 고려하지 않은 "교환"을 예방하는 것이다.[310]

목사는 변화에 대한 저항 관리자로서의 역할이 있다. 아무리 성경적이고 하나님의 비전이라고 하더라도 변화 과정에서 저항을 적절히 관리하지 못하면 변화의 사역은 실패하기 쉽다. 먼저 목사는 저항의 원인이 정확히 무엇인가를 파악하여야 한다. 그리고 저항을 극복하는 전략을 세워야 한다.

4. 변화 모델의 한계와 유의점

변화 모델의 장점은 복음의 대상이 급변하는 현대 복잡계를 어떻게 새롭게 하느냐에 대해 보다 현대적인 적실성을 갖는다. 전통적인 목양 모델이나 군사 모델 혹은 사업 모델 등은 영혼을 구원하고 돌보고 나아가 세상을 정복하는 측면에서 유용하나 현대인들의 이미지와 맞지 않는다고 볼 수 있다. 그래서 변화 모델은 복음의 새로움이 목회를 통하

---

310 Halverstadt, *Managing Church Conflict*, 13-15.

여 복잡한 현대의 모든 삶의 실재에 변화되어 적용되도록 하는 촉매로서의 모델이다.

변화 모델의 가장 약점은 변화가 그 주체성과 객체성의 문제에 있어서 항상 두 가지 한계를 가지고 있다는 점이다. 첫째 변화 모델은 항상 변동을 설명하는 이론적 모형[311]에서 항상 목적론을 추구하는 속성이 있기 때문이다. 이 모델은 목표가 있고 적응성이 있는 개인들이 교회에 존재한다는 전제에서 출발한다. 다시 말하면 강한 교회 집중성을 유발하는 구조 속에서 적용하기 좋은 모델이다. 그러나 기독교 공동체의 본질은 개인주의와 공동체주의가 혼재된 것이지 어느 일방적으로 치우쳐서는 안 된다. 따라서 목적론적 변화 모델은 강한 성장 요구가 교회에서 인본주의식으로 악용될 가능성도 있음에 유의하여야 한다. 그렇게 될 때 개인적이고 미적이고 예술적이고 자유롭고 창조적 안식(Gelassenheit) 등이 간과될 우려가 있다. 미래 목회는 알파파에 눈 떠야 한다.

둘째는 첫 번째의 한계로부터 나오는데 교회 갱신의 주도 세력과 갱신 대상과의 이분법적 함정에 빠질 우려가 있다. 변화 자체에 대한 해석에서 변화주도 세력의 가치 판단은 항상 선하고 그 대상은 개혁 대상이라는 한계를 가지고 있다. 그래서 변화 모델은 변화의 전 과정에서 항상 남을 판단하는 오류에 빠질 수 있다. 변화의 대상들에 대한 해석자로서의 목사는 자신의 주체성을 새로운 존재로 인식하지 못할 때 결코 남을 변화시킬 수 없다는 약점이 있다. 그래서 일찍이 스펄전은 그의 『목회론』에서 목사는 주님으로부터 항상 새롭게 하시는 은혜를 받아

---

[311] 변동을 설명하는 이론 모형은 크게 자연적 생애론, 목적론, 변증법적 과정론, 선택론 등이 있을 수 있다.

야 한다고 했다.[312]

변화 담당자로서 목사는 위와 같은 한계를 인식하고 변화 담당자로서 목사와 그 역할을 추구하여야 한다. 우리는 시드로우 백스터(J. Sidlow Baxter)가 말한 대로 프로테스탄트 목사들의 세 가지 사명[313]인 말씀을 성령의 도구로 믿는 것과 성령을 통한 성화와 은사의 체험, 그리고 마지막으로 늦은 비의 영적 부흥을 소홀히 해서는 안 된다. 목사는 성령님의 도구로서의 목사이다. 목회 사역의 모든 변화는 성령을 통한 변화이다. 구조의 변화도 마찬가지이다. 그러나 인간은 성령의 단순한 도구가 아니라 역동적인 상호 신율적 관계(reciprocity)로서 변화를 이끈다.[314] 아쿠아교회의 변화 담당자로서 목사는 항상 북극성인 예수 그리스도를 향해 방향을 맞추고 나침반인 성경을 들고 항해하는 리더십을 잊지 않아야 한다.

그리고 마지막으로 지적하고 싶은 것은 이런 소명에 근거한 변혁적 리더십은 결국 목회자의 윤리를 떠나서 성립할 수 없다. 사실 변혁적 리더십(Transformational Leadership)을 주창한 J. M. Burns도 기존 리더십이 거래적 리더십임을 비판하면서 그 대안으로 변혁적 리더십을 제시했는데 그 리더십의 핵심은 최고 지도자의 도덕적 리더십(moral leadership)을 근간으로 한다.[315] 번즈는 변혁적 리더십의 핵심인 도덕적 리더십을 사회적 변화를 실제로 만들어 낼 수 있는 리더십으로 십계명

---

312 Charles H. Spurgeon, *An All-Round Ministry*, 원광연 역, 『스펄전 목회론』 (서울: 크리스천다이제스트, 2003), 153.
313 J. Sidlow Baxter, *Rethinking our Priorities*, 배상호 역, 『목회의 본질』 (서울: 생명의말씀사, 1979), 24.
314 Jacob Firet, *Dynamics in Pastoring* (Grands Rapids: Eerdmans Publishing Company, 1986), 129.
315 James MacGregor Burns, *Leadership*, 한국리더십연구회 역, 『리더십 강의』 (서울: 미래인력연구센터, 2000), 30.

과 같은 것이기보다는 황금률(Golden Rule)에 가까운 개념이라고 말했다. 그러므로 아쿠아교회의 목사는 윤리가 변혁임을 인식하는 지도자들이다. 변화 담당자로서 목사는 도덕적 지도자를 전제한다는 점을 유의해야 한다.

특히 교회 갈등과 분쟁을 통한 변화 과정에서 분쟁 상대를 적폐세력으로 몰고 자신들이 절대 선을 가진 변화 주체 세력으로 인식하게 되면 변화의 전략과 행동은 기독교적인 방법이 아니라 인본적이고 세속적인 방법을 정당화하고 목적을 위해 수단을 정당화하는 상황 윤리에 빠지게 된다. 이런 방법을 통해 교회 분쟁에서 승리하였더라도 이는 진정한 말씀과 성령을 통한 변화라고 볼 수 없다. 역사와 그리스도의 준엄한 심판만이 남아있을 뿐이다.

우리는 이제까지 변화 담당자로서 목사의 정체성과 역할에 대해 논의해 왔다. 우리의 문제의식은 세상의 변화에 따라 교회 갱신을 이루자는 목회 리더십의 문제의식보다는 세상을 변혁하는 목회자의 정체성과 그 역할이 무엇인가였다. 결론은 목사는 전통적인 목회 모델을 넘어서는 복음의 새로운 피조물로서 만물을 새롭게 하는 변화 담당자로서 정체성을 가지고 있다는 것이다. 그리고 그 역할은 변화의 수준과 전략과 저항을 고려하는 지혜로운 지도자의 역할이 요구된다는 점을 밝혔다.

끝으로 이러한 변화 담당자로서 목사의 소명을 강조하면서 글을 맺고자 한다. 교회 갈등과 분쟁의 종착점은 늘 변화와 마주한다. 이때 목사는 변화 담당자로서 정체성과 그 역할에 예수 그리스도를 닮아야 한다. 사람은 누구나 한 세상을 살면서 두 가지 물음에 답할 수 있어야 한다. 첫째로 "나는 누구인가?"이고, 둘째로 "나는 무엇을 위해 사는가?"이다. 모든 사역자들이 이러한 자기 정체성과 역할에 대해 답할 수 없다면 그는 분명히 지도자가 될 자격이 없다.³¹⁶ Maxie Dunnam은 목사와 모든 사역자들에게 이렇게 묻고 있다. 우리의 변화는 이런 소명이 없이는 불가능하다.

    교회 갈등과 분쟁 앞에서 우리들은 싸움에 붙들려서는 안 된다. 그 싸움 가운데 변화를 위한 소명자로 서 있음을 잊어서는 안 된다. 하지만 소명에는 지도도 없고 안내서도 없고 목적지도 없다. 오직 소명은 음성을 듣는 것이다. 믿음을 담은 기관은 눈이 아니라 귀이다. 우리가 거룩한 야망과 이기심이 뒤섞여 있는 우리 자신의 갈망을 듣고 있는지 어떻게 알 수 있는가? 하나님이 당신을 불러 맡기시는 일은 (1) 당신이 가장 하고 싶어하는 일이고, (2) 세상이 가장 필요로 하는 일이다. 하나님이 당신을 불러 있게 하시는 자리는 당신의 깊은 기쁨과 세상의 깊은 필요가 만나는 곳이다. 이 양자 없이는 실패한다. 해야 하기 때문에 일을 하는 사람들은 지치게 되고 또 매사에 기쁨을 잃는다.³¹⁷

---

316 정진경, 『목회자의 정체성과 리더십』 (서울: 미드웨스트, 2002), 15.
317 Maxie Dunnam, Gordon MacDonald, Donald W. McCullough, *Mastering Pastoral Growth*, 지명수 역, 『목회 역할, 어떻게 할 것인가』(서울: 횃불, 1996), 31.

교회 분쟁에 대한 사례 분석

"아무에게도 악을 악으로 갚지 말고
모든 사람 앞에서 선한 일을 도모하라.
할 수 있거든 너희로서는 모든 사람과 더불어 화목하라."(롬 12:17-18)

1. 교회 갈등과 분쟁의 패턴을 알아야 한다.

교회 갈등과 분쟁을 예방하거나 해결하기 위해서는 교회 분쟁의 패턴을 잘 알아야 한다. 교회 분쟁의 당사자들이나 교회 구성원들은 교회 싸움이 진행될 때 감정이 앞서서 흥분되어 있다. 상대를 이기려고만 하다보면 이성을 잃어버리고 교회 분쟁의 의미는 물론이거니와 분쟁의 패턴을 알지 못하고 점점 더 심각한 상황의 분쟁으로 치닫게 될 수 있다.

필자는 이미 제6장과 제7장에서 '교회 갈등의 원인'과 '교회 갈등의 유형'에서 교회 갈등과 분쟁의 유형을 가늠할 수 있는 기준을 제시하였다. 교회 분쟁의 원인이나 유형들을 자세히 관찰해보면 그 분쟁의 패턴을 알 수 있다. 그리고 하나의 원인이 아니고 복합적인 경우도 그 유형을 파악할 수 있다. 그러나 이 장에서는 포괄적이고 개괄적인 유형화로는 그 패턴이 확실히 와닿지 않기 때문에 그 구체적인 사례를 제시하고 분석하여 분쟁을 겪고 있는 당사자나 분쟁을 예방하고자 하는 분들에게 지침이 되도록 하였다.

특히 법원 판례를 중심으로 사례를 분석하는 것도 좋지만 법은 분쟁이 발생한 뒤에 최후의 해결 처리이기 때문에 법으로까지 가서 최종적으로 종착이 된 교회 분쟁은 어찌 보면 좋은 사례들이 아니다. 다만 법원 판례를 중심으로 한 판례 분석은 분쟁을 예방할 수 있는 지침을 미리 마련해 주기 때문에 유용하다. 따라서 본 장에서 분석하는 사례는 보다 더 광범위한 교회 갈등의 범주를 다루었다. 필자는 전국의 수많은 목회자들과 장로들, 그리고 평신도들로부터 교회 갈등과 분쟁의 사례를 접하여 왔다. 필자가 경험한 사례들로부터 얻은 교훈은 반드시 교회법이나 국가법으로 그 문제를 해결하는 것이 좋은 것이 아니라는 사실이다. '법은 아무것도 모른다'는 말도 있다. 법은 마지막 수단일 뿐이다.

여기에 실린 사례들은 가공으로 만들어낸 사례들이 아니라 실제로 한국과 해외 한인교회에서 일어난 사건들이다. 그 교회와 분쟁 당사자들의 명예를 위하여 모든 이름과 교회 명칭과 그 지역, 그리고 너무 세부적인 내용을 공개하지 않고 제6장과 제7장에서 '교회 갈등의 원인'과 '교회 갈등의 유형'에서 제시한 교회 갈등과 분쟁의 유형을 가늠할 수 있는 기준을 제공하기 위한 학술 목적의 자료로만 사용하기로 한다. 소속 교단도 분석에 필요하지 않으면 밝히지 않기로 한다. 참고로 대부분의 한국 교회, 그리고 해외 한인교회들은 매우 건강하고 건실하게 운영되고 있음을 밝힌다.

2. 교회 갈등과 분쟁의 유형과 사례별 분석과 대안

【 사례 1 】 인물 중심의 분쟁 사례 – 담임목사의 부도덕성

〈분쟁의 발단과 과정〉

A교회는 담임목사 부부의 도덕성을 문제 삼는 교인들의 목사 사임 요구로 교회 갈등이 발생한 경우이다. 담임목사 부부의 도덕성이 교인들에게 알려지게 된 것은 그 교회 여성 집사가 목회자에게 정성어린 음식 대접을 한 것이 문제의 발단이 되었다. 이 음식 대접이 사모와 목회자의 싸움으로 번져 목사의 전력과 부절적한 행동, 그리고 사모의 허물 등이 알려지게 되었다. 교인들은 비상대책회의를 열어 목사를 사임시키기로 결정하기에 이르렀다. 당연히 담임목사는 교인들의 사임 요구를 거절하였고 목사는 교인들이 감당할 수 없는 퇴직금을 요구하였다. 이에 교인들은 연명장을 작성하여 노회에 담임목사 사임을 촉구하는 청원서를 접수하기에 이르렀다.

〈사례 분석과 대안〉

이 사례는 후텐로커(Keith Huttenlocker)가 말한 전형적인 인물 중심의 갈등 패턴이다. 그리고 스피드 리이스(Speed A. Leas)가 지적한 목사 부부 사이의 대인 관계 갈등이 교회로 표출된 사건이다. 교회의 본질적인 이슈가 없고 담임목사의 도덕적 결함에 문제를 제기한 사모와 교인들의 행동이 발단이 되어 일어난 교회 갈등이다.

(1) 본 사례의 갈등의 당사자인 담임목사와 사모의 도덕성의 진위여부는 문제를 해결하는 데 그다지 중요하지 않다. 핵심은 이미 목사와 교인의 TRIM 구조(219쪽 참조)에서 목사와 사모는 교인들로부터 인격과 행위에 대한 진실성(integrity)에 대한 요구를 충족하지 못하였다. 따라서 목사를 사임시키기 위한 집단적 무고(誣告)가 아닌 한 목사와 사모는 노회와 교회 앞에 회개와 사임을 위한 협상 두 가지 길 밖에 없다.

(2) 교인들도 목사의 회개를 받아주거나 퇴직금 협상에 응하거나 사임을 위해 노회의 판단을 기다리는 길 세 가지가 있다. 교인들이 비상대책회의를 열어 목사를 사임시키기 위한 결의는 법적 행위가 아니고 단순히 정치적 행위이다. 당회장 목사가 자신의 사임을 위한 교인총회(공동의회)를 열어주지 않는다면 비송사건절차법에 따라 법원으로부터 교인총회 개최 허락을 받아 법적 요건을 갖추어 정식으로 노회에 담임목사에 대하여 해약(解約)을 청원하여야 한다. 그러나 법원이 모든 경우에 교인총회 소집허가를 내주는 것은 아니다.

(3) 담임목사와 교인 간의 목양적 계약 관계를 해약(解約)하는 것이 아니고 목사의 부도덕을 근거로 목사의 목양 관계를 사임시키기 위해 노회에 해임(解任) 청원을 한다면 전체 교인총회가 아닌 일부 교인들이 노회에 청원서를 접수할 수 있다. 소위 목사의 옷을 벗기기 위하여 목사를 면직시키기 위해서는 노회에 재판을 청구하여야 하며 여기에서는 범죄 사실을 입증하는 [고소장]과 [죄증설명서]가 첨부되어야 한다.

(4) 노회는 교인들이 목사 사임을 요구하는 청원을 해 올 때 먼저 은

혜로운 방법으로 해결할 수 있도록 먼저 교인들이 기도에 집중할 것을 요청하여야 하며 사태를 법으로만 해결하려고 하지 말아야 한다. 목사와 교인 간의 목양 관계 단절은 목회신학적으로 마치 이혼과 같은 것이기 때문에 신중하여야 한다. 이것은 교인들도 마찬가지이다. 교인들은 목사의 축출보다 목사의 회개를 위하여 기도하며, 기도하는 모임을 만들어가는 것이 올바른 길이다.

【 사례 2 】그룹 상호 간의 분쟁 사례 - 담임목사 생활비 인상 요구

〈분쟁의 발단과 과정〉

B 개척교회는 목사가 개척을 시작하여 70~80명 정도로 은혜롭게 성장하던 중 담임목사의 생활비(사례비) 인상 요구로 목사를 옹호하는 세력과 목사를 비호하는 세력으로 나누어 교회가 분쟁한 경우이다. 사건의 발단은 담임목사가 은밀하게 재정위원들에게 먼저 생활비 인상을 요구하였고 이 내용이 어느 재정집사 부인을 통해 교회에 알려지면서 갈등이 시작되었다. 일부 교인들은 전도사 사례비가 너무 적은데 목사의 욕심이 지나치다는 구설이 나돌게 되었고 담임목사는 제직회(집사회)에서 먼저 전도사들의 사례비 책정을 부결시켰다. 이로 인하여 목사는 안건을 상정한 재정집사와 마찰이 시작되었고 목사는 '표적 설교'로 그 집사와 그룹을 공격하였다. 교회는 구역예배나 부서 모임에서 담임목사에 순종해야 한다는 그룹과 불의에 저항해야 한다는 교인들 간의 견해 차이로 서로 대립되는 현상이 벌어지게 되었다. 결국 목사를 옹호하는 교인들만 20~30여 명이 남아서 예배를 드리게 되었다.

〈사례 분석과 대안〉

이 사례는 도날드 보샤트(Donald E. Bossart)가 말한 개인 대 개인의 갈등(interpersonal conflict)이 커뮤니케이션 왜곡으로 상호 그룹 간의 갈등(intergroup)으로 확장된 갈등 사례이다. 목사의 생활비 인상에 대한 요구는 갈등의 계기적 사건(triggering events)이지만 목양에 대한 재정집사와 목사의 개인적 견해 차이가 오해로 번지면서 갈등이 확대된 것이다.

(1) 본 사례에서 최저 생계비 반 정도의 목사의 생활비 인상은 누가 봐도 필연적인 상황이었다. 문제는 목사가 자신의 생활비 인상을 일부 재정집사와 먼저 논의하고 공론화되기 전에 교인들에게 알려지면서 정보가 왜곡되었다.

(2) 목사와 재정집사의 대립은 단순한 의견 차이가 아니다. 목회자의 청빈한 생활과 희생에 대한 원칙과 목회자에 대한 교인들의 의무에 대해 잘못된 오해들이 먼저 있었다. 안건 통과의 성숙한 목양적 배경이 이루어지지 않은 상황에서 정보들은 계속 왜곡 확산되었다.

(3) 본 사례는 결국 목사의 목회 리더십의 문제로 자신의 안건을 반대하는 개인이나 그룹에 대해 표적 설교 등을 통해 공격하지 않아야 한다. 설교 이외에도 당회와 기타 교회 기관회의 및 사역자 회의 등에서 사역자의 개인적 문제를 교인들 앞에서 꺼내지 말아야 한다.

(4) 목사가 공식적인 안건을 먼저 일부 재정집사와 의논한 것이 문제이다. 교회는 정관이나 재정 규칙 등 안건 처리를 어떻게 하여야 하는

지에 대한 재정회계 시스템이 구비되어 있어야 한다.

(5) 목사의 생활비는 공식적으로 신년도 예산 편성 과정에서 논의하고 반영하여야 한다. 장로교회의 제직회는 예산 편성권을 제외하곤 의결 기관이 아니라 집행 기관임을 잊지 않아야 한다. 예산안 확정은 교인총회인 공동의회에서 확정하며 예산 편성 자체도 제직회가 일차적 의결 기관이 아니고 당회의 예산 편성 지침서의 지도대로 예산을 편성하여야 한다. 또 당회는 예산 편성 지침서를 작성할 때 담임목사의 목회 계획서를 잘 반영하여야 한다. 물론 담임목사의 신년도 목회 계획서는 교회의 주인이신 예수 그리스도의 뜻대로 하여야 한다.

【사례 3】이슈 중심의 분쟁 사례 – 퇴직금과 후임목사 선정

〈분쟁의 발단과 과정〉

C교회는 약 30여 년이 넘은 100여 명 교회로 담임목사가 개척하여 성장하던 중 퇴직금과 후임목사 선정이 이슈가 되어 교회 갈등을 겪게 된 사례이다. 담임목사는 설교를 잘하며 강력한 카리스마의 소유자로 교회를 이끌어왔지만 소위 선임 장로를 중심으로 목사에 대한 불만 세력과 목사를 따르는 일부 교인들이 나뉘어져 갈등과 분쟁을 겪게 된 경우이다. 문제의 발단은 목사가 소위 '수석 장로'(공식적 직위명이 아님)에게 자신이 데려오는 친척 선교사를 당신의 퇴임식 때 위임시키라고 말하면서부터이다. 그 장로는 다수의 후보자 중에서 후임자를 임시 시무 목사로 겪어보고 위임을 하도록 하겠다고 하면서 갈등과 분쟁은 격화되었다. 문제는 목사가 이미 퇴직금으로 아파트를 받았고 추가 퇴직금

을 요구하던 중 그것을 반대하던 수석 장로의 결정적인 흠들이 의심되어 그것을 빌미로 목사로부터 치리 협박을 받으며 교회에서 쫓아내려는 상황까지 확대되었다.

〈사례 분석과 대안〉

이 사례는 래리 던(Larry A. Dunn)이 말한 사실 갈등(facts conflict)과 방법 갈등(methods conflict)이 목사와 장로의 관계 갈등(relationship conflicts)으로 확장된 사례이다. 목사가 지명하는 후임자 선정 방식과 교인들을 대표하는 장로의 갈등은 퇴직금과 후임자 문제로 갈등을 겪는 전형적인 한국 교회의 분쟁 사례이다. 목회 리더십의 교체기에는 그동안 쌓여 왔던 교회의 문제들이 불거지기 마련이다. 대개 이런 문제는 교회 갈등의 원인 중 담임목사의 퍼스낼리티(personality)에 대한 불신이 퇴직금 문제의 미결과 후임자 선정 방식의 부재와 결부되면서 일어난다.

(1) 장로들과 교인들은 목사의 그동안의 공로에 대해 법을 떠나 일정한 수준의 은퇴사례비를 지급하는 것이 한국 교회의 좋은 전통이었다. 현재 각 교단의 은퇴목사를 위한 은급 제도가 정착되지 못한 상황에서 은퇴금 이슈로 교회 분쟁이 많이 일어난다. 목사가 교인들의 수준을 고려하지 않고 과다하게 요구하면서 후임자 문제와 퇴직금 문제를 결부시키는 것은 지양하여야 한다.

(2) 교단 헌법과 교회 정관, 그리고 교회 은급비 규정을 미리 정비해야 하며 그 합의 과정이 공동의회 혹은 교인총회의 의결을 거쳐 제정하여야 하며 특히 목회자 후임자 선정에 대한 규정도 갖추어 놓아야 한

다.

(3) 그러한 규정이 없을 때 법원의 판례를 참조하여야 하는데 법원은 목사의 십일조를 퇴직금으로 지급하는 관행은 인정하지 않는다(의정부지방법원 2012.9.27. 선고 2011나14504 판결). 교회와 담임목사 간의 개별적인 퇴직금 약정이 없는 한 목사가 은퇴 사례비 지급을 요구할 권리가 없다고 판단한다(서울고등법원 2014.7.24. 선고 2013나71274 판결). 퇴직금 지급은 비영리법인인 교회의 총유재산의 처분으로 보고 교인총회의 의결이 없는 한 무효로 보고 있다는 점에 유의하여야 한다.

(4) 후임목사 선정 방법은 여러 가지가 있다. 후임자 선정이 교인들의 권한이라고 할지라도 교인들이 여러 청빙후보자의 한 번의 설교로 위임을 결정하는 방법만이 반드시 좋은 방법은 아니다. 그렇다고 은퇴할 목사가 지명하는 사람이 좋은 목회자라는 보장도 없다. 따라서 이 후임자 문제는 관련 교회법과 교회의 공식적인 후임자청빙위원회의 후보 선정과 공동의회 혹은 교인총회에서 합법적으로 선정하여야 하고 은퇴 사례비 혹은 퇴직금 문제는 별도로 구분하여 논의하여야 한다.

【 사례 4 】 해로운 갈등 사이클의 사례 – 원로목사와 후임목사의 갈등

〈분쟁의 발단과 과정〉

D교회는 중대형 교회로 전임목사는 수십 년간 교회를 성장시키고 은퇴를 선언하고 후임자는 1년 임기의 임시목사로 부임하였다. 문제의 발단은 후임목사가 부임하자마자 교회의 인테리어 환경을 바꾼 것이

다. 두 번째 갈등의 계기적 사건은 위임 투표를 앞둔 시점에서 후임목사는 몇몇 장로들을 데리고 교회 이전 부지를 다녀온 것이다. 이후 후임 반대파 장로 및 교인들과 찬성파 장로 및 교인들이 위임 문제를 중심으로 자주 충돌하게 되었다. 교회 출입 봉쇄, 물을 뿌리는 행동, 밀가루를 뒤집어쓰게 하는 행동 등이 일어났다. 이 과정에서 양측의 비리로 의심되는 일들이 폭로되고 결국 후임목사 지지파는 당회를 무시하고 교인총회를 개최하기에 이르렀고 당회 장로들은 노회에 임시당회장 파견을 요구하며 교회 폭력에 앞장선 집사들의 치리를 요구하게 된다. 그러나 노회에서 파송한 목사들이 쫓겨나가는 상황에 이르는 등 노회의 개입은 문제 해결에 큰 도움이 되지 못했다. 이런 상황에서 교회 이전을 막으려는 목적으로 교회의 부지와 건물 등을 교단 유지재단에 맡기는 상황에 이르게 되며 이에 후임 찬성 쪽 교인들은 더욱 격분하였고, 노회에서는 폭행 사건까지 발생하게 되었다. 결국 후임목사는 노회와의 반대 측 장로의 협상으로 교회를 떠나게 되었다. 그러나 그 후 교회는 책임을 묻기 위해 장로재신임 투표를 열게 되고 장로들을 불신임하게 되어 양측은 한 교회가 여러 교회로 분열되고 말았다.

〈사례 분석과 대안〉

이 사례는 한국 교회의 전형적인 전임목사와 후임목사의 갈등과 분쟁 사례이다. 이 사례는 할버스타트(Hugh F. Halverstadt)가 말한 '해로운 갈등 사이클' 유형이다. 본 사례는 후임목사 위임 반대가 교회 인테리어와 교회 이전 문제를 계기로 점점 고조되는 싸움으로 번진 뒤 승리/패배의 갈등과 분쟁이 제2의 라운드 싸움으로 고조되어 여러 교회로 분열되는 등 패배/패배로 이탈해 나가는 갈등 사례이다. 본 사례는 후임목사 반대와 찬성을 중심으로 한 권력 투쟁의 유형이다. '이기고 보자'는 식으로 흑색선전이 난무하게 되는 이 유형은 후임목사만의 문제가 아니라 이미 전임목사에 대한 잠재적 갈등(latent conflict)이 잠복되어 있었기 때문에 후임목사의 계기적 사건이 문제가 되었다. 인테리어 환경 변화는 당연히 젊은 층으로부터는 인기를 얻었으나 일부의 장로들이 소외되어 불만을 가지게 되었다.

한국 교회의 원로목사와 후임목사의 갈등과 분쟁은 리더십 교체기에 있는 현상으로서 패턴이 거의 동일하다. 원로목사의 진정한 목회 이양이 이루어지 않은 상황에서 후임목사가 과격하고 성급한 목회 정책의 변동에 분쟁의 원인이 있다. 그 배후에는 반드시 각각 원로목사와 후임목사를 지지하는 장로와 교인들이 포진하고 있다. 잠복되었던 원로목사에 대한 불만과 새로 부임한 후임목사에 대한 불만이 충돌하여 폭력적 사태로까지 분쟁이 악화되는 경우가 많다. 대형 교회인 E교회의 경우도 장로들에게 대한 후임목사의 인사 정책 불만, F교회인 경우는 원로목사가 공을 드려온 성경공부 교육시스템의 폐지 등이 계기적 사건(triggering events)이지만 이를 계기로 양측이 분쟁하는 가운데 재정 비리 등 도덕적인 흠집을 찾아 폭로하면서 폭력적 사태와 법정 싸움으로까지 확대된 사례 등이 있다.

(1) 후임목사는 원칙적으로 위임목사로 부임하게 하는 것이 원칙이다. 후임목사를 겪어보고(사람을 시험하기 위해) 위임목사로 전환하는 것은 위험 부담이 큰 부임 방식이다. 위임이 부결되었을 때 일부 교인들이 그 목사를 따라 분리 개척교회로 나가게 된다는 점을 염두에 두어야 한다. 본 사례에서 전임목사와 목회 결과에 대한 부정적 평가와 감정들

이 임시목사 형태로 후임 결정을 하게 하였다.

(2) 전임목사와 후임목사, 그리고 그들을 지지하는 장로들이 서로 간의 대화가 부진한 상태에서 교인들 간의 싸움으로 번지게 되었다. 이런 분쟁 유형에서 문제 해결의 핵심은 교회의 주인이 예수 그리스도이심을 상기하면서 전임목사와 후임목사 간의 진지한 대화와 협상이다.

(3) 지교회의 분쟁이 격화되었을 때는 노회의 개입이 별 효과를 발휘하지 못하는 경우가 많다. 노회는 먼저 법과 권위로 문제를 해결하기보다는 겸손하고 지교회를 섬기는 마음으로 화해와 조정을 이끌어야 한다.

(4) 한국 교회의 경우 임시목사가 위임이 부결되어 목사를 내어보내게 될 때 그 교회 부근(시 군 영역)을 떠나 개척할 조건으로 교회 개척 비용을 지급하는 것이 관례이다. 이는 설교 한 번으로 목회자를 선택하거나 1년간 살아보고 결혼(위임)하는 것이 얼마나 위험한지를 보여주는 것이다.

(5) 후임자 결정에 전임목사가 기도하고 결정하고 "후임목사는 수년간 기도한 결과로 하나님이 내린 인물이다"는 식의 후임자 결정은 교회 의사 결정 모형에서 초합리 모형(optimal model)이다. 직관 중심적인 이런 결정은 일반인들이 볼 수 없는 목회적 자질을 선별할 수 있을지 모르나 카리스마가 강력한 목회 세대가 아닌 최근의 교회에서는 민주적이고 합법적인 의사 결정 방식으로 후임 결정이 이루어져야 한다. 이를 위해 교회 정관이나 교단 헌법 등을 잘 정비해 놓아야 한다.

【 사례 5 】 목회 대적에 대한 분쟁 사례 – 목사와 장로의 갈등

〈분쟁의 발단과 과정〉

G교회는 모든 교인들이 합심하여 벽돌을 쌓아 교회당을 건축한 교회이다. 문제의 발단은 교회 재정 형편상 예배당의 크기를 보다 소규모로 지어야 한다는 일부 교인들이 교회를 이탈하여 나갔다가 교회당 건축이 완공된 뒤 다시 들어오면서 시작되었다. 다시 돌아온 이탈 교인들과 담임목사와 관계는 매우 좋았기 때문에 담임목사는 장로 피택 조건을 완화시켜 당회원이 되게 하였다. 그러나 그 후부터 장로와 목사의 관계는 싸늘하게 식었다. 계기적 사건(triggering events)은 담임목사의 자녀가 타인의 차량으로 교통사고를 낸 것이다. 목사의 딱한 사정을 당회는 외면하지 않고 피해자에게 교회 재정으로 보상해 주었다. 문제는 새로 당회원이 된 그 장로가 마침 당회에 출석하지 않은 것이 화근이 되었다. 이때부터 새로 임직한 장로와 반대파 교인들을 중심으로 담임목사를 축출하는 운동이 확대되었다. 예배 시간에 과격한 행동까지 돌출되었다. 담임목사는 반대 측 요구에도 불구하고 목회를 지속해 나갔으나 결국 교회를 떠나게 되었다.

〈사례 분석과 대안〉

위 사례는 한국 장로교회의 전형적인 목사와 장로의 갈등과 분쟁 사례이다. 목사와 장로의 분쟁 사례는 너무나 그 사례가 많아 어느 쪽이 옳다고 볼 수 없으나 본 사례는 장로가 목회 대적(pastoral confrontation)의 형태로 나타난 분쟁 사례이다. 상기 사례에서 보듯이 기존 핵심 중

직과 장로들이 교회의 주도권을 행사하고 있는 경우가 많다. 목회신학적으로 예수 그리스도가 파송한 안수임직 목회자의 목회 대적 현상이 발생하는 것은 교회의 신적인 질서(Divine Order)가 왜곡되었기 때문이다. 웨인 오츠(Wayne E. Oates)에 따르면 반대자(Antagonists)들은 처음에는 그들이 뒷전에서 험담하는 자로 잠복해 있다가 어떤 권세를 가진 자(power-ridden person)를 중심으로 세력을 규합하고 그를 중심으로 각종 사적인 모임과 회의 및 행동을 모의하고 드러내기 시작하며 결국에는 목회의 영적 실체를 분별하지 못하는 교인들을 이간질함으로 종국적으로 목사를 축출하고 교회의 주도권을 유지하고자 하는 것이다.

(1) 본 사례는 담임목사가 당회의 결의와 예산의 전용이나 예비비 사용 등 적법한 절차에 의해 목회자 자녀의 교통사고 처리 비용을 지출하였다면 횡령은 아니기 때문에 교회의 사임 요건은 아니다. H교회의 경우는 선교비를 담임목사를 통해 선교사에게 지출되는 경우 지연 지출이나 누락 지출이 되어 공금 횡령으로 밝혀져 사임 요건이 된 사례가 있다.

(2) 장로와 교인들은 교회가 단순히 인간적인 모임이나 사회적 단체가 아니고 살아계시는 그리스도가 교회의 주인임을 명심하고 목회 대적의 상황이 발생하면 영적인 분별력을 가지고 편당을 지어 목회자를 부당한 방법으로 축출하는 데 앞장서지 말아야 한다. 목사를 몰아내는 자들이 정의를 위해서 몸을 바치는 결사대처럼 인식되어서는 안 된다.

(3) 현 담임목사와 기어이 목양 관계를 해제하고 싶다면 교인들과 장

로들은 교회 정관과 교회법, 그리고 교단 장정이나 헌법에 근거하여 공식적인 절차와 노회 등 상위 기관에 문제를 제기하여야 한다.

(4) 목회자는 거짓 소문이나 가십 혹은 풍문에 대해서는 국가법에 따라 무조건 고소하거나 법으로 문제를 해결하려고 하여서는 안 된다. 교단 권징법에 따라 적극적으로 해명하고 카톡이나 SNS 상의 모함에 대해서는 일일이 응대하지 말고 자료를 꾸준히 축적하여 놓고 결정적인 순간에 당회나 공식적인 자리에서 해명하여야 한다.

(5) 목회자는 주님의 목회 사역에서 고의적으로 목사를 공격하거나 목회를 방해하는 사람들이 있다는 필연적인 사실에 대해 확실히 인식하고 목회 대적 사역(confrontation ministry)에 대해 준비를 하여야 한다. 교인들이 반대한다고 쉽게 파송자이신 그리스도의 목회적 명령을 해제하여서는 안 된다. 마귀는 목사와 장로의 신뢰 관계를 깨뜨리는 것이 목표임을 잊지 않아야 한다.

【사례 6】잠재적 갈등에 대한 갈등 사례 – 목회 리더십의 변동

〈분쟁의 발단과 과정〉

J교회는 30여 년이 된 중형 교회로 신문 광고를 통하여 수많은 경쟁 목회자들 중 교인들의 절대 다수의 호감으로 후임자를 직접 선출하였다. 절대적인 지지에 의해 부임한 신임목사는 곧 바로 신앙 개혁을 부르짖으며 성도들의 이전의 나태한 모습과 열정적이지 못한 모습 등에

대하여 일퇴를 가하기 시작하였다. 신임목사는 예배 회복을 주창하며 예배 시간 준수를 독려하던 중 공개적으로 어느 장로를 나무라고, 장로도 여러 성도들 앞에서 공식적으로 항의하는 사태가 발생하였다. 이러한 예배 개혁으로 깊은 상처를 입은 집사들이 공식적인 예배만 참석하게 되었고, 신임목사는 헌금까지도 강요하면서 교인들의 불만은 날이 갈수록 확대되었다. 일부 교인들은 다른 교인들에게 자신의 불만을 토로하고 있는 실정이 되었다. 그런 와중에도 담임목사는 중직분자들에 대해서 새벽기도 참석을 강요하였으며 참석하지 않을 경우 여러 가지 면에서 제재를 가하였다. 장로들과 교인들은 자신들의 형편을 조금도 헤아려 주지 않는다고 불평하며 담임목사 리더십에 도전할 기회를 엿보는 상황까지 이르렀다.

〈사례 분석과 대안〉

본 사례도 교인들이 신문 광고를 통해 설교만으로 후임목회자를 선출한 후 곧 이은 목회자의 위임 후 급격한 목회 리더십의 변동을 경험한 사례이다. 후임목사청빙위원회에서 인격적 검증을 하지 못하고 교인들의 다수의 투표의 효과만을 의지한 결과이다. 목회자 자신은 교인들의 고민과 갈등에 대해 전혀 눈치 채지 못하고 목회자가 교인들의 발언을 완전히 무시한 채 자신의 목회 방침만을 고집하는 것이 문제이다. 교인들은 직접적으로 목회자에게 말하지 못하고 사석에서만 불만과 불평을 털어 놓는 현실이 잠재적 갈등이 잠복되어 있음을 보여준다.

(1) 본 사례는 목회자의 존재론과 리더십의 본질에 대한 오해에서 비롯되어 갈등이 잠복되어 있는 경우이다. 목회 리더십은 헤드십

(headship)이 되어서는 안 되며 영적 권위와 영향력으로 기존 목회관에 대한 비중 변동을 조심스럽게 변화시켜야 한다. 교인들은 어느 정도까지 참아내지만 어떤 계기적 사건이 터지면 잠복되었던 불만들이 불이 붙어 분쟁으로 이어진다.

(2) 목회 모델은 다양하다. 교육 목회나 제자화 목회 모델은 교회가 안식처이며 쉼의 공간이라는 목회관을 무시할 우려가 있다. 예수 그리스도는 모든 사람을 제자화하려고 애쓰지 않았다는 점에 유의하여야 한다.

(3) 당회는 목사의 장기적인 목회 계획을 재검토하고 재설정하여 교회 분쟁을 예방하여야 한다. 장로교회 경우 목회의 주체는 목사 개인이 아니라 '당회'(Presbyterium)라는 사실에 유의하여야 한다.

【 사례 7 】 방법 갈등에 대한 사례 – 교회당 건축의 방법

〈분쟁의 발단과 과정〉

K교회는 전세로 있는 예배당 대신 성전 건축을 위해 땅을 구입했다. 문제는 건축위원회 위원 선정에 건축에 조예가 깊은 두 사람이 함께 건축위원장 후보로 추천되면서 어느 한 사람이 당선이 되었고, 두 사람이 함께 건축위원회 위원이 되었기 때문에 그 이후 건축 문제로 회의를 할 때마다 두 사람이 서로 충돌하였다. 교회는 이 문제로 늘 불안하였는데 문제는 건축을 준비하던 중 교회 안에는 두 그룹의 대치 현상이 나타났다. 결국 건축위원회가 건축 계획을 완성하고 시공까지 시작하였으나

현재 사용하고 있는 건물도 괜찮은데 건축할 돈이 있으면 선교와 구제에 힘써야 한다는 주장이 제기되었다. 이러한 부정적인 주장이 확산 대립되어 건축을 더 이상 계속 할 수 없게 되었다. 이 갈등 과정에서 교인들은 교회를 떠나기 시작했고 교회는 흔들리기 시작했다.

〈사례 분석과 대안〉

상기 사례는 래리 던(Larry A. Dunn)의 이슈별 유형 중 교회당 건축 시에 흔히 발생하는 방법 갈등(methods conflict) 사례이다. 이 유형은 교회 갈등의 양측이 건축 방법의 문제를 놓고 어떤 방법이 좋으냐의 문제로 갈등하는 유형이다. 교회당 건축위원회 구성과 위원장 선출은 단순히 건축 전문 기술만을 기준으로 위원장을 선출하여서는 안 되며 교회의 많은 기도와 준비가 필요하다. 특히 본 사례에서 보듯이 예배당 건축에 대한 모든 교인들의 합의와 합심이 이루어지지 않은 상태에서 담임목사나 당회의 예배당 건축 의지만을 내세워 급히 건축을 진행할 시 건축 중이라도 교인들의 반발을 불러 올 수 있다.

(1) 교회당 건축은 전문 기술로 짓는 것이 아니라 기도로 짓는 것임을 잊지 않아야 한다. 교회 건축을 위해서는 수년간 기도가 축적되어 있어야 하며 급한 마음으로 진행해서는 안 된다. 사람들의 뜻이 아니라 성전의 주인이신 하나님의 뜻이 허락되어야만 한다.

(2) 교회 건축에 대한 법률적 책임자는 건축위원장이 아니라 교회 대표자인 당회장 혹은 담임목사에게 있음을 잊어서는 안 된다. 따라서 담임목사는 건축법 위반 등을 건축위원이나 건설업자의 말만 믿지 말고 스스로 면밀히 살펴야 한다. 담임목사가 교회 건축으로 인한 채무불이

행으로 사기죄로 고소를 당하는 경우 대부분 사기죄가 성립되지 않으니 의연하게 대처하여 조속히 채무 이행의 민사 책임을 다하면 된다.

(3) 담임목사는 건축 과정에 대한 교인들의 절대적인 지지를 이끌어 내야 한다. 교회 건축은 교회의 비전과 연결되어 궁극적으로 교회의 본질적 사명인 영혼 구원과 선교적 사명에 부합하여야 한다. 일련의 프로젝트 내용과 진행 과정에 대한 합의가 있어야 한다.

(4) 방법 갈등을 예방하기 위해서는 먼저 대안에 대한 충분한 제안과 토론이 진행되어야 하며 그 대안들은 단순한 건축 기술만이 아니라 본 교회의 신조와 교리 등이 '이콘 신학'(icon theology)과 적절히 조화될 수 있는지 검토하여야 한다. 예배 신학과 목회신학이 반영된 교회 건축이 되어야 한다.

(5) 교회당 건축은 예배와 기독교 교육의 공간으로서만이 아니라 시민들과 교인들의 안락과 행복까지도 배려할 수 있어야 하며, 국가의 환경 정책과 미세먼지 등 환경 신학을 고려하여 단순한 건축 미학의 영역을 넘어 경건한 종교적 조경 미학(landscape architecture esthetics)의 차원에서 교회 건축의 양식론, 구조론, 조명론, 음향학, 색채학, 조경학 등을 고려한 총체적 교회 건축학을 논의할 수 있는 건축위원들이 선정되어야 한다.

【 사례 8 】 개인적 갈등의 사례들 – 목사의 정체성 혼란

〈분쟁의 발단과 과정〉

L교회는 장년 재적 교인 약 250명 정도의 중형 교회이다. 이 교회의 가장 큰 문제점은 담임목사가 자주 바뀐다는 사실이다. 최근 새로 부임한 위임목사는 인격적으로 부족함이 없으나 성격적으로 카리스마가 절대적으로 부족하고 설교에 대한 교인들의 불만이 극에 달하였다. 결국 설교에 대한 불만은 선임 장로를 중심으로 목사를 몰아내기 위한 운동으로 확대되었다. 그러나 교인들은 목사를 옹호하는 지지 세력과 반대하는 세력으로 분열하여 싸우게 되고 일부 교인들은 목사의 설교에 대해 노골적으로 불만을 품고 교회를 떠나버리는 경우도 있었다. 노회에서 위임 때 목사를 사임하지 않는다는 조건으로 위임을 하였지만 은퇴 장로까지 가세하여 목사 축출에 합세하였고 노회는 목사를 옹호하면서 갈등은 점점 확대되었다.

그와 반대로 M교회는 역사와 전통을 자랑하는 중대형 교회이다. 목사는 권위적이며 강력한 카리스마의 소유자이며 언변술과 설교에 능하고 성격은 매우 급하였다. 그러나 갈등의 도화선은 담임목사의 부정이 드러나면서 불이 붙었다. 하지만 보수적인 많은 장로들은 침묵으로 일관하였다. 목사는 수년간 교회 버스 기름을 자신의 자가용으로 유용하였으며, 교인들이 개인적으로 드리는 헌금을 일부 자신의 생활비로 유용하였다. 목사는 교인들 중 영향력 있는 사람들을 적극적으로 자기편으로 끌어들였으며, 부교역자들을 자기 밑에서 부려먹는 부하 정도로 생각하였다. 그러나 목사는 하나님으로부터 전권 대사를 받은 영적인 아버지임을 강조하였다. 급기야 담임목사가 뺨을 때리는 일도 벌어졌다. 결국 침묵하고 있던 가장 나이 많은 선임 장로가 그동안의 모든 문제를 밝히고 교회에 알림으로써 결국 담임목사는 그 교회를 사임하고 말았다.

〈사례 분석과 대안〉

상기 두 사례는 모두 개인적 갈등(Individual Conflict)이다. 얼핏 보면 목사와 장로의 갈등인 상호 간의 갈등(interpersonal)인 것 같지만 사실은 모턴 도이취(Morton Deutsch)가 말한 '진실된 갈등'(veridical conflict)에 속한다. 목사 개인의 정체성 혼동에 따른 도덕적인 문제들이 불거진 목사 개인의 갈등이다. 교인들은 적극적으로 갈등과 분쟁에 휘말리지 않고 참는 구조이다. 이런 개인적 갈등은 갈등의 문제를 정확하게 인식할 수 있고, 일어난 사실을 바탕으로 하며, 인격적인 문제에 의해서 발생한 갈등이다.

(1) 본 사례에서 목사의 부도덕성은 그 목사 자신의 목사에 대한 본질과 정체성에 대한 잘못된 인식에서 비롯된 것이다. L교회의 목사는 자신이 '말씀의 사역자'라는 정체성에 대한 인식이 부족하며, M교회의 목사는 '하나님의 전권 대사'에 대한 오해가 있다. 목사에게 일부 존재론적 직무관이 없는 것은 아니지만 말씀을 전하고 삶으로 그것을 교인들에게 보여주는 것이 목사의 권위의 기초라는 점을 잊고 신분적인 목사관만을 내세워 권위를 앞세웠다. 기능과 존재가 분리될 때 그것이 있어야 하는 자리도 사라진다.

(2) 신학적으로 볼 때 '개인적 갈등'에서 목사 개인은 자연인 개인이

아니라 목회신학적 의미에서 대표적 의미가 있다. 따라서 목사 개인은 교회 공동체의 대표자로서 신학적 의미를 갖는다. 이런 면에서 목사의 부정은 곧 바로 목사 축출은 아니더라도 당회가 갈등이 더 커지기 전에 조치하였더라면 교인들의 심리적 갈등과 고통을 예방하는 데 더 좋은 결과를 가져왔을 것이다.

(3) 위 사례에서 보듯이 목회자들은 목회자 후보생인 신학교 재학 시절에 목회자로서 자기 정체성에 대해 성경적이고 신학적으로 분명하고 확실하게 공부하고 체득하여야 한다.

【 사례 9 】 교회 정치에 대한 갈등의 사례 – 교회 정체에 대한 혼란

〈분쟁의 발단과 과정〉

N교회는 장로회 교단에 소속된 교회이고 교회 정관에 특정 노회에 소속되었다는 점도 명시되어 있다. 그런데도 담임목사는 목회자가 교회의 중심이 되어야 한다고 생각하고 장로들은 장로가 교회의 중심이고 목회자는 설교나 하는 고용된 직원에 불과하다고 생각하고 있었다. 이러한 인식의 차이는 새로 부임한 후임목사가 위임 투표에 부결됨에 따라 결국 교회 내의 다수의 목사 지지파와 소수의 장로 지지파가 분열하면서 분쟁으로 이어졌다. 소수의 장로들은 목사가 위임이 부결되었으니 나가야 한다며 목사에 대한 생활비 지급을 동결하였다. 그러나 절대 다수의 교인들과 집사들은 장로들을 지지하지 않고 담임목사를 지지하게 되었다. 노회도 담임목사를 지지하여 다시 위임 투표를 실시하

려고 하였다. 문제는 목사에 대한 장로들의 목회 방해와 주도권에 불만이 많던 집사들이 이번 기회에 당회를 해체하고 안수집사 중심 체제를 만들어 소수의 횡포를 근본적으로 막아야 한다고 생각했다. 이를 위해 교회 정관 개정은 물론 장로교회 교단 탈퇴도 불사하겠다면서 특정 장로의 예배당 출입을 막으며 장로 축출 운동을 하며 노회와도 맞서고 있었다. 장로들은 집사들의 치리를 요구하지만 당회장인 목사가 반대하고 있었다. 오히려 일부 장로들은 목사의 사임을 촉구하고 법정에 소송을 제기하였다.

〈사례 분석과 대안〉

상기 사례는 해당 교회의 교회법에 교단 소속이 있음에도 실질적으로 교회 구성원들이 교회의 정체성(polity)에 대한 합의가 내면적으로 이루어지지 않은 상태에서 분쟁이 발생한 사례이다. 교회의 통치 방식인 교회의 정체(政體, polity)에 대한 교회 정치 제도는 각 교단마다 각 교회마다 관련 교회법에 규정되어 있다. 따라서 N교회의 경우 장로회 정치(The Presbyterian)를 교회법에 규정해 놓고 당회 정치를 비민주적이라고 당회를 없애자고 주장하는 것은 자기모순이 되는 주장이다. 상기 사례에서 담임목사는 목회자가 교회의 중심이 되어야 한다는 생각이나 장로가 교회의 중심이고 목회자는 고용된 직원에 불과하다는 생각도 모두 잘못된 생각이다.

(1) 장로교회의 경우 지교회 정관은 교단의 신학적 정체성과 정치적 정체성(polity)과 조화로운 정관을 제정하여야 한다. 그래야 누가 그리스도에 의해 파송 받은 자인가(사도성), 누가 교회의 권세를 갖는가(교회

권), 그리고 누가 교회권을 실질적으로 행사하는가(치리권), 그리고 누가 교회의 근본 조직을 구성할 수 있는가(주권 혹은 기본 주권) 등을 교회 정관 혹은 교단 교회법을 통해 모든 교회 구성원들이 교회 설립 혹은 교회 직원 임직 시에 이 교회 정체에 대해 복종하기로 하고 임직을 맡게 된다.

(2) 장로교회의 정치 제도는 교회의 권세가 목사 중심의 교회의 직원(the office-bears)과 교인들 중심의 신자들의 공동체(coetus fidelium) 중 그 어디에도 치우지지 않는 중도의 정치 철학과 정치 신학을 지향하여 교인들의 대의기관인 당회를 중심으로 목회를 하는 정치이다. 따라서 본 사례처럼 안수집사의 집단 행동이나 장로들의 담임목사 생활비 지급 중단은 위법이 된다. 담임목사는 교단을 탈퇴하지 않고 자신의 지지자들을 잘 설득하여 장로교회 정치 원리가 무엇인지 가르쳐야 한다.

【 사례 10 】 상호 간의 갈등 사례 - 담임목사와 부목사의 관계

〈분쟁의 발단과 과정〉

O교회는 장로교회로서 담임목사는 전형적인 카리스마적인 목회자이고 원리 원칙을 중시하며 다혈질적인 성격이다. 기도를 많이 하고 청빈한 삶을 살아왔지만 교인들의 마음을 다 사로잡지는 못하였다. 특히 젊은 층과의 관계는 소원하였다. 자연적으로 젊은 층은 부목사와 관계가 좋았다. 새로 부임한 부목사의 성격은 담임목사와 완전 반대의 성격이었다. 젊은 교인들은 담임목사를 불신하고 노년층은 부목사를 불신하면서 교회는 내적으로 양분되고 있었다. 분쟁의 발단은 부목사가 담

임목사 허락 없이 청년 한 명을 외국으로 선교 아웃리치로 보낸 것이다. 이에 담임목사는 각종 예배에서 부목사를 강단에 세우지 않으며 여러 가지 방법으로 부목사를 압박하였다. 급기야 부목사는 담임목사 허락 없이 청년들을 기도원에 데리고 갔고 담임목사는 부목사를 당회에서 무기한 근신이라는 권징을 주었다. 그러나 부목사는 이어 교회에 가까운 곳에 교회를 세우게 되었다.

〈사례 분석과 대안〉

이 사례는 도날드 보샤트(Donald E. Bossart)가 분류한 상호 간의 갈등(interpersonal)이 아직 상호 그룹 간의 갈등(intergroup)으로 표면적으로 확산되기 이전의 갈등 단계이다. 한국 교회에서 담임목사의 절대적인 위치와 부목사의 제한적 역할과의 관계에서 서로의 욕구와 가치의 차이(differences)로부터 오는 갈등이다. 담임목사의 절대적 리더십의 욕구와 부목사의 목양에 대한 왜곡된 가치가 충돌한 것이다. 한국 교회에서 부목사는 담임목사의 목회를 보좌하는 직책이지만 때로는 부목사가 담임목사의 목회 영역을 자신의 목양으로 의도적으로 대치시키면서 교인들의 마음을 움직이기 때문에 갈등이 일어난다. 그렇기 때문에 각 교단에서는 부목사가 자신의 교회에서 담임목사로 청빙 받지 못하도록 하는 제도를 두고 있다.

(1) 장로교회의 경우 부목사는 당회의 결의를 통해 1년마다 노회에 계속시무청원서를 제출하도록 하고 있다. 담임목사와 당회의 장로는 부목사의 보조적 목양 책임에 대해 검증하여야 하고 계속시무청원 여부를 검토하여야 하고 그에 앞서 부목사와 많은 대화가 필요하다.

(2) 상기 사례에서 부목사를 당회에서 무기한 근신이라는 '권징'을 실시한 것은 장로교회의 교회법 상식으로는 맞지 않는다. 부목사도 목사이기 때문에 그 회원권이 교회 소속이 아니라 노회이다. 따라서 담임목사와 장로로 구성된 당회의 부목사 권징은 불법이다. 물론 담임목사에게 징계권이 있는 것이 아니다.

【 사례 11 】 개인과 그룹 간의 갈등 사례 – 교회의 합병 이후

〈분쟁의 발단과 과정〉

P교회는 담임목사가 교회를 개척한 후 수년 만에 다른 교회와 합병하면서 시작이 되었다. P교회는 ㉮교회 담임목사가 선교를 가면서 교회합병 제안을 받아들이기로 하고 교회명은 ㉮교회 이름으로 하였다. 그러나 막상 합병한 후에야 P교회 담임목사는 ㉮교회 교인들이 대부분 이전 담임목사의 친인척 관계인 것을 알았다. P교회 담임목사는 나름 양쪽 교인들의 화합을 위해 노력하여 표면적으로 점점 서로 가까워지면서 관계가 좋아진 것처럼 보였다. 그러나 내면적으로 여전히 ㉮교회 교인들은 P교회 교인들을 침략자로 보았다. 문제는 P교회 목사의 내적 속앓이였다. ㉮교회 교인들은 십일조를 반절만 낼 뿐만 아니라 합병한 목사와 늘 거리감을 두고 대했다. 목사는 합병한 교인들의 눈치를 살피며 하고 싶은 설교는 물론 목양적 대화도 마음대로 하지 못했다. 물론 교회 재정은 합병한 상대 교회 권사가 쥐고 있었다. ㉮교회 교인들이 교회를 떠나지 않는 이유는 자신들이 교회를 지키기 위함이라고 노골적으로 말하곤 하였다. 이런 보이지 않는 갈등 가운데 ㉮교회 핵심 직분자가 소천하면서 담임목사가 정성스럽게 장례 절차를 최선을 다해

집례 해줌으로 ㉮교회 교인들의 마음이 감동을 받고 화합하게 되고 갈등이 치유되었다.

〈사례 분석과 대안〉

상기 사례는 목사 개인과 그룹 간의 갈등이 표면적으로 확산되기 전에 합병한 담임목사의 인내로 갈등이 치유된 사례이다. 한국 교회에서 교회 합병은 매우 위험 부담이 큰 목회 방식이다. 특히 합병 시 조건부로 양측 대표 간의 비밀스런 돈이 목회자들 사이에 오고 갈 때 후일에 큰 문제가 될 수 있다. 목회 일선에서는 교회 대 교회 합병 방식보다는 한 교회를 중심으로 상대 교회 교인들이 자율등록제로 합병을 추진하는 방식을 선호하게 된다.

(1) 이 사례에서는 합병하기 이전 목회자들의 목회 리더십 변화에 어느 한 교회의 교인들이 적응하지 못하여 갈등이 발생하였다. 합병한 목회자는 매우 자상하고 자유로운 방식으로 목회를 하였고, 교회를 내어주고 나간 목사는 교회에서 웃는 것도 질책할 정도로 초보수적 성향으로 엄격한 목회를 하였다. 이런 합병의 경우 목회자의 리더십에 상대 교인들이 적응하는 데 힘이 든다는 점에 유의하여야 한다.

(2) 합병 시 상대 목회자의 리더십에 적응하지 못하면 교인들은 상내 목회자의 목양적 진실성(integrity)과 사명감(mission) 등을 의심하게 된다. 예를 들면, 교인들 중 사업을 하는 이들에 대한 심방 횟수에도 민감하게 대응함으로 목회자의 목양 방식에 불만을 품게 된다.

【 사례 12 】 목회자의 교회 재정과 관련 분쟁 – 당회의 적극적 해결

〈분쟁의 발단과 과정〉

Q교회는 한국 선교 초기에 세워진 교회로 중형 교회이다. 새로 부임한 담임목사는 적극적인 목회로 교인들의 신망을 얻었으나 교회 재정 문제만큼은 서서히 불신을 받게 되었다. 처음에는 사소한 교회 재정 집행이 문제가 되진 않았다. 그러나 목회자 판공비 외에 다른 항목에 대해서도 무단 전용하거나 교인들에 대한 축의금도 목사 자신의 명의와 교회 명의를 바꾸어 내는 방식으로 그 차액을 남기는 등 회계 부정이 액수는 크지 않지만 연말 결산감사에서 드러나게 되었다. 그러나 당회의 장로들은 목사에게 재발 방지의 약속을 받았지만 지켜지지 않았다. 당연히 교인들은 목사를 지지하는 편과 그렇지 않은 편으로 나뉘게 되었다. 그 후 교회는 큰 분쟁에 휩싸였는데 강단을 두고 양측이 몸싸움이 벌어지고 목사를 강단에서 끌어내리는 일이 벌어졌다. 그러나 이런 분쟁 가운데에서도 당회에서는 목사를 쫓아내는 것이 아니라 더 잘 모시자는 의견이 일치되어 장로들이 적극적으로 교회 분쟁을 해결하려고 나섰다. 교인들과 장로들은 이전보다 더 목회에 협력하고 목사도 더 좋은 목사로 소문이 나게 되어 몇 년 후에 다른 교회로 전임을 가게 되었다.

〈사례 분석과 대안〉

이 사례는 목회자 개인의 교회 재정관에 대한 오판으로 잠시 갈등과 분쟁을 겪었으나 장로들의 지혜로운 갈등 해결 의지로 분쟁을 종식시

킨 사례이다. 이 목회자의 문제는 이런 회계 집행에 대해 문제의식을 가지지 못했다. 처음에는 재정 문제에 대해 설교 시간에 교회 재정에 대한 목회자의 자유 사용권을 주장하는 등 자신의 행동을 정당화하였다가 후일에 깨닫게 되었다는 점이다. 특히 장로들이 교회 갈등 매니저(church conflict manager)로 인식하면서 교회가 목사를 중심으로 분열되는 전형적인 사례를 답습하지 않고 분쟁을 잘 해결하였다.

(1) 할버스타트(Hugh F. Halverstadt)가 제시한 대로 본 사례의 당회는 1단계 갈등 매니저 되기, 2단계 갈등 상황 평가하기, 3단계 갈등 다루기 등을 통해 침착하게 교회 분쟁 자체에 함몰되지 않고 갈등을 해결하였다.

(2) 본 사례의 장로들이 그리스도 중심의 갈등 매니저로서의 사명의식을 느끼고 분쟁을 조장하는 것이 아니라 갈등 해결자로서 나선 것은 무엇보다도 위 사례 교회가 선교 초기부터 오랜 기간 쌓아온 말씀과 기도의 힘이 크다고 볼 수 있다.

(3) 실천신학자들은 교회의 성례(특히 성만찬)가 교회 분쟁과 분열을 막는 중요한 신학적 인자라고 보고 있다. 말씀만 강조하여 성경공부만 강조하는 교회는 분열되기 쉽다는 주장에 목회자는 유의하여야만 한다.

【 사례 13 】목회자 부부와 관련 갈등 사례 - 목회자 사모의 문제

〈분쟁의 발단과 과정〉

R교회는 교회당을 건축하기 위해 부지를 물색하고 있었다. 그러던 중 목사가 어느 교인의 땅을 하나님께 바치라는 응답을 듣고 왔다고 하면서 주일 예배 시간에 광고하게 되어 그 교인은 억지로 땅을 드리게 되었다. 목회자는 매 집회 때마다 헌금을 강요했으며, 목사는 부흥회 인도를 자주 나갔다. 그러나 문제의 발단은 교회의 모든 일에 사모가 간섭하면서 시작되었다. 사모는 파트 사역에 문제가 있다며 담당 부목사를 책망하기도 하였다. 사모는 기도 응답이라며 교회 기관의 허락을 받지 않고 일방적으로 사택에서 이사를 하였다. 이런 와중에 교인들은 떠나고 드디어 교회를 떠났던 안수집사들이 단합이 되어 목사를 그 교회에서 쫓아내려고 성명서를 내는 등 목사와 분쟁이 일어났다.

〈사례 분석과 대안〉

이 사례는 장로교회이지만 목회자 중심의 목회관을 가진 목사의 목회 방식과 그에 준하는 사모의 목회자 대등 의식이 결합되어 빚어진 갈등과 분쟁 사례이다. 장로교회는 목회의 주체가 목사가 아니라 장로회(Presbyterium)라는 당회이다. 목회 사역의 핵심적 주도권이 목사에게 있는 것이 맞지만 법적이고 신학적인 목회 중심체는 당회이다. 목회자의 아내는 비공식적인 목회의 조력자이다. 비공식적이라는 말은 공식적인 목회의 현장에서 목사와 대등한 권위자로서 행사하지 못하고 오직 비공식적인 자리에서 목사의 조력자라는 의미이다. 다만 공식적으로 교회에서 그 직무를 사역하려면 교회로부터 직책을 받고 그 범위 안에서 권한을 행사하여야 한다. 따라서 상기 사례에서 당회의 허락 없이 사택을 계약하거나 부목사를 책망하는 것은 사모의 월권행위이다.

(1) 우리나라 사모들의 교회에 대한 헌신은 세계 어느 나라에서도 그 유례를 찾아볼 수 없을 정도로 헌신적이며 많은 교회들이 사모들의 눈물어린 기도와 희생으로 교회가 세워졌다는 것은 사실이다.

(2) 실천신학자들은 사모가 교회에 간여할 수 없는 교회의 크기를 평균 300명 정도로 보고 있다. 이 분기점이 넘으면 사모는 구조적으로 교회의 모든 의사 결정 과정에 간여할 수 없다고 보고 있다. 즉 사모의 교회 간여는 사모의 개인의 인격과 성격 등에도 영향을 받지만 교회의 규모와도 관련이 있다. 특히 자신의 헌신으로 교회를 개척한 사모들의 경우 그렇다.

(3) 교회의 공식적인 목회 중심체가 시스템이 아니라 실체적으로 목회자 사모, 심방전도사, 선임 장로 등 개인에게로 이전되면 교회는 그 특정인의 눈치를 보게 된다. 이런 사역자들은 자기만 좋아해줘야 하는데 교인들이나 동료 사역자들이 다른 사역자를 좋아하기 시작하면 시기하고 질투해서 비방하기 시작한다. 교회는 인사 행정상 이런 상황을 만들지 않아야 한다.

(4) 상기 사례에서 안수집사들이 성명서 등 데모 방식으로 해결보다는 먼저 교회를 위해 금식하며 기도하고, 공식적인 당회와 노회에 청원

하는 방식을 통해 먼저 문제를 해결하도록 하여야 한다. 특히 사모의 정신적 질병이 있다고 우려되는 경우 애정 어린 마음으로 목회자와 대화하여 전문가의 상담을 받도록 유도하여야 한다.

【 사례 14 】 비전과 가치 갈등의 사례 – 전통에서 벗어난 교회

〈분쟁의 발단과 과정〉

S교회는 교회의 전통 질서를 거부하고 대안 교회로 세워진 초교파 교회이다. 주일 점심은 개별적으로 외부 식당에서 사 먹고 성찬식은 애찬식으로 교제를 중점으로 거행되고 절기 행사는 생략되었다. 당연히 교회의 의사 결정은 장로들이 아니라 리더들을 세워 민주적으로 결정하였다. 최신 유행하는 교회의 각종 프로그램을 과감히 도입하였고 결과적으로 셀교회(Cell Church)와 유사한 교회가 세워졌다. 젊은 청년들이 몰려오면서 교회는 빠른 속도로 급성장하였다. 잠재적 갈등의 시작은 전통 교회의 색채를 가지고 있는 어느 전임사역자가 참여하면서 시작되었다. 교회의 사역은 자연스럽게 전통에서 벗어난 사역과 전통을 존중하는 사역으로 나누어졌다. 문제의 발단은 담임목사의 승용차 교체 특별헌금을 담임목사가 개인적으로 중고 경차를 구입하고 나머지는 다른 용도로 사용한 것이다. 이 사건을 계기로 제도권 교회를 비판하던 담임목사의 목회 방침에 교인들이 점점 등을 돌렸다. 담임목사는 결국 외국 선교지로 떠났다가 다시 돌아왔을 때 교회는 사역자들의 파송 이름하에 분리 개척하면서 분열되었다.

〈사례 분석과 대안〉

상기 사례는 목회 사역에 대한 비전과 가치에 대한 차이에서 오는 갈등이다. 비전과 가치 갈등(Vision and Values Conflict)은 기독교의 다양한 전통을 무시하고 어느 한 가치나 비전을 교회에 주입하게 될 때 일어난다. 특히 지도자가 교체되거나 영입될 때 공동체의 비중 변동이나 전환이 일어나 그룹이 잠재적으로 분열되었다가 계기적 사건을 통해 분쟁이 점화된다. S교회의 비전과 가치 추구에서 담임목사는 특수성을 강조하면서 전통 교회를 비판하였으며 상기의 전임사역자는 보편성을 강조하면서 양육을 강조하고 주일성수 및 교회의 기본 질서와 교리 등을 가르쳤다. 이와 같이 전통에서 벗어난 교회들은 일시적 성공이 되었더라도 장기적으로는 실패일 수 있다. 그러므로 전통에서 벗어난 교회들은 다음과 같은 대안에 유의하여야만 한다.

(1) 종교학에서 종교의 부흥기와 추락 시기를 300년 단위로 정하는 것은 결코 우연이 아니다. 몇 세대의 교회의 부흥이 장기적으로 몰락의 길을 갈 수 있다. 그러므로 단기간의 교회 성장을 결코 성공이라고 자만해서는 안 된다. 고전적 전통을 무시하지 말고 그것으로부터 지혜를 배우고 명철을 배워야 한다.

(2) 교회의 지도자가 교체되거나 영입될 때 공동체의 비전과 가치에서 비중 변동이나 전환이 요구될 때는 공식적인 합의를 통한 절차를 거쳐야 한다. 교단의 장정이나 헌법 혹은 정관에서 이미 그 기초를 정하고 교회를 시작하는 것은 이런 갈등과 분쟁을 예방하는 것이다.

(3) 루터의 만인제사장 신학 이론은 구원론이며 사역에 대한 실천신학적 이론이 아니다. 이를 오해하여 교회의 직무 구조가 성경적으로 은사적 평등 구조로만 되어있다고 속단하는 것은 목회 사역을 성경적 진리가 아니라 특정한 '이데올로기'로 강요할 수 있다. 하나님은 성직자 그룹의 안수 사역(Ordination Ministry)과 평신도들의 일반 사역(General Ministry)이 조화롭고 균형을 이루어 복음의 구원 사역을 이루도록 하셨다.

(4) 위와 같은 유사한 사례는 교회의 하부 주일학교에도 일어난다. 청년부 중고등부, 유치부, 영아부 등 주일학교의 잦은 지도자의 교체는 기존 예배 전통이나 프로그램의 급격한 변동을 일으켜 부서 안의 갈등과 분쟁의 원인이 되기도 한다. 이런 경우에도 담임목사와 핵심 목회 정책 결정 기관과의 협의가 우선되어야 한다.

【 사례 15 】풍문으로 인한 갈등의 사례 - 앤태거니스트들에 대한 대응

〈분쟁의 발단과 과정〉

P교회는 중소도시의 중형 교회로 새로운 담임목회자가 부임하여 오면서 적극적인 목회 사역으로 부흥하고 있던 교회였다. 이 교회는 새로운 목회자의 부임 몇 년 후 담임목회자의 이성 문제와 재정 문제가 불거졌다. 그 교회의 몇몇 청년과 집사들이 담임목사의 이성 문제와 교회 재정 문제에 대해 이상한 풍문을 퍼뜨리면서 교회 갈등이 시작되었다. 담임목회자의 목회 정책에 불만을 품은 집사들이 무리를 지어 목회자에 대한 풍문을 트집 잡아 일부 교인들을 자기편으로 매수하고 있다는

정보를 목회자는 어느 집사의 제보로 알게 되었다. 담임목사는 그날 바로 교회 중직자들 전체를 모았다. 그리고 여러 사람들의 이야기를 들었고 결론적으로 모든 풍문은 거짓으로 판명이 났다. 하지만 교회 갈등으로 인해 교회가 어려워져 약 30명 가량 되는 성도들이 교회를 떠나게 되었다. 그러나 그 이후로 P교회는 교회 재정의 투명화를 위해 교회 회계 시스템을 정비하고 담임목사의 조심성 있는 목회 사역으로 교회가 안정을 찾으면서 교회를 새롭게 건축하는 등 새로운 도약의 시기를 맞고 있다.

〈사례 분석과 대안〉

P교회는 거짓된 풍문으로 교회가 갈등에 휩싸였지만 목회자의 적극적인 대응과 교인들의 지지로 갈등을 해결한 사례이다. 교회에서의 '풍문'은 이미 교회 갈등과 분쟁의 고전적인 이슈이다. 이미 장로교회 경우 교회 헌법 [권징조례] 제2장 13조에 의하면 터무니없는 헛소문에 대한 조사 규례가 규정되어 있다. 상기 사례에서는 교인이 아니라 목회자이지만 그 풍문이 허위임을 확인하고 자신의 결백을 변명해 달라는 청원을 회원권이 있는 노회에 청원할 수 있다. 상기 담임목회자는 노회로까지 조사위원회를 구성하도록 하지는 않았지만 교회 중직자들을 중심으로 이를 공식화하고 해명함으로 적극적인 대응으로 갈등의 점화를 막았다. 풍문에 대해서는 다음과 같은 사항에 유의하여야 한다.

(1) 목회 사역에는 반드시 영적인 대적자들이 있다. 잠복되어 있던 앤태거니스트들(antagonists)은 분쟁의 경쟁 단계에 이르면 영적인 목회 방해세력으로 나타난다. 명분은 한결같이 '하나님의 공의' 실현이다. 상기

사례에서는 집사들의 무리가 스스로의 법의 집행자로 나섰다. 목회자는 영적인 대적에 대해서는 적극적인 '대적 사역'(confrontation ministry)으로 대응하여야 한다.

(2) 장로교회의 경우 목사는 풍문이든 사실이든 그 비리에 대한 조사 처리권이 교인들에게 있지 않다. 목사의 회원권이 교회에 있지 않고 노회에 있기 때문이다. 따라서 교인들은 "누가 범죄하였다는 말만 있고 소송하는 원고가 없으면 재판을 열 필요가 없다. 단, 권징할 필요가 있는 경우에는 치리회가 원고로 기소(起訴)할 수 있다."[권징조례 제7조]는 교회법에 유념하여야 한다.

(3) 교회에서의 비리조사는 조심하여야 한다. 특히 "혹시 범죄 사건이 중대할지라도 이상한 형편을 인하여 판결하기 극난한 경우에는 차라리 하나님께서 공의의 방침으로 실증을 주시기까지 유안(留案)하는 것이 재판하다가 증거 부족으로 중도에 폐지하여 일반 권징의 효력을 손실하는 것보다 낫다."[권징조례 제8조]는 교회법에 유의하여야 한다.

교회 분쟁에 대한 법률 상식

"너희 중에 누가 다른 이와 더불어
다툼이 있는데 구태여 불의한 자들 앞에서 고발하고
성도 앞에서 하지 아니하느냐."(고전 6:1)

1. 교회는 비법인 사단이다.

교회는 민법상 '비법인 사단'(非法人社團)이다. 다른 말로는 '법인 아닌 사단' 혹은 '권리 능력 없는 사단'(민법 제275조, 민사소송법 제52조, 부동산등기법 제26조)이다. '사단'이란 사단 법인의 준말이며 '비법인'이라는 말은 법인이 아니라는 말이 아니라 주무관청의 허가 신청을 하여 허가를 받지 않고 법인으로 간주되는 법인이라는 뜻이다. 그러므로 교회는 '교회'의 이름으로 법적으로 '자연인'처럼 법률 행위의 주체로서 각종 법률 행위를 할 수 있다. 예를 들면, 소송의 주체가 될 수 있는 당사자 능력이 있으며, 교회명으로 교회 부동산 등기를 할 수 있다. 교회는 재산을 중심으로 허가된 재단 법인이 아니라 사원들(교인들)의 총회가 중심인 사단 법인의 성격을 갖는 '사람들의 단체'이다. 그러므로 목회자와 교인들은 교회의 신학적 본질이 일차적으로 중요하지만 교회가 법률적으로 정식으로 법인은 아니지만 사단 법인으로 간주된다는 사실에 유념하여야 한다. 참고로 천주교회는 비법인 사단에 해당되지 않는다. 성당 재산은 가톨릭 교단에 귀속되기 때문에 재산 분쟁이 일어나지 않는다.

2. 교회 예배당은 부동산과 동산이다.

교회 예배당은 법률적으로 교회가 아니며 성전(聖殿)이 아니다. 법률적으로 예배당 부지와 건물은 '부동산'이며 예배당 안의 성구들은 '동산'이다. 따라서 예배당 건물과 부지는 부동산 거래에서 이전 등기를 하여야만 소유권이 변동되며, 예배당 안의 성구들은 법적으로 점유권의 이전으로 '인도'(引渡)가 있어야 한다. 이 말은 교회 자체는 법률 행위의 주체가 됨으로 매매할 수 없으며 법적으로 거래 대상은 오직 예배당일 뿐이라는 사실이다. 따라서 목회자와 교인들은 교회 분쟁 시에 교회 등기 명의자가 누구이며 동산의 법적 점유자가 누구인가에 대해 확인하여야 한다.

3. 교단과 교회는 독립성과 강제권을 동시에 가지고 있다.

교단은 법률적으로 신앙의 내용과 형식을 같이 하는 교회들의 단체이다. 교회가 교단에 소속할 때는 일정한 요건과 가입 절차가 있다. 현재 법원은 교단과 교회의 관계를 이분법적으로 보고 있다. 즉 교단이 교회의 '존립'에 대한 독립성을 침해하지 못하는 대신 일정 부분 교회의 '관리 및 운영'에 대해서는 강제권을 가지고 있다. 교단은 개체 교회의

'존립'에 대하여 독립성과 종교적 자유의 본질을 침해하지 못한다. 이는 구체적으로 교단 탈퇴권과 변경권, 그리고 교회 재산권 등이다. 교단에 가입 소속된 교회라 할지라도 언제든지 그 교단을 탈퇴하거나 다른 교단으로 변경할 수 있다. 심지어 교단 헌법이나 장정 등에 탈퇴를 금지하는 규정이 있다고 하더라도 교단 탈퇴권과 변경권은 보장된다(대법원 1993.1.19. 선고 91다1226 판결). 교회 재산권도 교회 헌법에 어떤 명문 규정이 있든 교회 재산권은 지교회가 가지고 있다. 그러나 지교회의 담임 목사 선출이나 장로 등 교인이나 담임목사의 징계 등 교회 '관리 및 운영'에 대해서는 개교회는 교단의 헌법이나 장정, 규약 등에 제약을 받는다.

4. 국가법과 교회법은 서로 우선 적용할 때가 있다.

교회 분쟁이 법정까지 가게 되었을 때 국가법은 교회법보다 우선 적용한다. 예를 들어, 국가 헌법의 종교의 자유를 위배하여 교단 헌법에 지교회가 교단을 탈퇴할 수 없다고 규정하는 경우나 교회 재산은 교단 혹은 노회에 귀속한다고 규정하여도 교회법은 효력이 없다. 그러나 교회법이 우선할 때가 있다. 종교 단체의 내부 관계에 관한 사항이 법원의 사법 심사 대상이 되는지 여부는 원칙적 소극이다(대법원 2014.12.11. 선고 2013다78990 판결). 즉 사법 심사의 대상에서 원칙적으로 제외된다. 따라서 교회 분쟁 시에 모든 교회 재판이 국가 법원의 재판 대상이 되지 않는다는 점에 유의하여야 한다. 종교 분리에 원칙에 따라 법원은 교인들의 자격 문제, 교리 문제, 예배 의식, 교회 재판 등에 교회의 고유 영역에 대해 가능한 한 개입하지 않는다.

그러나 사법 심사의 대상이 되지 않는 교회 내부 치리에 대한 권징이라고 해도 인권 침해나 재판 절차의 부적법이 있는 경우는 법원의 사법 심사의 대상이 된다. 예를 들면, 교회 권징에 관한 사항은 소송 당사자가 국민으로서 헌법상 권리와 의무가 선결문제라면 법원이 개입한다. 또 교회 재판의 중대한 절차적 하자나 부당한 교회 재판에 대해서는 사법 심사의 대상이 된다. 그러므로 국가법이 교회법보다 우선 적용한다고 할지라도 교회 분쟁은 교회법 자체로 해결하여야 한다. 신학적 영적 결사체로서 교회는 가능한 한 국가법에 호소하는 일을 자제하여야 한다. 마찬가지로 국가도 정교분리의 원칙을 규정한 헌법 정신을 반영하여 각 교단의 정치 제도의 특수성을 신중하게 고려하여 재판하여야 한다.

5. 목사에 대한 해약과 해임, 그리고 면직은 다르다.

교회 분쟁은 다양한 원인으로 발생한다고 해도 결국 담임목사(위임목사)의 지위에 대한 분쟁으로 결말이 난다. 독립교회는 정관에 의해 판결하면 되지만 목사의 소속이 교단 혹은 노회 소속으로 되어 있는 경우 목사의 위임이나 면직 등은 노회의 전권 사항이다. 직무는 아래로부터 오지만 은사와 신적 권위는 위로 온다는 교회법의 전통 때문이다. 기본적으로 교회법상 목사의 사임(사면)과 사직은 다르다. 사임은 시무하고 있던 교회를 떠나는 것이고 사직은 목사의 신분을 벗어나는 것이다. 사임의 경우도 사임서를 노회에 제출하고 자유 사임을 받아들이는 결정을 노회가 하여야 그 효력이 발생한다. 목사의 직을 내려놓는 의원 사직은 원칙적으로 할 수 없는 것이 안수임직(Ordination)의 신학적 의미이다.

　장로교회의 교회법상 기본적으로 사직 이외의 목사의 의사에 반하는 강제적 신분 변동은 해약과 해임, 그리고 면직이 있다. 해약은 회원권이 노회에 있는 목사와 교인들 간의 목양적 관계를 해제하는 것이다. 목사를 해약하려면 교인총회인 공동의회의 결의를 통해 노회에 해약 청원을 하여야 한다. 왜냐하면 청빙 시에 교인 전체의 의결이 있었기 때문이다. 노회는 행정치리회로 해약 청원 사안을 살펴 합당하면 권고사면을 하도록 한다. 그러나 목사의 시무해임은 노회의 권징 책벌로 시무가 해제되는 것으로 개인이나 소수의 교인들의 해임청원서 제출이 있어야 한다. 다만 노회 규칙에 명백한 시무해임 요건이 규정되어 있는 경우 노회가 권징치리회로 변격한 후 직할 심리로 해임을 결의할 수 있다. 그러한 규정이 없는 경우 재판국에 위탁하여 증거 조사와 심리를 거쳐 시무해임이 확정된다. 목사의 면직은 목사의 신분을 박탈하는 것으로 반드시 기소가 있어야 하며 노회의 재판 과정을 거쳐 확정된다. 따라서 목사에 대한 청원서가 아니라 고소장과 함께 죄증설명서가 접수되어야 하고, 노회의 재판국 구성에 대한 결의와 재판국의 심리 판결, 그리고 노회의 판결 채택으로 확정된다(노회 회기 밖에서는 재판국의 판결만으로 확정된다).

　이러한 교회법상 목사의 해제 방식에 대해 법원은 일괄적인 입장을 보이지 못하고 있다. 법원은 담임목사와 교인 간의 관계를 민법상 위임 계약으로 보지 않는 교회법을 존중하여 사임에 관하여 목사와 교회의 합의만으로는 그 효력이 발생하지 않는다고 판결한 경우가 있다(수원지방법원 성남지원 2012.9.11. 선고 2011가합8405 판결). 그러나 비록 교단 헌법에 교인들의 위임목사 불신임 규정이 없더라도 법원의 허가를 받아 개최된 교인총회에서 목사 청빙을 철회하는 불신임 결의를 할 수 있다고 판결함으로 담임목사 해제권이 교인들에게 있다고 봄으로써 전통적인 기독교 전통에 위배되는 판결을 한 바 있다(수원지방법원 성남지원 2015.9.16. 선고 2015가합966 판결). 심지어 법원은 지교회가 목사를 환영하지 않아 시무해약을 할 때 노회가 목사와 교회 양측의 설명을 들은 후 '처리'한다는 교단 헌법에 대한 권고사면 규정(헌법 제17장 제2조)을 시무해임의 효력과 같은 '강행 규정'으로 오해하기도 한다. 그러므로 교회 분쟁의 당사자들은 가능한 한 성경의 권면대로 '가이사의 법정'에 서지 않아야 한다.

6. 개교회의 재산은 교인들 전체의 총유이다.

교회 재산은 본질적으로 하나님의 소유이다. 그러나 국가법상 교회 재산은 일차적으로 교회 정관 혹은 규약에 교회 재산의 소유가 누구인지 어떻게 관리 처분하는지에 대한 규정에 따른다. 이러한 규정이 없는 한 교회 재산의 소유권은 민법의 원리에 따라 '비법인 사단'의 재산은 교인들 전체의 총유(總有)이다. 비록 교단의 헌법이나 장정에 교회 재산권이 교단이나 그 산하 노회에 있다고 규정되어 있다고 하더라도 교회 재산은 개체교회의 소유이다. 심지어 교단 유지재단 소유로 명의신탁하여도 역시 그 소유권은 개교회 소유가 된다. 총유라는 소유 형태는 사유(私有)나 공유(共有)와는 다르다. 따라서 교회 재산을 담임목사의 개인의 재산인 것처럼 사용하여서는 안 된다. 또 교인들의 전체 총유라 하더라도 교회 재산에 대해 지분권(持分權)을 가질 수 없다. 따라서 교인들이 교회 재산에 대해 지분권을 주장하며 다른 사람에게 양도 매도

할 수 없다. 교회 재산이 교인들의 총유라는 법리를 오해한 교인들이 목사나 장로가 순수하게 자신의 재산으로 개척하여 목사나 장로 혹은 권사의 명의로 등기된 교회 재산을 교회 명의로 바꿀 것을 압박하는 경우가 있다. 그러나 교회의 헌금 등 동산에 대한 것을 제외하고 교회 건물이나 부지에 대한 목사 혹은 교인 개인의 소유권을 교회에 헌납하는 문제는 다른 차원의 문제로 소유권에 대한 사적 자치의 원칙에 따라 강요할 수 없다.

7. 교회 재산의 처분은 교인총회의 결의에 따라야 한다.

교회 재산이 총유라고 한다면 그 교회 재산의 관리 처분은 사원 총회에 해당하는 교인총회의 결의가 있어야 한다(민법 제276조 제1항). 따라서 교인총회의 결의가 없는 당회 등 교회의 핵심 의사 결정기관의 교회 재산의 처분은 무효가 된다. 교회 재산의 처분 방법은 일차적으로 교인총회의 결의는 민법 또는 정관에 다른 규정이 없으면 사원 과반수의 출석과 출석 사원의 결의권의 과반수로써 한다(민법 제75조). 다만 교회 재산의 처분이 정관과 규약에 정하여진 교단 변경, 명칭, 소재지 및 교회의 목적 수행과 관련되는 경우는 정관 변경에 관한 민법 제42조 제1항의 규정대로 교인총회 구성원의 3/2 이상의 동의를 필요로 한다. 그리고 교인총회의 적법한 소집통지가 있어야 한다. 회원권의 유무는 정관 규정에 따라 결정하되 그러한 규정이 없으면 입회와 퇴회를 결정하는 공식적 기관의 명부가 기준이 된다. 단순히 교회 사무실에서 작성한 세례교인 명부, 등록교인 명부 등은 기준이 되지 못한다. 장로교회의 경우 '당회록'이 최종 기준이 된다.

8. 교회 헌금은 법인에 대한 증여 행위이다.

교인들의 헌금은 신학적으로 하나님께 드리는 봉헌이다. 하지만 법률적으로 증여이며 기부(寄附)이다. 기부는 교회의 공적인 목적을 위한 무상의 지출 행위이며 무상으로 비법인 사단에 출연(出捐)하는 것이다. 따라서 교회는 거액이나 부동산 등의 특별헌금의 기부를 받을 때 반드시 계약 절차에 따라 문서로 증여를 받아야 한다(민법 제554조). 따라서 서면(헌납서)으로 받은 증여는 증여자가 마음대로 증여 재산을 돌려달라고 할 수 없다. 다만 민법 제555~557조에 따라 '증여의 해제' 사유가 있을 때 돌려줄 수 있다. 즉 서면으로 증여하지 않은 경우, 증여 받은 사람이 증여자의 직계 혈족에게 범죄 행위를 한 경우, 증여자의 생계에 중대한 영향을 미칠 경우, 증여자와 수증자가 모두 증여를 해제하기로 합의한 경우이다.

9. 법적으로 교회 분열은 인정되지 않는다.

법률상 교회 분열이란 한 교회가 사단적 성격을 갖는 교인들의 두 지집단으로 나누어지는 것을 의미한다. 따라서 교인 일부가 교회로부터 이탈하거나 탈퇴하는 것은 법적으로 교회의 분열이 아니다. 기존 대법원의 판례는 '신앙 공동체로서 기초 상실'과 '교단 변경에 대한 의견 대립으로 인한 분리'로 인한 교회의 분열을 인정하여 왔다(대법원 1993.1.19. 선고, 91다 1226 전원합의체 판결). 심지어 한 교단과 노회 안에서 소속노회 문제로 대립하는 경우 교회 분열을 인정하는 경우도 있었다 (대법원 1992.2.14. 선고, 87다카3037 판결). 교회의 분열이 있으면 법이 뒤따라가 분열을 인정해주는 모양새가 되어 교회 분쟁 해결 기능으로서 법원의 역할에 대해 비판을 많이 받아왔다. 그러나 2006년 대법원 전원합의체 판결에서 종전 판례의 태도를 다음과 같이 변경하였다.

> 우리 민법이 사단 법인에 있어서 구성원의 탈퇴나 해산은 인정하지만 사단 법인의 구성원들이 2개의 법인으로 나뉘어 각각 독립한 법인으로 존속하면서 종전 사단 법인에게 귀속되었던 재산을 소유하는 방식의 사단 법인의 분열은 인정하지 아니한다. 그 법리는 법인 아닌 사단에 대하여도 동일하게 적용되며, 법인 아닌 사단의 구성원들의 집단적 탈퇴로써 사단이 2개로 분열되고 분열되기 전 사단의 재산이 분열된 각 사단들의 구성원들에게 각각 총유적으로 귀속되는 결과를 초래하는 형태의 **법인 아닌 사단의 분열은 허용되지 않는다**(대법원 2006. 4. 20. 선고 2004다37775 전원합의체 판결).

10. 교회 분열 시 교회 재산의 귀속은 종전 교회와 동일성을 유지하는 교회의 총유이다.

그동안 교회가 분열된 경우 교회의 재산은 분열 당시 '교인들의 총유'에 속한다는 견해와 이미 실제로 분열되어 새로 세워진 각 교회의 공동 소유라고 보고 분열 당시 '교인들'의 소유가 아니라 '분열된 교회들'의 소유라는 입장이 크게 대립되어 왔다. 2006년 전원 합의체 판결 이전에는 교회의 분열을 인정하면서 교회 재산은 분열 당시 '교인들의 총유'이기 때문에 교인들의 전체 의사 결정에 맡겨야 한다는 입장이었다. 이러한 입장은 민법 제277조의 총유물에 관한 사원의 권리의 예외적 적용이었다. 그러나 2006년 전원 합의체 판결은 교회가 분열되었다고 하더라도 교회 재산은 '종전 교회와 동일성이 유지되는 교회'가 단독으로 총유로 소유한다고 다음과 같이 판시하였다.

> 교회가 법인 아닌 사단으로서 존재하는 이상, 그 법률 관계를 둘러싼 분쟁을 소송적인 방법으로 해결함에 있어서는 법인 아닌 사단에 관한 **민법의 일반 이론에 따라** 교회의 실체를 파악하고 교회의 재산 귀속에 대하여 판단하여야 하고, 이에 따라 법인 아닌 사단의 재산 관계와 그 재산에 대한 구성원의 권리 및 구성원 탈퇴, 특히 집단적인 탈퇴의 효과 등에 관한 법리는 **교회에 대하여도 동일하게 적용되어야 한다.** 따라서 교인들은 교회 재산을 총유의 형태로 소유하면서 사용·수익할 것인데, 일부 교인들이 교회를 탈퇴하여 그 교회 교인으로서의 지위를 상실하게 되면 탈퇴가 개별적인 것이든 집단적인 것이든 이와 더불어 종전 교회의 총유 재산의 관리처분에 관한 의결에 참가할 수 있는 지위나 그 재산에 대한 사용·수익권을 상실하고, 종전 교회는 잔존 교인들을 구성원으로 하여 실체의 동일성을 유지하면서 존속하며 **종전 교회의 재산은 그 교회에 소속된 잔존 교인들의 총유로 귀속됨이 원칙이다.** 그리고 교단에 소속되어 있던 지교회의 교인들의 일부가 소속 교단을 탈퇴하기로 결의한 다음 종전 교회를 나가 별도의 교회를 설립하여 별도의 대표자를 선정하고 나아가 다른 교단에 가입한 경우, 그 교회는 **종전 교회에서 집단적으로 이탈한 교인들에 의하여** 새로이 법인 아닌 사단의 요건을 갖추어 설립된 신설 교회라 할 것이어서, 그 교회 소속 교인들은 **더 이상 종전 교회의 재산에 대한 권리를 보유할 수 없게 된다.**

이러한 판례의 변경은 이전의 판례가 종전 교회에서 이탈하여 사원으로서 권리가 없음에도 불구하고 재산권을 인정하여 법인에 대한 민법의 일반적 법리를 이탈하였다는 것이다. 이러한 판례의 변화는 교회의 경우에도 예외를 인정하지 않고 법인의 재산을 나누는 식의 분열을 허용하지 않겠다는 입장 변화이며 설령 현실적으로 두 집단으로 분열되어도 어느 한 집단은 종전 교회의 집단 탈퇴에 해당될 뿐이라는 입장이다. 다만 종전 교회의 동일성에 대한 판단은 탈퇴 교인들이 교인 전체의 2/3 이상에 이르는 경우에는 종전 교회의 동일성 실체는 그 탈퇴한 교인들의 교회에 존속하고 그에 따라 종전 교회의 재산은 위 탈퇴한 교회의 소속 교인들의 총유가 된다. 따라서 분열된 교회의 예배당 사용권은 탈퇴 교인들이 전체 교인의 2/3 이상 이르지 못하는 한, 잔존 교회에 사용 권한이 있다.

이러한 판례 변화는 교회 분쟁을 예방하는 데 어느 정도 효과가 있을지 몰라도 법인의 강한 단체성을 지나치게 강조한 게르만법의 경향으로의 회귀로 볼 수 있다. 문제는 교회 갈등과 분쟁이 항상 "목사가 교회 운영이나 재산 문제, 심지어 개인 비리로 소속 교단과 마찰을 빚게 되면 신앙과 교리를 핑계 삼아 지지자를 이끌고" 교회 분쟁을 일으키는 것이 아니라는 사실이다. 교회 분쟁은 보다 다양한 원인으로 일어나며, 법적 현상을 초월하는 사회적 정치적 신학적 영적 사건으로 일어나고 있다. 따라서 2006년 판례 변화는 이미 일어난 분쟁과 분열을 종식시키기에는 한계가 있다는 비판이 있다. 특히 신학적 정체성을 보호해야 하는 소수자의 신앙적 가치를 외면하였다는 비판을 받고 있다[대법관 박시환의 별개 의견과 대법관 강신욱의 반대 의견 참조].

11. 교단 탈퇴는 교회 탈퇴가 아니다.

개체교회가 소속 교단으로부터 탈퇴한다고 그 교회 교인들이 교회로부터 탈퇴되는 것이 아니다. 교단 탈퇴가 곧바로 교회 탈퇴를 의미하지는 않기 때문이다. 따라서 자신의 교회가 교단으로부터 탈퇴를 하였어도 교회 구성으로서 교회 예배당 사용권 등 교회 재산 총유권자로서 권리를 누릴 수 있다. 그러나 교단 탈퇴 여부와 상관없이 자신이 교회 분열로 인해 종전 교회에서 이탈하여 교회를 탈퇴하면 교회 회원으로서 자격이 상실된다. 따라서 예배당을 사용할 수 없는 등 종전 교회의 재산에 대한 권리도 모두 잃게 된다. 자신의 교회가 전체 교인의 2/3 이상의 찬성으로 대다수가 자신과 일치하지 않는 신앙 색깔로 교단 탈퇴를 의결하였다면 그 교단의 신앙 고백과 일치하는 교단 소속 다른 교회로 새롭게 등록하든가 아니면 집단 이탈하여 본래 소속 교단으로 교회를 새로 설립하여야 한다. 즉 교회 탈퇴를 하지 않으면 변경된 교단에 그대로 남게 된다.

교회사적으로 교회는 항상 신학적 정통주의자들이 소수로 남게 되어 법률적으로 불리한 위치에 있다. 신앙과 교리를 핑계 삼아 지지자를 이끌고 소속 교단을 담임목사 중심의 교회 분쟁이 아닌 진정한 신앙과 교리 등 신학적 진리에 관한 분쟁은 법률적으로 문제화 되지 않고 외면적으로 드러나지 않는 경우가 많다. 일부 대중주의에 영합한 다수 교인들의 집단 교회 탈퇴에 대한 잔존 재산 귀속의 법리는 보편성에 문제가 있다. 극단적인 예로 신학적으로 국가의 입장에서 해로운 이단들이 종전 교회의 동일성을 위장하고 교인 전체 2/3 이상을 차지하고 교단을 탈퇴하게 되면 종전 정통 교회는 고스란히 교회를 이단에게 빼앗기게 되는 상황이 벌어질 수 있다. 합법적으로 종전 교회를 빼앗은 후에야 그 이단 교회는 자신들의 정체를 드러낼 것이다. 이러한 이유로 현대 개신교회는 교회 재산이 목사 등 특정의 소유로 되어 있는 사유 교회(Eigenkirche)가 점점 늘어가고 있는 것이다.

12. 업무상배임죄는 업무상 신임 관계를 저버린 범죄이다.

교회 분쟁 중에는 상대측의 비리를 법정에까지 가지고 가는 경우가 있다. 교회 분쟁의 원인 중에는 교회의 직무를 수행하는 과정에서 당연히 할 것으로 기대되는 행위를 하지 않거나 당연히 하지 않아야 할 것으로 기대되는 행위를 함으로 발생하는 경우가 있다. 이는 본인과 신임 관계를 저버린 범죄이다. 단순배임죄는 타인의 사무를 처리하는 자가 그 임무에 위배하는 행위로서 재산상의 이익을 취득하거나 제삼자로 하여금 이를 취득하게 하여 본인에게 손해를 가한 죄이다(형법 제355조 제2항). 여기에 업무상배임죄는 업무상의 임무에 위배하여 단순배임죄를 범함으로써 성립하는 배임죄이다(형법 제356조). 여기서 배임 행위란 사무 처리자로서의 임무에 위배하여 당사자와의 신임 관계를 파괴하는 일체의 행위이다. 죄가 되는 업무의 범위는 매우 광범위하다. 이러한 업무상 배임죄가 성립하기 위해서는 타인의 사무를 처리하는 자가 임무 위배의 인식, 본인 또는 제3자에게 재산상의 이득을 주려는 의사가 있어야 한다. 배임의 고의 또는 불법이득 의사가 없는 경우에 배임의 죄가 성립되지 않는다.

법원은 교회의 담임목사가 건축허가 없이 기존교회 건물에 붙여서 건축물을 증축한 이상 건축법 위반죄가 성립되는 것이고 교회 내부에 그 증축에 관한 실무책임자가 있어도 마찬가지이다. 설령 목사는 건축 관계로 인한 민·형사 책임을 지지 않기로 되어 있는 교회 내부의 규약이 있다 해서 그 죄책을 면할 수는 없다고 법원은 판시하며, 그 교단 재단 법인 소유의 부동산을 성실히 관리하여야 할 업무상의 임무에 위배하여 위 부동산을 그 대가의 지급도 없이 임의로 취득한 것이 업무상배임죄에 해당한다고 보았다(대법원 1986.09.23. 선고 85도575 판결). 또 교회 목사가 개인 비리나 부정을 무마하거나 처리하기 위하여 교회의 공금을 사용하는 것은 임무 위배 행위에 해당하고, 공금 사용에 대하여 교인들로부터 적법하게 당회의 의결을 얻었다고 할 수 없어 횡령 또는 배임 행위에 해당한다(대법원 2006.04.28. 선고 2005도756 판결). 또 교인총회 소집 노력을 하지 않고 이중매매 계약을 체결한 경우도 마찬가지로 배임죄에 해당한다.

13. 사실을 말해도 명예훼손죄가 될 수 있다.

교회 분쟁이 시작되면 상대측 교인들을 비방하거나 모욕적이고 명예를 훼손하는 언사가 오고 간다. 중립적인 입장에 있는 교인들을 자기 편으로 끌어들이기 위해서이다. 그런데 간혹 교인들이나 목회자들 가운데 거짓이 아니고 사실을 말했는데 왜 죄가 되느냐고 반문한다. 명예훼손죄는 공연히 사실을 적시하거나 또는 허위의 사실을 적시하여 타인의 명예를 훼손함으로써 성립하는 범죄이다(형법 제307조). 여기서 '명예'는 단순한 욕이 아니라 사람이나 법인의 인격에 대한 사회적 평가이다. 그런데 사실의 적시로도 명예훼손죄가 성립할 수 있음에 유의하여야 한다. 사실의 적시가 아니고 다소 과장된 표현이더라도 특정인의 사회적 가치 내지 평가를 침해하는 내용이 아니라면 명예훼손죄가 성립하지 않는다. 다만 사실을 말하지 않고 그냥 욕만하였을 경우는 모욕죄가 성립된다(형법 제311조). 명예훼손죄의 성립 요건의 중요한 요소는 '공연성'이다. 공연성이란 불특정 또 다수인이 인식할 수 있는 상태이거나 전파될 가능성이 있는 경우이다(대법원 2011.9.8. 선고 2010도7497 판결).

그러나 위와 같은 요건이 충족되어 명예를 훼손하는 발언을 한 경우에도 "진실한 사실로서 오로지 공공의 이익에 관한 때에는 처벌하지 아니한다."(형법 제310조). 즉 위법성의 조각 사유가 된다. 대법원은 목사가 설교에서 '이단 중에 이단이다'이라고 한 발언은 명예훼손죄가 성립되지 않는다고 보았다(대법원 1988.3.24. 선고 972596판결). 최근 법원의 판례 경향은 이단 사이비 집단에 대한 기독교계의 비판 행위에 대해 명예훼손죄에 해당하지 않는다고 판시하고 있다. 한편 명예훼손죄는 반의사 불벌죄로 검사는 피해자 측의 고소가 없어도 기소를 할 수 있다. 반면 친고죄인 모욕죄의 경우에는 반드시 피해자 측이 고소를 해야만 검사가 기소를 할 수 있다. 명예훼손죄의 공소시효는 사실의 적시인 경우는 3년, 허위 사실의 적시인 경우는 5년이다.

14. 업무방해죄는 예배방해죄보다 더 엄벌에 처한다.

교회 분쟁이 고조되면 상대측의 업무나 예배 혹은 설교에 대해 방해하는 일이 일어난다. 업무방해죄는 허위의 사실을 유포하거나 기타 위계로써 사람의 업무를 방해한 죄이다(형법 제314조 제1항). 여기서 업무는 당회나 공동의회 혹은 사무총회 등 회의도 포함된다. 또 컴퓨터 등 정보처리장치 또는 전자기록 등 정보처리에 장애를 발생하게 하여 사람의 업무를 방해하는 것도 컴퓨터 업무방해죄이다. 예배당 방송시설 컴퓨터나 교회는 물론 신학대학교 전산실 컴퓨터의 작동을 마비시켜 학사행정을 마비시키는 일도 컴퓨터 업무방해죄이다. 업무방해죄가 성립하기 위해서는 허위 사실의 유포나 위계나 위력의 방법이 동원되어야 한다.

그러나 예배방해죄는 형법상 '신앙에 관한 죄'로 '장례식 등의 방해'에 관한 죄 중에서 '예배 또는 설교'를 방해한 죄를 따로 분리하여 통상 '예배방해죄'로 지칭한다. 여기서 교회 내의 신학학술 강연이나 각종 특강, 결혼식 등은 대상이 아니다. 예배는 반드시 '예배당' 안에서 '법적으로 정당한 예배'만이 아니라 교육관이나 가정집에서 '종교적 의식'의 예배 형식을 갖춘 예배도 해당된다. 상대측 교인들이 예배 시작 전에 예배당 출입문을 걸어 잠그면 예배방해죄가 아니라 업무방해죄나 건물침입죄가 성립할 수 있다(대법원 2008. 2. 1. 선고 2007도5296 판결). 업무방해죄는 징역 5년이지만 예배방해죄는 징역 3년이다.

예배방해죄는 '추상적 위험범'이기 때문에 예배나 설교가 방해가 실제로 일어나지 않았어도 실제로 방해 행위가 있기만 하면 성립한다. 특히 교회 분쟁 시에 교단에 의해 면직 판결을 받은 목사와 함께 이탈한 교인들이 예배당에 무단 진입하여 드린 예배를 잔존 교회 교인들이 방해한 경우 예배방해죄가 아니라 예배 방해 정당방위로 판결한 점에 유념할 필요가 있다(대법원 2008. 2. 28. 선고 2006도4773 판결).

15. 교회 재정 유용은 횡령죄 또는 사기죄에 해당한다.

재정부장 장로 집사 등의 교회 재정을 맡고 있는 자가 함부로 사용하여 교회 분쟁에 휘말리는 경우가 종종 있다. 교회 재정 유용은 횡령죄에 해당한다. 횡령죄(橫領罪)란 타인의 재물을 보관하는 자가 그 재물을 횡령하거나 반환 거부함으로 성립하는 죄이다(형법 355조 제1항). 횡령이란 공금이나 남의 재물을 불법으로 차지하여 가지는 것이다. 교회 재정 집사가 일부만 반환하고 잔액을 반환하지 않아도 횡령죄가 성립한다. 특히 담임목사나 교회 사역자가 지출결의서를 속여 자신의 재산상의 이익을 얻었다면 이는 사기죄에 해당한다.

따라서 교회는 교회 회계 운영에 있어서 출납회계와 수납회계를 분리 운영하여야 한다. 교회 정관은 물론 교회 재정 규칙에 명확히 하여 공금이 유용되지 않도록 하여야 한다. 비록 횡령죄나 사기죄에 해당되지는 않지만 담임목사는 사업비가 과부족할 때 예산의 전용(轉用)과 이용(移用) 규정에 따라 행정 과목의 전용이면 그에 준하는 기관의 결의를 거쳐 전용하여야 하며, 입법 과목의 이용이면 그에 준하는 기관의 결의를 거쳐 이용하여야 한다. 예를 들어, 어느 모 교회는 주차장 신축 특별헌금으로 10여 년간 모아온 수억 원의 헌금을 교인총회의 결의 없이 담임목사와 장로들만의 결의로 교회 수양관 용도로 이용(移用)함으로 교회 분쟁의 빌미를 제공한 경우가 있다.

16. 불법 행위가 있다는 것만으로 직무를 정지시킬 수 없다.

최근 교회 분쟁에서 상대측 직무를 정지시키는 직무집행정지가처분을 법원에 신청하는 경우가 있다. 특히 교단 총회장 등 임원 선출 과정에서 부정선거 문제로 직무집행정지가처분을 법원에 신청하는 일이 많다. 심지어는 담임목사(당회장)의 공금 횡령 등 불법 행위를 이유로 직무집행정지가처분을 신청하는 경우도 있다. 직무집행정지가처분 신청은 민사집행법 제300조 등에 의하여 인정되는 것으로 통상 소송 절차나 특별 소송 절차의 기능을 충분히 발휘하기 위한 부수 절차이다. 가처분의 목적은 현상이 바뀌면 승소판결을 얻어도 당사자가 권리를 실행하지 못하거나 이를 실행하는 것이 매우 곤란할 염려가 있을 경우에 본안판결이 있을 때까지 잠정 조치로 현상의 변경을 금하거나 장래의 강제 집행의 보전을 꾀하는 절차이다. 그래서 집행보전절차 또는 보전소송이라고 한다. 대표적인 가처분 소송은 출판물에 대한 '판매금지가처분'과 '직무정지가처분'이 있다.

교회 분쟁이 자주 나타나는 직무정지가처분은 다툼이 있는 권리관계에 대하여 임시의 지위를 정하는 가처분이다. 직무정지가처분 신청을 할 때 조심하여야 할 점은 교단의 총회장이나 교회의 당회장의 불법 행위가 있다는 것만으로 직무를 정지시킬 수 없다. 가처분 신청이 받아들여지기 위해서는 보전할 필요성이 있는 권리인 '피보전권리'와 권리를 미리 보전하여야 할 필요성인 '보전의 필요성'이 반드시 있어야 한다. 그리고 교단의 장정이나 헌법에 불법 행위를 사유로 해임할 수 있다는 명문 규정이 있어야 한다. 그리고 소집이나 선거 등 선출 과정에 중대한 흠이 있어야 한다. 대법원은 당회의 결의를 거치지 않고 공동의회에서만 시무장로에 대한 불신임 결의가 당연 무효라고 볼 수 없다고 판결한 바 있다(대법원 2006. 2. 10. 선고 2003다63014 판결).

17. 교회는 노동법의 적용을 받기도 하고 안 받기도 한다.

한국 교회의 분쟁 과정에서 부목사들이 노조에 가입하고 이에 맞서 교회 측이 직장 폐쇄로 맞서는 일들이 발생한 바 있다. 교회의 직원들이 노동법의 적용을 받는지에 대해서는 일률적이지 않다. 노동법 적용의 핵심은 어떤 교회의 직원들이 근로자로 보느냐이다. 판례상 목사, 부목사, 준목사 혹은 강도사 등은 유급 직원이지만 근로자가 아니다(광주지방법원 2008. 12. 3. 선고 2008노2066 판결). 당연히 무급 직분인 장로, 권사, 집사도 근로자가 아니다. 따라서 이들은 노동법의 적용을 받지 않아 근로기준법이나 교회를 상대로 단체교섭권 등이 인정되지 않는다. 그러나 교회의 상근 유급 직원인 교회 사무직원, 교회버스 운전기사, 교회 산하 유치원 및 어린이집 교사, 사찰집사 등은 근로자이다(대법원 1992. 2. 14. 선고 91누8098 판결). 이들에게는 노동법상 근로기준법이 적용된다. 이들 직원들에 대해서는 정당한 사유 없이 해고하면 부당 해고가 된다. 다만 상근 사역자로서 목사의 목회를 협력하는 전임 및 심방전도사는 근로자가 아니며(서울행정법원 2005. 1. 21. 선고 2004구합7344 판결 참조). 목회자 후보생인 신학대학교나 신학대학원생으로서 파트로 사역하는 '교육전도사'는 근로자가 아니다(서울행정법원 2005. 12. 27. 선고 2005구합13605 판결).

위와 같이 교회 직원이 노동자가 되느냐 되지 않느냐에 따라 교회에서도 노동조합을 만들 수 있느냐를 판단한다. 노동법상 근로자는 자유롭게 노조에 가입할 수 있으므로 상기 교회 상근 근로자들은 노조를 만들 수 있고 가입할 수 있다. 이는 교단 헌법이나 장정에 노조를 가입할 수 없다는 규정을 두어도 효력이 없다. 따라서 목사, 부목사, 준목사(강도사), 전임 및 심방전도사는 노조에 가입할 수 없고 오히려 담임목사는 교회 사무 직원 등 상근 교회 유급 직원에 대해 교회 대표자로서 사용자이다. 상기 근로자에 해당하는 교회 유급 직원은 교회가 상시 5명 이상의 근로자를 사용하는 사업장인지 혹은 상시 4명 이하의 근로자를 사용하는 사업장인지 유념하여 근로 조건 등 분쟁의 소재를 없애야 한다 (근로기준법 제11조, 동법 시행령 제7조).

맺음말

누가 싸우는 모습 보는 것을 좋아하겠습니까?
이 일을 가르치고 상담하는 일은 실제로 가슴 아픈 일입니다.
그래서 어느 날 강의를 마치고 양지캠퍼스 내리막길을 내달릴 땐
가슴 터질 것 같아 견딜 수가 없었습니다.
그만큼 교회 분쟁을 가슴에 담고 강의하기란 쉽지가 않았습니다.
하나님의 은혜와 사랑이 아니었다면
여기까지 달려올 수도 없었을 것입니다.
하나님은 강권적으로 이 책을 출판하게 하셨습니다.
아쉽게도 각 교단별 갈등 특징, 갈등매니저 훈련 등
꼭 다루고 싶은 부분은 후일을 기약해야 할 것 같습니다.
기독교의 꽃인 신학교에서 분쟁을 몸으로 겪었습니다.
견딜 수 없는 아픔이지만 이 아픔이
여기 이 저술에 쓴 것처럼 갈등이 기회임을 믿습니다.
세상의 모든 분쟁이 주님의 선하심 가운데 있기를 기도합니다.
이제 펜을 놓습니다.

감사합니다.